金剛般若波羅蜜經 譯註

息志 譯註

금강반야바라밀경 역주

남청

【읽어두기】

※ 高麗大藏經(K), 大正新脩大藏經(T), 卍新纂續藏經(X), 大藏經補編(B)으로 약함.

1. 이 책은 鳩摩羅什 譯,『金剛般若波羅蜜經』을 저본으로 역주한 것이다.
   이 책에서『金剛般若波羅蜜經』을『금강경』으로 약하여 사용함.
2. 참고본으로 玄奘 奉,『大般若波羅蜜多經』; 菩提流支 譯,『金剛般若波羅蜜經』; 眞諦 譯,『金剛般若波羅蜜經』; 笈多 譯,『金剛能斷般若波羅蜜經』; 義淨 譯,『佛說能斷金剛般若波羅蜜多經』
3. 번역에 아래『금강경』의 여러 논소초를 활용하였다.
   『金剛經註』,『銷釋金剛經科儀會要註解』,『金剛經註解』,『金剛經註正訛』,『金剛經正解』,『金剛經註講』,『金剛經易解』,『金剛仙論』,『金剛般若經疏論纂要』,『金剛經解義』등.
4. 한글번역본은 현대에 출판된 번역본을 참고 하였다.
   김강유 외2명(2021),『백성욱 박사의 금강경 강화』, 경기: 김영사.
   김월운(1994),『금강경강화』, 서울: 동국대학교 부설 역경원.
   김진무·류화송(2018),『도해 금강경』, 서울: 불광출판사.
   김호귀(2007),『금강경주해』, 서울: 석란.
   ______(2011a),『금강경과해』, 경기: 한국학술정보(주).
   ______(2017a),『선어록으로 읽는 금강경』, 서울: 중도.
   대한불교조계종 교육원(2009), 조계종『금강반야바라밀경』, 서울: 조계종출판사.
   무비(1992),『금강경오가해』, 서울: 불광출판사.
   ____(1994),『금강경 강의』, 서울: 불광출판사.
   박희선(1987),『금강경』, 서울: 서음출판사.
   백용성 저·김호귀 풀이(2019),『백용성의 금강경 강의』, 경기: 어의운하.
   성본(2012),『깨지지 않는 법 금강경』, 서울: 민족사.
   전광진(2020),『우리말 속뜻 금강경』, 경기: 속뜻사전교육출판사.
   지안(2010),『조계종표준 금강경바로읽기』, 서울: 조계종출판사. 등
5. 범어본은 이기영(1978),『반야심경·금강경』, 서울: 한국불교연구원. 을 인용하였고 참고본으로 각묵(1991),『금강경역해』, 서울: 불광출판사. ; 박지명(2019),『범어 금강경 원전 주해』, 서울: 하남출판사. ; 현진(2021),『산스끄리뜨 금강경역해』, 서울: 불광출판사. ; 전재성(2003),『금강경』, 서울: 한국빠알리성전협회.등을 사용하였다. ; 구마라집과 현장의 본으로 현대의 번역에 문제가 있는 부분만 범본과 비교하였다.

서(序)

이 경(經)의 유래는 부처님께서 설법한 것을 아난의 입을 통하여 경전을 결집한 것을 구마라집(401), 보리유지(509), 진제(562)에 의하여 『金剛般若波羅蜜多經』으로 번역되고, 급다(岌多, 590)에 의하여 『金剛能斷般若波羅蜜多經』과 현장(玄奘, 648)에 의하여 『大般若波羅蜜多經』卷577에 번역되고, 의정(義淨, 703)에 의하여 『佛說能斷金剛般若波羅蜜多經』으로 번역된 것이다.

여기에서는 여러 본(本)이 번역되어 있지만 구마라집의 번역본을 저본으로 하고 다른 본들은 참고로 번역하는데 사용하였다. 경(經)의 내용을 중심으로 요의경의 입장에서 대승으로 번역하여 그 당시의 모습을 바탕으로 지금 수행에 사용할 수 있게 하려고 한다.

『금강경』이나 선어록 등에서는 깨달음을 보리・해오・증오・돈오・정각 등으로 다양하게 표현하는데 '아뇩다라삼먁삼보리'[1]인 정각을

---

1) 『金剛仙論』卷2(T25, p.805), "阿之言無, 耨多羅言上, 名爲無上. 亦云最勝, 最上. 三之言正, 藐言遍知, 正者眞如智, 卽一切智也. 遍智者有中一切種智也. 又言三者亦是正也, 菩提言道. 此是如來果頭無上最勝正遍知, 離斷常二邊, 知中道正理, 初地菩薩證會此道, 故言發阿耨三菩提心也."; 『妙法蓮華經憂波提舍』卷2(T26, p.10), "此言阿耨多羅三藐三菩提者, 以離三界分段生死, 隨分能見眞如法性名得菩提, 非謂究竟滿足如來方便涅槃也." ; 『金剛般若波羅蜜經註解』(T33, p.228), "阿耨多羅三藐三菩提者, 華言無上正等正覺也."; 『般若波羅蜜多心經註解』(T33, pp.570~571), "阿耨多羅三藐三菩提者, 華言無上正等正覺. 此言非惟菩薩, 如是修證, 而一切諸佛 莫不皆修般若得成正覺也." ; 『金剛三昧經論』卷2(T34, p.975), "八生乃至一生得阿耨多羅三藐三菩提者, 謂證初地菩提故. 以離三界中分段生死, 隨分能見眞如佛性名得菩提, 非謂究竟滿足如來方便涅槃故. 案云. 是約眞如佛性說名菩提, 能證見故名得菩提, 如經言諸法性空卽是菩提." ; 『宗鏡錄』卷11(T48, p.476), "欲求阿耨多羅三藐三菩提者, 應當一心, 修習如是心地觀法." ; 『金剛經疏』(T85, p.124), "發阿耨多羅三藐三菩提者, 是發大心, 此爲依也. 發心有四, 一發信心, 二發解心, 三發行心, 四發證心." ; 『金剛般若經挾註』(T85, p.135), "發阿耨多羅三藐三菩提者, 當生如是心, 我應滅度一切衆生(衆因緣生, 本非有法. 妄心執著. 起衆生相, 今悟性空則衆緣自滅. 菩提中道, 應發是心也)滅度一切衆生已, 而無有一衆生, 實滅度者." ; 『金剛經註解』卷1(X24, p.763), "梵語阿, 此云無. 梵語耨多羅, 此云上. 梵語三, 此云正. 梵語藐此云等. 梵語菩提, 此云覺. 然則阿耨多羅三藐三菩提者, 乃無上正等正覺也. 謂眞性也, 眞性卽佛

대상으로 이해하면 많은 것을 알아야 하는 것이다. 그러나 깨달음은 자신이 반야로 사성제나 12연기법 등으로 견성하는 것을 말하고 있다. 이것은 성문이나 연각이 되는 법이며 보살이 되는 법은 육바라밀을 실천해야 한다. 그러므로 깨달음은 성문・연각・보살이 되는 것으로 삼승을 말한다. 성문・연각・보살이 견성하고 실천하는 것을 소승이라고 하는 것이고 여래라는 것과는 약간의 차이가 있기에 견성성불을 주장하는 것이다. 그리고 돈오도 자신이 견성하고 대상경계를 '경계지성'으로 전환하여 자각하고 돈오점수와 돈오돈수를 해야 한다.

즉 삼승이 되는 것을 견성[깨달음・정각]이라고 하는 것인데 여래가 되는 것을 깨달음이라는 것은 관점의 차이가 약간 있다. 그리고 돈오라는 말도 바로 자신의 중생심을 불심으로 전환한다는 것이며 자신이 견성했다는 뜻이다. 그래서 깨달음은 삼승이 되는 것을 일반적으로 깨닫는다고 할 수 있다. 그리고 부처의 깨달음은 아라한이나 보살마하살이 훈습된 대승의 상태인 돈오돈수의 훈습에서 나아가 몰종적인 최상승의 깨달음을 말하는 것이고 이 것을 실천하는 사람이 부처이다.

『금강경』은 범어로 "Vajracchedikā Prajñāpāramitā Sūtra"라고 하며 영어로는 "The Diamond Sūtra"나 "The Diamond Cutter Sūtra"라고 하고 있다. 즉 'Vajracchedikā'의 뜻을 보면 'Vajra'는 "Indra's thunder bolt"라는 뜻으로 강력한[제석천] 벼락이나 번개라는 뜻이다. 그리고 'chedikā'는 자르는 것이나 파괴하는 것이라는 뜻으로 이것을 합치면 한자로 '霹靂能斷'이라는 뜻이다. 그리고 이 말은 구마라집의 『금강경』에서는 금강2)이라고 하였고 이것을 다이아

也. 梵語佛, 此云覺. 故略言之則謂之覺. 詳言之則謂之無上正等正覺也. 以眞性無得而上之, 故云無上. 然上自諸佛, 下至蠢動, 此性正相平等, 故云正等. 其覺圓明普照, 無偏無虧, 故云正覺. 得此性者, 所以爲佛. 所以超脫三界, 不復輪迴." ; 보살이 진성을 공(空)으로 진여의 지혜를 체득하는 것이 『금강경』의 정각이다.

2) 금강(金剛)이나 금강저(金剛杵)의 유래는 『金剛般若經疏』卷1(T33, p.75), "甚堅甚銳名曰金剛. 智名決斷, 慧曰解知. 萬像雖繁物我無相, 有爲斯絕 寂其機照 故假名般若. 西云跋闍羅亦云斫迦羅, 此翻金剛." ; 『翻梵語』卷10(T54, p.1053), "越闍(應云跋闍羅 譯曰金剛)" ; 'Vajra'에서 시작된 것이지만 김호귀(2011a), p.80.에 의하면

몬드라고 표현한 영어의 뜻은 강하다는 의미이며 또한 강한 것을 절단할 수 있다는 것이다. 그렇지만 이 말이 '반야'를 수식하는 단어이므로 '금강'이나 '마하'라고 하여도 중요한 것은 '능단'하는 반야(般若, Prajñā)가 된다. '반야'가 '금강'이고 '마하'이므로 '능단'하는 '반야'를 반야의 지혜[3]나 진여의 지혜라고 하여 불교의 근간이 된다. 그러므로 번역하면 (자신이) 반야의 지혜로 번뇌 망념의 육도윤회를 뛰어넘어 여래가 되는 바른 방법이나 길이다. 이것은 『금강경』의 깨달음이 다른데 있는 것이 아니고 바로 자신이 '발아뇩다라삼먁삼보리심'하면 바른 보살이 되는 것[4]이라고 하는데 있다. 즉 '진여'라는 것을 '능단'으로 이해할 때에 자신이 현신으로 삼승이 되는 것이고 바른 깨달음이 되는 것[5]이다. 이렇게 하여 사상(四相)없이 '금강반

'跋闍羅'를 진나라 때에 '금강'으로 하였다고 『현우경』의 기록을 들어 설명하고 있다.

3) 『金剛般若波羅蜜經論』卷1(T25, p.767), "金剛能斷者, 此名有二義相應知, 如說入正見行, 入邪見行故. 金剛者, 細牢故. 細者, 智因故. 牢者, 不可壞故. 能斷者, 般若波羅蜜中, 聞思修所斷, 如金剛斷處而斷故, 是名金剛能斷." ; 『金剛經會解』卷1(X24, p.567), "無著曰. 名金剛能斷者有二義, 謂金剛者細牢故, 細者智因, 牢者不可壞故. 能斷者, 謂般若聞思修所斷, 如金剛斷處而斷故." ; 『銷釋金剛經科儀會要註解』卷2(X24, p.674), "金剛是喻, 般若是法也. 金剛者, 金中精堅者也. 剛生金中, 百煉不銷, 取此堅利, 能斷壞萬物也. 梵語般若, 唐言智慧, 性體虛融, 照用自在, 能斷絕貪嗔痴煩惱, 一切顛倒之見也. 梵語波羅蜜, 唐言到彼岸, 不著諸相, 得證涅槃, 即到彼岸." ; 『銷釋金剛經科儀會要註解』卷2(X24, p.675), "金剛者, 標喻也. 以自性堅固萬刼不壞, 故比況金性堅剛." ; 『金剛經註解鐵鋑錎』卷1(X24, p.847), "金剛者, 自性堅固, 永劫不壞, 況金性堅剛也. 此金剛本性, 無形無相, 世間希少, 天上難尋." ; 『金剛經觀心釋』(X25, p.149), "金剛者, 喻現前一念心也. 譬如金剛, 體則無上至寶, 相則純淨無雜, 用則廣能利益, 現前一念, 亦復如是." ; 『金剛經如是解』(X25, p.184), "金剛者, 性喻也. 性無形似." ; 『十地經論』卷1(T26, p.129), "如金剛者, 堅如金剛. 堅有二種, 一決定信堅, 二證得堅."

4) 『大般若波羅蜜多經』卷170(T05, p.915), "從初發心至得無上正等菩提" ; 『大智度論』卷37(T25, p.335), "如菩薩空, 佛亦如是. 如行者空, 得阿耨多羅三藐三菩提者亦空." ; 『小品般若波羅蜜經』卷7(T08, p.567), "阿耨多羅三藐三菩提者, 卽是如如無增減. 若菩薩常行, 應如念, 卽近阿耨多羅三藐三菩提, 如是. 須菩提, 不可說義, 雖無增減, 而不退諸念, 不退諸波羅蜜, 菩薩以是行, 則近阿耨多羅三藐三菩提, 而亦不退菩薩之行. 作是念者, 得近阿耨多羅三藐三菩提." ; 그 마음을 "如是滅度 無量無數 無邊衆生 實無衆生, 得滅度者"라고 하며 "내가 제도했다고 한 중생이 없다."라고 하는 마음에서 보살마하살이 대승이고 구경에는 '공'을 체득하는 것이다.

야바라밀'만 실천하면 대승과 최상승의 자유와 해탈을 이루게 된다. 『금강반야바라밀경』이라는 이 말을 모든 여래가 마음을 깨달아 들어가는 문(門)이라고 하는 것은 이 말에 모두가 다 들어 있는 것이므로 바로 이 자리에서 고정관념의 의심과 집착을 버리고 진여의 지혜로 깨달으면 바로 피안에 도달하고 또 이 경(經)이 있는 곳을 부처가 있는 곳이라고 하고 있다.[6] 그러므로 모든 여래는 이 마음을 깨달아 무명이 삼세의 망심이라는 것을 요달하여 이 지혜가 진심이라고 깨닫는 것을 마음을 깨달았다[7]라고 하고 있다.

---

5) 자신이 진여를 '능단'으로 알고 깨달음을 전지전능한 대상의 깨달음으로 이해하지 말고 '공가중'으로 정확하게 아는 것이 깨달음이다. 그러므로 깨닫고 나서 수행하여 여래가 되는 것인데 깨달음을 여래라 하는 것은 구경각을 여래라고 하는 것에서 기인한 것일 것이다. 진여나 여래에 대하여는 다음과 같이 기록하고 있다. ; 『金剛仙論』卷10(T25, p.871), "明見眞如者 皆遠離細障, 名爲得道." ; 『金剛般若波羅蜜經破取著不壞假名論』卷2(T25, p.894), "言如來者, 以眞如故. 眞如者, 無所得義." ; 『攝大乘論釋』卷5(T31, p.406), "謂眞如者, 性無變故, 是一切法平等共相. 卽由此故, 聖教中說一切有情有如來藏." ; 『起信論疏』卷1(T44, p.209), "總明不異本覺, 總標中言覺心源故 名究竟覺者, 在於佛地." ; 『起信論疏筆削記』卷5(T44, p.321), "眞諦名如, 正覺名來, 正覺眞諦, 名曰如來." ; 『起信論疏筆削記』卷6(T44, p.327), "心眞如者, 卽是一法界." ; 『金剛經註解』卷1(X24, p.763), "如來者, 佛號也. 佛所以謂之如來者, 以眞性謂之眞如. 然則如者, 眞性之謂也. 眞性所以謂之如者, 以其明則照無量世界而無所蔽, 慧則通無量劫事而無所礙, 能變現爲一切衆生而無所不可, 是誠能自如者也. 其謂之來者, 以眞性能隨所而來現, 故謂之如來, 眞如本無去來, 而謂之來者, 蓋謂應現於此, 而謂之來也. 若人至誠禱告, 則有感應. 若欲爲一切衆生設化, 則現色身, 皆其來者也. 此佛所以謂之如來, 然則言如如者, 乃眞性之本體也. 言來者, 乃眞性之應用也. 是則如來二字, 兼佛之體用而言之矣. 此經所以常言如來也." ; 『起信論疏記會閱』卷3(X45, p.581), "究竟覺者, 卽如與來合, 無始本異, 名曰如來."

6) 『金剛般若波羅蜜經』(T08, p.750), "若是經典所在之處, 則爲有佛." ; 『金剛般若疏』卷1(T33, p.84), "若具存梵本應云 跋闍羅般若波羅蜜修多羅. 此土翻譯 金剛智慧彼岸到經." ; 『金剛般若經旨贊』卷1(T85, p.67), "以闢玄關, 題言金剛般若波羅蜜經者, 卽到彼岸. 能斷慧教, 融理事於行位, 故稱智慧. 碎堅積之疑執, 假喻金剛. 出生死而至涅槃, 云到彼岸. 貫法義而攝群品, 目以爲經. 故言金剛般若波羅蜜經." ; 『宗鏡錄』卷25(T48, p.557), "云金剛般若波羅蜜經者, 卽是本心不動, 喻若金剛, 般若眞智, 乃靈臺妙性, 達此而卽到涅槃彼岸, 昧此而住生死迷津. 文中所說應無所住而生其心者, 起念卽是住著, 心若不起, 萬法無生, 卽心遍一切處, 一切處遍心, 如是了達, 頓入自宗. 故云若是經典所在之處, 則爲有佛." ; 인순 저·정유진 역(2012), p.613. "대승의 소질이 있으면 『금강경』을 듣기만 해도 깨달음…"

제목에 '능단'이라는 말을 하여야 한다고 하는 것처럼 자신이 자신의 진심을 자각하여야 생사윤회를 쉬고 이 지혜로 피안에 도달하게 되는 것을 '범성'이 동일하다고 하고 있다.[8] 이렇게 깨닫는 것이 정확하므로 경(經)[9]이라고 하는 것이다. 이렇게 하여 『금강경』에서 깨달음이 시작되어 경전이나 선어록에서 깨달음을 성취한 것이라고 할 수 있다.

『금강경』에서 '금강'을 다이아몬드라고 하는 것은 가장 강하기에 무엇이나 파괴할 수 있고 또 무엇으로도 파괴할 수 없는 진여의 지혜이므로 망념을 제거할 수 있는 것[10]이다. 즉 진여의 지혜로 보살

---

7) 『宗鏡錄』卷25(T48, p.558), "金剛般若波羅蜜經者, 一切如來悟心之門也. 了無明之妄心, 卽妙慧之眞心, 故曰悟心. 經云. 過去心不可得, 現在心不可得, 未來心不可得, 悟三世之妄心不可得而有眞心 故曰悟心."

8) 『金剛經音釋直解』(X25, pp.167~168), "則金剛般若波羅蜜經者, 卽是人之自己一個眞心也. 迷之則生死始, 悟之則輪迴息. 今修行人知此自心智, 此自性知眞無妄, 以智慧燈照破塵緣, 了此妄法, 立萬行而不著於心, 遇諸緣而心常湛寂, 如此修行疾登彼岸矣." ; 『金剛經法眼註疏』卷1(X25, p.657), "金剛般若波羅蜜經者, 乃斷疑生信, 絕相超宗之妙諦也. 誠所謂言思道斷, 心智路絕, 本來具足之理, 聖凡平等."

9) 『釋氏要覽』卷2(T54, p.284), "經. 梵音素怛囕, 或蘇怛囉者, 華言線, 蓋取貫穿攝持義也. 又梵云. 修多羅, 或云修妬路者, 秦言契 謂上契理 下契根故. 今言經者, 具三義謂久通由也. 肇云. 經, 常也. 謝靈運云, 經 由也, 津也, 通也. 謂言由理生, 理由言顯. 學者神悟, 從理教而通矣. 典, 經也 常也 法也." ; 『金剛經音釋直解』卷1(X25, p.167), "經者, 心之路也." ; 『一切經音義』卷25(T54, p.463), "經者(梵云修多羅 此具五義論 偈云 經緯與涌泉 繩墨線貫穿 是謂修多羅 甚深微妙義 今言經者唯初一分義)."

10) 『金剛般若疏』卷1(T33, p.84), "若具存梵本應云 跋闍羅般若波羅蜜修多羅. 此土翻譯 金剛智慧彼岸到經." ; 『金剛經解義』卷1(X24, p.517), "如來所說金剛般若波羅蜜, 與法爲名. 其意謂何, 以金剛世界之寶, 其性猛利, 能壞諸物. 金雖至堅, 羚羊角能壞. 金剛喻佛性, 羚羊角喻煩惱. 金雖堅剛, 羚羊角能碎. 佛性雖堅, 煩惱能亂. 煩惱雖堅, 般若智能破. 羚羊角雖堅, 賓鐵能壞. 悟此理者, 了然見性." ; 『金剛經音釋直解』卷1(X25, pp.167~168), "經者, 心之路也. 若人依此金剛般若而行, 則直到無爲之岸也. 以此觀之. 則金剛般若波羅蜜經者, 卽是人之自己一個眞心也. 迷之則生死始, 悟之則輪迴息. 今修行人知此自心智, 此自性知眞無妄. 以智慧燈照破塵緣, 了此妄法, 立萬行而不著於心, 遇諸緣而心常湛寂, 如此修行疾登彼岸矣." ; 『金剛經疏記科會』卷2(X25, p.392), "金剛般若波羅蜜經. 二釋義二, 初釋所詮, 二釋能詮. 初釋所詮三, 初釋金剛, 二釋般若, 三釋波羅蜜. 初釋金剛二, 初翻名示相, 二約法辨義. 初翻名示相. 疏, 金剛者, 梵云跋折羅, 力士所執之杵, 是此寶也. 金中最剛, 故名金剛, 帝釋有之, 薄福者難見. 記, 疏釋通文

도를 실천하여 여래가 되는 가르침을 설한 경전이다. 그리고 “『금강경』은 여섯 번 한역되었는데 가장 많이 유포되고 독송되는 경(經)이 구마라집의 『금강반야바라밀경』이다.”[11] 또 『금강경』은 대승불교의 반야경전으로 혜능이 구도하여 정각을 얻게 되는 것이 『금강경』의 “應無所住 而生其心”[12]이라고 하고 있다. 이것은 보살이 집착과 분별심을 버리고 상대적인 유무를 벗어나 여래를 친견하여 무소주의 마음인 대승과 최상승으로 살아가야 하는 것을 설하고 있다.

『금강경』은 오랜 세월동안 많은 이들이 아주 소중하게 여기고 현재까지 수행하여 온 것이 사실이다. 이 내용은 궁극적으로 ‘반야’라는 뜻을 전하고 실천하여 살아가기를 바라는 것이다. 즉 ‘반야’에 대하여는 지혜라고 많은 설명이 이제까지 충분하게 된 것이나 실천하는 것은 아직까지 미흡한 점이 있다. 왜냐하면 현재 많은 이들이 독송하고 외우는데 빠져 많은 시간을 낭비하고 있기 때문이다. 이것은 이 경(經)에서 중요한 ‘능단’을 놓쳤기 때문에 이 경(經)에서 시작된 깨달음을 알지 못하는 것이다. 즉 이 경(經)에 의하여 깨달음을 성취하였다고 선어록에서도 전하고 있듯이 이 경(經)에 모든 답이 ‘능단’에 있는 것이다.

『금강경』에서 깨달아 보살이 되고자 하면 ‘발아뇩다라삼먁삼보리심’을 공(空)으로 체득해야 한다. 여기에서 ‘아뇩다라삼먁삼보리’가 보살이 되는 깨달음이다. ‘아뇩다라삼먁삼보리(阿耨多羅三藐三菩提)’를 한자로 번역하면 ‘무상정등정각(無上正等正覺)’이라고 하는 것은 ‘아뇩다라’는 무상(無上)이라는 위가 없다는 것으로 최고라는 말과도 통한다. 그리고 ‘삼먁’은 정등(正等)으로 바른 평등이라는 말이고 ‘삼보리’는 정각(正覺)으로 바른 깨달음이라는 것으로 올바른 깨달음을 말한다. 그러므로 정각은 제법을 자신의 본성인 공(空)으로 견성한 것을 말하는 지혜이므로 모두를 합하면 진여의 지혜로 살아가고자 하는 마음을 낸 바른 보살을 말한다.

『금강경』에서 깨달음은 반야(般若)를 말하지만 ‘아뇩다라삼먁삼보

義二, 初題目二. 初釋所詮三, 初釋金剛二 初翻名示相.”

11) 성본(2012), p.381.

12) 『六祖大師法寶壇經』(T48, p.349), “祖以袈裟遮圍, 不令人見, 爲說『金剛經』, 至 應無所住 而生其心, 惠能言下大悟, 一切萬法, 不離自性.”

리'가 '無上正等正覺'으로 바른 깨달음이고 '발아뇩다라삼먁삼보리심' 하면 보살인 것이다. 이것을 『화엄경』에서는 '初發心時便成正覺'이라고 '초발심'을 정각(正覺)이라 말하고 있다. 그리고 바른 깨달음의 내용인 정각(正覺)을 어떻게 성취하는가를 『대방광불화엄경』권8에서는 "初發心時便成正覺, 知一切法眞實之性, 具足慧身不由他悟."라고 '初發心時便成正覺'이라고 하고 있다. 여기에서 정각(正覺)인 바른 깨달음의 내용을 살펴보면 '知一切法眞實之性'과 '具足慧身不由他悟'인 것이다. 먼저 '知一切法'은 일체법을 깨닫는 것[知]이라는 말인데 이것을 『묘법연화경현의』권5[13]에 '了達諸法'이라고 '知'를 '了達'이라하고 있다. 그리고 내용으로 '眞實之性'을 『화엄일승성불묘의』[14]에는 '卽心自性'이라고 하였고 『육조단경』[15]에서는 '識心見性'으로 깨달음을 견성이라고 설명하고 있다. 그리고 『종경록』(T48)에 의하면 "擧一心爲宗 照萬法爲鑑(如鏡)"이라고 일심을 종지로 하면 만법을 거울과 같이 관조하게 된다고 여기에서는 '일체법', '제법'을 '만법'이라고 하고 있다. 이것이 '知一切法眞實之性'에서 말하는 견성(見性)이다. 그 다음은 '具足慧身不由他悟'를 살펴보면 '具足慧身(成就慧身)'을 '所有聞法(들은 불법을 소유)'이라고 하고 있다. 또 '不由他悟'를 "다른 사람의 깨달음에 말마암지 않는다."고 번역하는데 이것은 '自覺'이라고 『대방광불화엄경소』19에 기록하고 있다.[16] 자각이라는 말은 '능단'해야 한다는 정각을 다시 강조하고 있는 것이다.

깨달음은 이렇게 견성(見性)하는 것이고 소승(小乘, 성문・연각・보살)은 견성(見性)하고 성불해야 하는 것으로 돈오점수하여 훈습해야 대승으로 돈오돈수하여 아라한에서 최상승의 여래로 살아갈 수 있는 것이다. 견성을 소승이라고 하는 것은 구경에는 성공(性空)이어

---

13) 『妙法蓮華經玄義』卷5(T33, p.734), "初發心時便成正覺, 了達諸法眞實之性, 所有聞法不由他悟."

14) 『華嚴一乘成佛妙義』(T45, p.776), "初發心時便成正覺(卽得阿耨菩提), 知一切法眞實之性(卽心自性), 具足慧身(成就慧身)不由他悟."

15) 『六祖壇經』(T48, p.338), "識心見性, 卽悟大意." ; 『六祖壇經』(T48, p.340), "識心見性, 自成佛道."

16) 『大方廣佛華嚴經疏』卷19(T35, p.643), "又不由他悟是**自覺**也. 知一切法是**覺他**也. 成就慧身爲**覺滿**也. 成就慧身必資理發, 見夫心性豈更有他. 若見有他安稱爲悟, 旣曰心性自亦不存, 寂而能知名爲**正覺**."

야 한다는 사견(四見)이 있기 때문에 소승은 불능(不能)이라고 『금강경』에서 다음과 같이 말하고 있다. 즉 소승은 "들을 수도 수지[聽受]할 수도 독송할 수도 없고 다른 사람을 위하여 해설할 수도 없다"라고 분명하게 설하고 있다.(若樂小法者, 著我見 人見 衆生見 壽者見, 則於此經, 不能聽受讀誦 爲人解說.) 이것은 『금강경』을 해설하는 사람은 대승이나 최상승이 되어야 한다는 것을 『금강경』에서 말하고 있는 것이다. 그러면 대승과 최상승은 무엇을 말하는지에 대하여 이 경(經)에 자세하게 설하고 있으므로 내용을 자세하게 보면 알게 될 것이다.

계묘 동지 양지 합장

목 차

Ⅰ.『금강반야바라밀경』 역주

가.『금강반야바라밀경』번역

1) 법회인유분(法會因由分)

如是我聞. 一時 佛在舍衛國 祇樹給孤獨園 與大比丘衆 千二
여시아문. 일시 불재사위국 기수급고독원 여대비구중 천이

百五十人俱. 爾時 世尊食時 著衣持鉢 入舍衛大城乞食 於其
백오십인구. 이시 세존식시 착의지발 입사위대성걸식 어기

城中 次第乞已 還至本處. 飯食訖 收衣鉢 洗足已 敷座而坐.
성중 차제걸이 환지본처. 반사흘 수의발 세족이 부좌이좌.

나는 청정하게 불법에 맞게 여시하게 들었습니다.

어느 날 부처님께서 사위국의 기수급고독원에 대비구들 천이백오십 명과 같이 계실 때에 설법을 하셨다.

그때는 세존께서 공양을 하실 때인지라 의발을 갖추어 입고 사위국의 큰 성으로 가서 그 성에서 걸식을 하시고 원래 계시던 기수급고독원으로 돌아왔다.

돌아와 공양을 하시고 나서 의발을 잘 정리하여 놓고 발을 씻고 자리를 펴고 앉았다.

※ 如是我聞(여시아문, 아난이 설법을 하는데 소승들이 의심을 하여 여시아문이라고 했다고 하기도 함) ; 大比丘(대비구, 아라한, 보살마하살) ; 千二百五十人俱(천이백오십인구, 석가모니가 대승이상으로 제도한 숫자) ; 著(저, 착, 옷을 입다, 著를 뜻으로 着을 사용함) 鉢(발, 발우) ; 乞食(걸식: 탁발, 공양) ; 飯食(반사: 공양을 하다) ; 飯(먹을 반), 食(먹을 식, 밥 사) ; 敷座(부좌, 자리를 펴다)

2) 선현기청분(善現起請分)

時 長老 須菩提, 在大衆中 卽從座起 偏袒右肩 右膝著地 合
시 장로 수보리, 재대중중 즉종좌기 편단우견 우슬착지 합

掌恭敬 而白佛言. 希有世尊. 如來善護念諸菩薩 善付囑諸菩
장공경 이백불언. 희유세존. 여래선호념제보살 선부촉제보

薩. 世尊, 善男子 善女人 發阿耨多羅三藐三菩提心 應云何
살. 세존, 선남자 선여인 발아뇩다라삼먁삼보리심 응운하

(云何應)住, 云何降伏其心. 佛言 善哉 善哉. 須菩提, 如汝所
(운하응)주, 운하항복기심. 불언 선재 선재. 수보리, 여여소

說. 如來 善護念 諸菩薩 善付囑 諸菩薩. 汝今諦聽. 當爲汝
설. 여래 선호념 제보살 선부촉 제보살. 여금제청. 당위여

說. 善男子 善女人 發阿耨多羅三藐三菩提心 應如是住 如是
설. 선남자 선여인 발아뇩다라삼먁삼보리심 응여시주 여시

降伏其心. 唯然世尊. 願樂欲聞.
항복기심. 유연세존. 원요욕문.

이때에 장로 수보리존자가 대중들 가운데에 있다가 자리에서 일어나 가사를 수하고 오른쪽 무릎을 땅에다 꿇고 부처님에게 합장하여 공경스럽게 예배하고 부처님에게 말했다.

세존이시여 희유한 설법이십니다.

여래의 설법은 모든 보살들이 자기의 진성을 수지하여 번뇌망념에 떨어지지 않게 하고 모든 보살들에게 불법을 부촉하여 불법이 단절되지 않게 하십니다.

세존이시여, 선남자와 선여인이 '발아뇩다라삼먁삼보리심'의 원력을 세운 보살로서 어떠한 사상(思想)을 가져야 하며 어떻게 그 마음을 굴복시켜야 합니까?

부처님이 말했다. 대단하고 위대하구나. 수보리여, 그대가 말한 것과 같다.

여래의 설법은 모든 보살들이 자기의 진성을 수지하여 번뇌 망념에 떨어지지 않게 하고 모든 보살들에게 부촉하여 불법이 단절되지 않게 한다.

그대들은 자성으로 진제의 입장에서 설법을 잘 들어라. 내가 그대들이 알고자 하는 것을 설하겠다.

선남자와 선여인이 '발아뇩다라삼먁삼보리심'의 원력을 세운 보살이면 진여의 지혜로 자각하는 청정한 사상을 가져야 하며 진여의 지혜로 자각하는 청정한 사상으로 그 마음을 굴복시켜야 한다.

세존이시여, 그렇습니다. 간절한 마음으로 부처님의 법문을 자세하게 듣기를 원합니다.

※ 袒(벗을 단) ; 右肩(우견, 오른쪽 어깨) ; 右膝(우슬, 오른쪽 무릎) ; 善護念(선호념, 자신의 본성을 수지하여 자각하게 하는 것) ; 善付囑(선부촉, 자성의 불법을 부촉하여 전등하게 하는 것) ; 發阿耨多羅三藐三菩提心(발아뇩다라삼먁보리심, 無上(무상)의 올바른 바른 깨달음의 마음을 냄, 견성한 깨달음의 마음을 발심) ; 住(주, 간직하다, 견성한 마음을 수지) ; 降伏其心(항복기심, 견성한 청정한 마음으로 굴복시킨다.) ; 諦聽(제청, 상세히 듣다, 진제의 본성으로 듣다) ; 樂(풍류 악, 즐길 락, 좋아할 요)

3) 대승정종분(大乘正宗分)

佛告須菩提. 諸菩薩摩訶薩 應如是降伏其心. 所有一切衆生之
불고수보리. 제보살마하살 응여시항복기심. 소유일체중생지

類 若卵生 若胎生 若濕生 若化生 若有色 若無色 若有想 若
류 약난생 약태생 약습생 약화생 약유색 약무색 약유상 약

無想 若非有想非無想 我皆令入 無餘涅槃 而滅度之. 如是滅
무상 약비유상비무상 아개영입 무여열반 이멸도지. 여시멸

度 無量無數 無邊衆生 實無衆生, 得滅度者. 何以故, 須菩
도 무량무수 무변중생 실무중생, 득멸도자. 하이고, 수보

提, 若菩薩有我相 人相 衆生相 壽者相 卽非菩薩.
리, 약보살유아상 인상 중생상 수자상 즉비보살.

부처님이 수보리에게 말했다.

모든 보살마하살이 불법에 맞게 수행하고자하면 응당 진여의 지혜로 자신에게 일어나는 그 마음을 굴복시켜야 여시한 대승으로 수행할 수 있다.

즉 그대들이 일체 중생이라는 생각을 가진 것들은 알에서 태어난 중생과 태에서 태어난 중생과 습에서 태어나는 중생과 화생으로 태어나는 중생과 색계의 중생과 무색계의 중생과 유상의 중생과 무상의 중생과 비유상비무상의 중생들이 있는데 나는 이와 같은 생각을 가진 모든 중생들을 무여열반의 깨달음에 들게 하여 번뇌 망념에서 벗어나게 제도한다.

이와 같이 여시하게 자신이 진여의 지혜로 번뇌 망념에서 벗어나게 제도하는 것이므로 무량하고 무수한 한량없는 중생들을 제도하였으나 실제로 내가 제도했다고 한 중생이 없다고 하는 이것을 번뇌 망념에서 벗어나 열반적정의 경지를 체득하게 하였다고 한다.

왜냐하면 수보리야 만약에 보살이 사상(아상・인상・중생상・수자상)이 있다고 하면 진여의 지혜로 일어나는 그 마음을 항복시켜서 여시한 마음으로 수행하는 보살이라고 할 수 없기 때문이다.

※ 菩薩摩訶薩(보살마하살: 대승보살) ; 卵生(난생, 미혹한 성품을 가진 사람) ; 胎生(태생, 習性(습성)을 가지고 있는 사람) ; 濕生(습생, 삿된 성품을 가진 사람) ; 化生(화생, 잘못된 견해에 빠져 환상의 세계가 실제로 존재한다고 생각하는 사람으로 귀신이나 외부에 극락세계가 존재한다고 하는 사람) ; 有色(유색, 마음을 닦아 망념의 시비를 보고도 마음속에 무상의 도리와 계합하지 못하는 것) ; 無色(무색, 마음속에는 직심이 되지만 공경하고 공양하지 못하여 단지 직심이 부처라고 말만하고 복과 지혜를 닦지 못하는 것) ; 有想(유상, 중도를 요달하지 못해서 눈으로 보고 귀로 듣고 마음으로 사유하여도 법상에 집착하여 입으로는 불행(佛行)을 해야한다고 하면서도 그 마음에 의지하여 실행하지 못하는 것) ; 無想(무상, 미혹한 사람은 좌선을 하면서도 하나같이 망념만을 없애려고 하고 자비희사의 지혜방편을 배우지 않으니 마치 목석과 같아서 아무 작용을 하지 못하는 것) ; 非有想(비유상, 이런 두 법상에 집착하지 않는 것) ; 非無想(비무상, 진리를 구하는 마음이 있는 것) ; 無餘涅槃(무여열반, 완전한 열반, 견성) ; 無邊衆生(무변중생, 한량없는 번뇌의 중생) ; 實無衆生得滅度者(실무중생득멸도자, 실제로 내가 중생을 제도했다는 마음이 없는 것) ; 卽非菩薩(즉비보살, 보살이 제도했다는 사상이 있으면 대승의 보살마하살이 아니라는 것)

4) 묘행무주분(妙行無住分)

復次, 須菩提, 菩薩於法 應無所住 行於布施. 所謂不住色布
부차, 수보리, 보살어법 응무소주 행어보시. 소위부주색보

施 不住聲香味觸法布施. 須菩提, 菩薩 應如是布施 不住於
시 부주성향미촉법보시. 수보리, 보살 응여시보시 부주어

相. 何以故, 若菩薩 不住相布施 其福德 不可思量. 須菩提,
상. 하이고, 약보살 부주상보시 기복덕 불가사량. 수보리,

於意云何, 東方虛空 可思量不. 不也世尊. 須菩提, 南西北
어의운하, 동방허공 가사량불. 불야세존. 수보리, 남서북

方 四維上下虛空 可思量不. 不也世尊. 須菩提, 菩薩 無住
방 사유상하허공 가사량불. 불야세존. 수보리, 보살 무주

相布施 福德亦復如是 不可思量. 須菩提, 菩薩 但應如所教
상보시 복덕역부여시 불가사량. 수보리, 보살 단응여소교

住.
주.

또 다시 수보리여, 불법에 맞게 수행하는 보살은 마땅히 불법에 맞게 대상경계에 집착하는 마음 없이 '보시바라밀'을 행해야 한다.

이른바 설명하면 육진경계인 '색성향미촉법'에 집착하지 말고 '보시바라밀'을 실천해야 한다.

수보리여, 보살이 마땅히 불법에 맞게 진여의 지혜로 여시하게 '보시바라밀'을 실천하는 것을 대상경계인 육진의 '상'에 집착하지 않는다고 한다.

왜냐하면 만약에 보살이 육진(색성향미촉법)의 '상'에 집착하지 않고 '보시바라밀'을 실천한다고 하면 그 복덕은 불가사량한 것이기 때문이다.

수보리여, 동방의 허공을 크기나 모양 등으로 어떻게 사량할

수 있겠느냐?

세존이시여, 사량할 수 없습니다.

수보리여, 그러면 남서북방과 사유와 위아래의 시방공간의 허공을 크기나 모양 등으로 어떻게 사량할 수 있겠느냐?

세존이시여, 사량할 수 없습니다.

수보리여, 보살이 육진(색성향미촉법)경계에 집착함이 없이 '보시바라밀'을 실천한다고 하면 그 복덕도 이와 같아서 불가사량한 것이다.

수보리여, 보살은 단지 마땅히 불법의 가르침에 따라 여시하게 진여의 지혜로 '보시바라밀'을 실천해야 한다.

※ 無所住(무소주, 무소유와 같은 뜻으로 대승을 설함) ; 布施(보시, 소승에서 대승으로 나아가기를 바라는 설법으로 보시바라밀을 한다는 생각도 없는 대승의 보시) ; 不住色(부주색, 경계에 집착을 벗어나는 보시) ; 不住聲香味觸法布施(부주성향미촉법보시, 육진 경계에 집착을 버린 보시바라밀) ; 如是布施(여시보시, 여래의 대승의 보시바라밀) ; 不住相布施(부주상보시, 상(相, 想)이라는 'saṃjñā'를 가지지 않아야 하는 대승의 보시) ; 無住相布施(무주상보시, 대승보살은 상(相, 想)이 없는 보시바라밀을 실천해야 한다.)

5) 여리실견분(如理實見分)

須菩提, 於意云何, 可以身相 見如來不. 不也世尊. 不可以身
수보리, 어의운하, 가이신상 견여래부. 불야세존. 불가이신

相 得見如來. 何以故, 如來所說身相 卽非身相. 佛告須菩提.
상 득견여래. 하이고, 여래소설신상 즉비신상. 불고수보리.

凡所有相 皆是虛妄 若見諸相非相 則見如來.
범소유상 개시허망 약견제상비상 즉견여래.

수보리여, 그대는 부처를 육신의 모습으로 여래를 친견할 수 있다고 생각하느냐?

세존이시여, 친견할 수 없습니다.

부처를 육신의 모습으로는 여래를 친견할 수 없습니다.

왜냐하면 여래께서 말씀하시는 신상은 곧 신상을 초월한 것이기 때문입니다.

부처님이 수보리에게 말했다.

일반적으로 자신들이 알고 있는 육진경계는 모두가 의식의 대상으로 아는 것이기에 허망한 것이라고 알고 모든 육진경계의 대상들을 청정하게 볼 줄 알면 여래를 지금 곧바로 직접 친견하게 된다.

※ 卽非身相(즉비신상, 여래의 형상으로는 여래를 알지 못하므로 여래의 마음을 알아야 하므로 육신의 모습을 초월해야 함) ; 若見諸相非相(약견제상비상, 모든 상들을 보는데 그 상들이 청정하다는 대승과 최상승의 마음이 되어야 함) ; 則見如來(즉견여래, 여래를 친견함) ; 則(곧 즉, 법칙 칙, 본받을 측)

6) 정신희유분(正信希有分)

須菩提白佛言. 世尊, 頗有衆生, 得聞如是 言說章句, 生實信
수보리백불언. 세존, 파유중생, 득문여시 언설장구, 생실신

不. 佛告須菩提. 莫作是說. 如來滅後, 後五百歲, 有持戒修福
부. 불고수보리. 막작시설. 여래멸후, 후오백세, 유지계수복

者, 於此章句能生信心, 以此爲實當知. 是人 不於一佛二佛三
자, 어차장구능생신심, 이차위실당지. 시인 불어일불이불삼

四五佛 而種善根, 已於無量 千萬佛所 種諸善根, 聞是章句,
사오불 이종선근, 이어무량 천만불소 종제선근, 문시장구,

乃至一念 生淨信者.
내지일념 생정신자.

수보리가 부처님에게 말했다.

세존이시여, 어떤(많은) 중생이 이런 설법을 듣고 진실로 확신하겠습니까?

부처님이 수보리에게 말했다.

그런 말 하지마라. 여래가 입적하고 여래라는 말이 사라지고 난 이후에[如來滅後] 아무리 많은 세월이 흘러도[後五百歲] 불법의 계율을 수지하고 복덕으로 수행하는 이들이 있어 이와 같은 경전이나 말씀을 듣게 되면 능히 신심을 낼 것이니 이것을 진실이라고 확신하게 되는 것은 당연하다는 것을 알아야 한다.

이와 같은 사람은 일불・이불・삼・사・오불과 같은 종성의 선근(善根)만 있는 것이 아니라 이미 무량한 천만 부처가 가진 종성의 선근이 있어서 이와 같은 경전의 말씀을 듣게 되면 일념으로 청정한 부처로 살아가고자 하는 위대한 원력을 세운 대승보살이 되는 것이다.

須菩提, 如來悉知悉見, 是諸衆生 得如是無量福德. 何以故,
수보리, 여래실지실견, 시제중생 득여시무량복덕. 하이고,

是諸衆生 無復我相, 人相, 衆生相, 壽者相. 無法相, 亦無非
시제중생 무부아상, 인상, 중생상, 수자상. 무법상, 역무비

法相. 何以故, 是諸衆生 若心取相, 則爲著我人衆生壽者, 若
법상. 하이고, 시제중생 약심취상, 즉위착아인중생수자, 약

取法相, 卽著我人衆生壽者. 何以故, 若取非法相, 卽著我,
취법상, 즉착아인중생수자. 하이고, 약취비법상, 즉착아,

人, 衆生, 壽者, 是故不應取法, 不應取非法. 以是義故, 如來
인, 중생, 수자, 시고불응취법, 불응취비법. 이시의고, 여래

常說. 汝等比丘, 知我說法, 如筏喩者, 法尙應捨, 何況非法.
상설. 여등비구, 지아설법, 여벌유자, 법상응사, 하황비법.

수보리여, 여래는 진실로 자신이 진여의 지혜로 자성이 불성이라고 알고 자신이 불법에 맞게 친견하여 생활하는 것을 말하는 것이어서 모든 중생들도 이와 같이 여시한 진여의 지혜를 체득하여야 무량한 복덕이 있게 된다.

왜냐하면 이와 같은 진여의 지혜를 체득한 중생들은 다시는 사상(아상 · 인상 · 중생상 · 수자상)이 없는 것이고 법상과 법상을 벗어났다는 마음도 없다.

왜냐하면 이와 같이 진여의 지혜로 살아가는 모든 중생들이 만약에 마음속에 취상이 조금이라도 남아 있다면 곧바로 '사상'이 있는 것이 되기 때문이고, 만약에 법상이 있다고 하면 '사상'에 집착을 하게 되는 것이기 때문이다.

왜냐하면 만약에 법상을 초월했다는 생각도 가지면 곧바로 '사상'에 대한 집착이 있는 것이 되므로 응당 법상을 가지지 말아야 하고 법상을 벗어나 초월했다는 생각도 하지 말아야 한다.

그래서 여래는 항상 설법을 하였다.

그대들 모든 비구들도 내가 설법하는 것이 고해를 건너는 뗏목과 같아서 고해를 건너고 나면 뗏목을 버려야 하는 비유와 같다는 것을 알아야 한다. 그러므로 법상에 대한 집착도 마땅히 없어야 하는데 법상을 초월했다는 생각이 있어서야 되겠는가?

※ 頗有(파유, 적지 않다, 많이 있다) ; 如來滅後(여래멸후, 석가가 멸한 미래라는 뜻이나 여래라는 말도 사라지는 정법이 사라진 후) ; 後五百歲(후오백세, 오백년이라고 하여 역사적인 시간의 개념이 아닌 많은 세월이 흐른 때) ; 能生信心(능생신심, 자신이 이런 구절 한마디만 보거나 들어도 불심을 확신함) ; 善根(선근, 청정한 근기) ; 千萬佛所(천만불소, 많은 선근이라는 말을 강조하기 위한 것으로 청정한 진여를 확신하는 것) ; 悉知悉見(실지실견, 실제로 알고 실제로 친견하는 체득이나 수지) ; 法相(법상, 인연법을 인식하는 것) ; 非法(비법, 대승이나 최상승은 법이라는 인식조차도 초월해야 하는 것)

7) 무득무설분(無得無說分)

須菩提, 於意云何, 如來得阿耨多羅三藐三菩提耶. 如來有所
수보리, 어의운하, 여래득아뇩다라삼먁삼보리야. 여래유소

說法耶. 須菩提言. 如我解佛所說義, 無有定法 名阿耨多羅三
설법야. 수보리언. 여아해불소설의, 무유정법 명아뇩다라삼

藐三菩提. 亦無有定法, 如來可說. 何以故, 如來所說法, 皆不
먁삼보리. 역무유정법, 여래가설. 하이고, 여래소설법, 개불

可取, 不可說, 非法, 非非法. 所以者何, 一切賢聖, 皆以無爲
가취, 불가설, 비법, 비비법. 소이자하, 일체현성, 개이무위

法 而有差別.
법 이유차별.

수보리여, 여래가 '아뇩다라삼먁삼보리'를 얻었다고 생각하느냐? 여래가 설법을 대상으로 설한 적이 있느냐?

수보리가 대답했다. 제가 깨달아 알기로는 부처님께서 '아뇩다라삼먁삼보리'를 체득하는 고정된 법이 없는 것을 설한 것이며 역시 여래가 체득한 고정된 법이 없다는 것을 여래께서 바르게 설하셨습니다.

왜냐하면 여래께서 설법을 한 것은 모두가 지식으로 취하여 얻는 것도 아니고 설명하여 얻을 수 있는 것이 아니므로 고정된 설법이 아니고 또 여래께서는 설법을 하신다는 집착도 없이 하시는 설법이기 때문입니다.

왜냐하면 모든 현성은 모두가 무위법으로 성자의 입장에서 진여의 지혜로 생활하는 것을 차별한다고 하는 것이기 때문입니다.

※ 無有定法(무유정법, 깨달음을 얻는 고정된 방법이 없다는 것) ; 差別(차별, 무위법의 차별은 성자가 행하는 사위의) ; 非非法(비비법, 설법을 하되 '무아상'으로 하는 것으로 대승을 말함)

8) 의법출생분(依法出生分)

須菩提, 於意云何, 若人滿三千大千世界七寶 以用布施, 是人
수보리, 어의운하, 약인만삼천대천세계칠보 이용보시, 시인

所得福德, 寧爲多不. 須菩提言. 甚多世尊. 何以故, 是福德卽
소득복덕, 영위다부. 수보리언. 심다세존. 하이고, 시복덕즉

非福德性, 是故如來說福德多. 若復有人, 於此經中受持, 乃
비복덕성, 시고여래설복덕다. 약부유인, 어차경중수지, 내

至四句偈等, 爲他人說, 其福勝彼. 何以故. 須菩提, 一切諸
지사구게등, 위타인설, 기복승피. 하이고. 수보리, 일체제

佛, 及諸佛阿耨多羅三藐三菩提法, 皆從此經出. 須菩提, 所
불, 급제불아뇩다라삼먁삼보리법, 개종차경출. 수보리, 소

謂佛法者, 卽非佛法.
위불법자, 즉비불법.

수보리여, 만약에 어느 사람이 삼천대천세계에 가득 찬 칠보를 가지고 수많은 사람들에게 각자가 가득 넘칠 정도로 보시를 했다고 하면 이 사람이 복덕을 많이 얻지 않겠는가?

수보리가 대답했다. 아주 많겠습니다. 세존이시여.

왜냐하면 이 사람이 보시한 것은 '보시바라밀'을 실천한 복덕이고 복덕성이 아니지만 '보시바라밀'을 실천했다는 마음도 없이 보시하기에 여래께서 복덕이 많다고 하신 것입니다.

만약에 어느 사람이 이 '경'의 뜻을 정확하게 알고 수지하여 이 '경'에 나오는 사구게 등으로 사람들에게 정확하게 설법한다면 그 복덕은 앞의 복덕보다 수승한 것이다.

왜냐하면 수보리여, 진여의 지혜를 실천하는 모든 부처와 제불의 '아뇩다라삼먁삼보리법'이 모두 이 경전에서 설한 내용을 근거로 하여 출현하고 있기 때문이다.

수보리여, 이른바 내가 말하는 불법이라고 하는 것은 불법을 초월한 진여의 지혜를 몰종적으로 실천하는 것을 말한다.

※ 福德性(복덕성, 복덕의 본성을 말하는 것으로 대승의 보시바라밀을 강조하기 위한 것) ; 皆從此經出(개종차경출, 여래나 무상정등정각의 불법이 모두 이 경의 설법에 모두 들어 있다는 것) ; 卽非佛法(즉비불법, 일반적으로 말하는 불법이라는 것은 근본적으로 대승이상이 되어야 한다는 것을 말함)

9) 일상무상분(一相無相分)

須菩提, 於意云何, 須陀洹能作是念, 我得須陀洹果不. 須菩
수보리, 어의운하, 수다원능작시념, 아득수다원과부. 수보

提言. 不也世尊. 何以故, 須陀洹名爲入流, 而無所入, 不入色
리언. 불야세존. 하이고, 수다원명위입류, 이무소입, 불입색

聲香味觸法, 是名須陀洹. 須菩提, 於意云何, 斯陀含能作是
성향미촉법, 시명수다원. 수보리, 어의운하, 사다함능작시

念, 我得斯陀含果不. 須菩提言. 不也世尊. 何以故, 斯陀含名
념, 아득사다함과부. 수보리언. 불야세존. 하이고, 사다함명

一往來, 而實無往來, 是名斯陀含. 須菩提, 於意云何, 阿那含
일왕래, 이실무왕래, 시명사다함. 수보리, 어의운하, 아나함

能作是念, 我得阿那含果不. 須菩提言. 不也世尊. 何以故, 阿
능작시념, 아득아나함과부. 수보리언. 불야세존. 하이고, 아

那含名爲不來, 而實無不來, 是故名阿那含. 須菩提, 於意云
나함명위불래, 이실무불래, 시고명아나함. 수보리, 어의운

何, 阿羅漢能作是念, 我得阿羅漢道不. 須菩提言. 不也世尊.
하, 아라한능작시념, 아득아라한도부. 수보리언. 불야세존.

何以故, 實無有法 名阿羅漢.
하이고, 실무유법 명아라한.

수보리여, 수다원의 경지를 체득한 사람 자신이 수다원과를 얻었다는 마음을 가지겠는가? 수보리가 대답했다. 세존이시여, 그렇지 않습니다.

왜냐하면 수다원은 이름을 성자의 경지에 들어갔다는 것이므로 육진경계를 취한다는 생각이 없는 것을 수다원이라고 말합니다.

수보리여, 사다함의 경지를 체득한 사람은 자신이 사다함과를 얻었다는 마음을 가지겠는가? 수보리가 대답했다. 세존이시여, 그렇지 않습니다.

왜냐하면 사다함은 한 번 왕래한다는 말인데 삼계의 '업'을 모두 없앤다는 말이므로 실제로 왕래하는 것이 없는 것을 이름 하여 사다함이라고 하는 것입니다.

수보리여, 아나함의 경지를 체득한 사람은 자신이 아나함과를 얻었다는 마음을 가지겠는가? 수보리가 대답했다. 세존이시여, 그렇지 않습니다.

왜냐하면 아나함은 욕계에 다시 오지 않는다는 말이고 실제로 아공과 법공을 모두 체득하여 이미 욕계를 벗어났기 때문에 되돌아오지 않는다고 하여 이름을 아나함이라고 하는 것입니다.

수보리여, 아라한의 경지를 체득한 사람은 자신이 아라한과를 얻었다는 마음을 가지겠는가? 수보리가 대답했다. 세존이시여, 그렇지 않습니다.

왜냐하면 아라한은 실제로 삼계의 업인 번뇌 망념이 생사하는 법이 없기 때문에 이름을 아라한이라고 하는 것입니다.

世尊, 若阿羅漢作是念, 我得阿羅漢道, 卽爲著我人衆生壽者.
세존, 약아라한작시념, 아득아라한도, 즉위착아인중생수자.

世尊, 佛說 我得無諍三昧 人中最爲第一, 是第一離欲阿羅漢,
세존, 불설 아득무쟁삼매 인중최위제일, 시제일이욕아라한,

我不作是念, 我是離欲阿羅漢. 世尊, 我若作是念, 我得阿羅
아부작시념, 아시이욕아라한. 세존, 아약작시념, 아득아라

漢道, 世尊則不說 須菩提 是樂阿蘭那行者. 以須菩提 實無所
한도, 세존즉불설 수보리 시요아란나행자. 이수보리 실무소

行, 而名須菩提, 是樂阿蘭那行.
행, 이명수보리, 시요아란나행.

세존이시여, 만약에 아라한 자신이 내가 아라한이 되었다는 마음을 가지면 바로 '사상'에 집착하는 것이 되기 때문입니다.

세존이시여, 부처님께서 말씀하실 때에 제가 번뇌 망념이 없는 무쟁삼매를 체득했고 그런 사람들 중에 '제일이욕아라한'이라고 하신 것은 제가 삼계의 번뇌를 벗어난 아라한이 되었다는 생각도 하지 않기 때문입니다.

세존이시여, 제가 만약에 아라한도를 얻었다는 생각을 하였다면 세존께서는 수보리가 무쟁삼매를 제일 잘 실천하는 수행자라고 하시지 않으셨을 것입니다.

수보리가 진실로 아라한이라는 마음을 가지지 않고 아라한도를 실천하기 때문에 수보리를 무쟁삼매를 제일 잘 실천하는 수행자라고 하신 것입니다.

※ 須陀洹(수다원, 깨달음을 성취한 초과의 성자로 성문) ; 不入色聲香味觸法(불입색성향미촉법, 육진경계에 떨어지지 않는 경지를 체득한 성자) ; 斯陀含(사다함, 삼계의 업을 제거하는 인연법을 깨달은 성자로 연각이나 벽지불이라고도 함) ; 一往來而實無往來(일왕래이실무왕래, 삼계를 한번 왕래한다는 것은 인연법을 관하는 것이므로 실제로 왕래는 없다) ; 阿那含(아나함, 돌아오지 않은 경지를 체득한 보살) ; 不來而實無不來(불래이실무불래, 다시 오지 않는다는 것은 돌아오지 않는 것도 없는 것) ; 阿羅漢(아라한, 대승을 말하는 보살마하살이나 대비구) ; 實無有法(실무유법, 대승이라는 것은 한다는 마음 없이 육바라밀을 실천하는 것) ; 無諍三昧(무쟁삼매, 완벽한 삼매의 경지를 체득한 아란야) ; 第一離欲阿羅漢(제일이욕아라한, 아라한 중에서 수보리가 제일이라는 뜻이나 대승은 아라한이라는 생각도 하지 않아야 하는 것)

10) 장엄정토분(莊嚴淨土分)

佛告須菩提. 於意云何, 如來昔在然燈佛所, 於法有所得不.
불고수보리. 어의운하, 여래석재연등불소, 어법유소득부.

(不也)世尊. 如來在然燈佛所, 於法實無所得. 須菩提, 於意
(불야)세존. 여래재연등불소, 어법실무소득. 수보리, 어의

云何, 菩薩莊嚴佛土不. 不也世尊. 何以故, 莊嚴佛土者, 則非
운하, 보살장엄불토부. 불야세존. 하이고, 장엄불토자, 즉비

莊嚴, 是名莊嚴. 是故須菩提, 諸菩薩摩訶薩 應如是生清淨
장엄, 시명장엄. 시고수보리, 제보살마하살 응여시생청정

心, 不應住色生心, 不應住聲香味觸法生心, 應無所住 而生其
심, 불응주색생심, 불응주성향미촉법생심, 응무소주 이생기

心. 須菩提, 譬如有人, 身如須彌山王, 於意云何, 是身爲大
심. 수보리, 비여유인, 신여수미산왕, 어의운하, 시신위대

不. 須菩提言. 甚大世尊. 何以故, 佛說非身, 是名大身.
불. 수보리언. 심대세존. 하이고, 불설비신, 시명대신.

부처님이 수보리에게 말했다.

여래가 지난날에 연등불이 계신 곳에서 어떤 법을 얻은 것이 있느냐? 세존이시여, 그렇지 않습니다.

여래께서 실제로 무소득의 법을 체득한 것이기 때문입니다.

수보리여, 보살이 불국토를 장엄한다고 하면 할 수 있겠는가? 세존이시여, 그렇지 않습니다.

왜냐하면 불국토를 장엄한다고 하는 것은 곧 불국토를 외부의 어디에 만들어 장엄하는 것이 아니라 마음속에 불국토를 건설하는 것이므로 이름을 장엄이라고 하는 것이기 때문입니다.

그러므로 수보리여, 모든 보살마하살들은 마땅히 여시한 진여의 지혜로 청정한 마음을 내야하며 육진의 대상경계에 따라

마음을 내지 말고 대상경계를 집착하는 마음 없이 청정한 진여의 지혜로 생활해야 한다.

수보리여, 어떤 사람을 비유하여 몸이 수미산과 같다고 하면 그 몸을 크다고 하지 않겠는가?

수보리가 대답했다. 세존이시여, 매우 큽니다.

왜냐하면 세존께서 설하신 몸이라고 하는 것은 육신의 몸이 아닌 법신을 말씀하시는 것이고 무위법으로 설하시는 것이기에 몸이 크다고 하는 것입니다.

※ 然燈佛(연등불, 석가모니의 스승이지만 법은 자신의 마음을 깨닫는 것이므로 마음 밖에서 얻는 법은 없는 것) ; 法實無所得(법실무소득, 연등불에게서 불법을 받은 것이 없는 것) ; 則非莊嚴是名莊嚴(즉비장엄시명장엄, 장업한다는 마음을 초월한 것을 장엄이라고 하는 대승) ; 應無所住而生其心(응무소주이생기심, 대승 보살마하살은 무소유의 무위심으로 사위의에 맞게 보살도를 실천함)

11) 무위복승분(無爲福勝分)

須菩提, 如恒河中 所有沙數, 如是沙等恒河, 於意云何, 是諸
수보리, 여항하중 소유사수, 여시사등항하, 어의운하, 시제

恒河沙寧爲多不. 須菩提言. 甚多世尊. 但諸恒河 尙多無數,
항하사영위다부. 수보리언. 심다세존. 단제항하 상다무수,

何況其沙. 須菩提, 我今實言告汝. 若有善男子善女人, 以七
하황기사. 수보리, 아금실언고여. 약유선남자선여인, 이칠

寶滿爾所 恒河沙數 三千大千世界, 以用布施, 得福多不. 須
보만이소 항하사수 삼천대천세계, 이용보시, 득복다부. 수

菩提言. 甚多世尊. 佛告須菩提. 若善男子善女人, 於此經中,
보리언. 심다세존. 불고수보리. 약선남자선여인, 어차경중,

乃至受持 四句偈等, 爲他人說, 而此福德 勝前福德.
내지수지 사구게등, 위타인설, 이차복덕 승전복덕.

수보리여, 항하의 모래 숫자만큼의 항하가 더 있다고 하고 이 전체항하의 모래숫자들을 모두 합하면 많다고 할 수 있겠는가?

수보리가 대답했다. 세존이시여, 아주 많습니다.

단지 모든 항하의 숫자만 하더라도 셀 수 없이 한량이 없는데 어찌 하물며 그 항하들의 모래숫자를 어찌 헤아리겠습니까?

수보리여, 내가 지금 그대에게 진실로 말하겠다. 만약에 선남자와 선여인이 항하의 모래 숫자만큼의 삼천대천세계에 가득 찬 칠보로 보시를 행한다고 하면 복덕을 많이 얻지 않겠는가?

수보리가 대답했다. 세존이시여, 매우 많은 복덕을 얻을 것입니다.

부처님이 수보리에게 말했다. 만약에 선남자와 선여인이 이 경전의 뜻을 정확하게 깨달아 알고 수지하며 사구게 등으로 사람들에게 정확하게 설법한다면 이 복덕은 앞의 복덕보다 수승한 것이다.

※ 恒河沙數(항하사수, 갠지즈 강의 항하[gaṅgā의 음사로 강가]에 있는 모래 수라는 것으로 무수한 많은 수량을 표현 한 것) ; 三千大千世界(삼천대천세계, 우주의 모든 공간이라는 것으로 한량없이 많은 것을 비유한 것) ; 受持四句偈等(수지사구게등, 수지한다는 것은 경전의 대의를 정확하게 파악하여 사구게로 요약한 것) ; 爲他人說(위타인설, 타인에게 경전에서 수지한 것을 설명하는 것)

12) 존중정교분(尊重正教分)

復次須菩提, 隨說是經, 乃至四句偈等, 當知此處, 一切世間
부차수보리, 수설시경, 내지사구게등, 당지차처, 일체세간

天人阿修羅, 皆應供養, 如佛塔廟. 何況有人 盡能受持讀誦.
천인아수라, 개응공양, 여불탑묘. 하황유인 진능수지독송.

須菩提, 當知是人 成就最上 第一希有之法. 若是經典 所在
수보리, 당지시인 성취최상 제일희유지법. 약시경전 소재

之處, 則爲有佛, 若尊重弟子.
지처, 즉위유불, 약존중제자.

또 다시 수보리여, 수행자가 이 경전을 정확하게 알고 진여의 지혜로 설하거나 사구게 등으로 설하는 곳은 일체세간의 어디일지라도 천상의 사람이나 일반 사람과 아수라가 모두가 신성하게 여기고 공양하는 불탑이나 종묘를 모신 곳이 된다는 것을 잘 알아야 한다.

그런데 하물며 어느 사람이 이 경전을 자신이 정확하게 알고 완전히 수지하여 독송하면 어떻겠는가?

수보리여, 마땅히 이 사람은 최상의 희유한 불법을 깨달아 성취하게 된다는 사실을 잘 알아야 한다.

그러므로 만약에 이 경전을 정확하게 알고 수지 독송하고 사람들에게 바르게 설하는 곳에는 곧바로 부처님이 계신 곳이 되고 진여의 지혜로 설하는 뛰어난 제자들이 있는 곳이다.

※ 隨說是經(수설시경, 이 경전을 수지하여 설하는 곳이라는 뜻이다) ; 天人阿修羅(천인아수라, 천상의 사람, 불법을 믿는 사람, 불법을 수호하는 사람) ; 如佛塔廟(여불탑묘, 부처님과 불탑이나 종묘사직과 같이 공양을 올리는 곳) ; 盡能(진능, 자신의 본성으로 수지 독송하는 것) ; 成就最上第一希有之法(성취최상제일희유지법, 자신의 불성을 파악하여 성취하는 것이므로 희유한 법을 체득하는 것이라고 함) ; 則爲有佛若尊重弟子(즉위유불약존중제자, 이 경전을 수지하여 설하는 곳은 부처님이 계신 곳이고 뛰어난 제자인 아라한이나 대비구가 있는 곳)

13) 여법수지분(如法受持分)

爾時, 須菩提白佛言. 世尊, 當何名此經, 我等云何奉持. 佛告
이시, 수보리백불언. 세존, 당하명차경, 아등운하봉지. 불고

須菩提. 是經名爲, 金剛般若波羅蜜, 以是名字, 汝當奉持. 所
수보리. 시경명위, 금강반야바라밀, 이시명자, 여당봉지. 소

以者何, 須菩提, 佛說般若波羅蜜, 則非般若波羅蜜(是名般若
이자하, 수보리, 불설반야바라밀, 즉비반야바라밀(시명반야

波羅蜜). 須菩提, 於意云何, 如來有所說法不. 須菩提 白佛
바라밀). 수보리, 어의운하, 여래유소설법부. 수보리 백불

言. 世尊, 如來無所說. 須菩提, 於意云何, 三千大千世界 所
언. 세존, 여래무소설. 수보리, 어의운하, 삼천대천세계 소

有微塵 是爲多不. 須菩提言. 甚多世尊. 須菩提, 諸微塵, 如
유미진 시위다부. 수보리언. 심다세존. 수보리, 제미진, 여

來說非微塵, 是名微塵.
래설비미진, 시명미진.

그때에 수보리가 부처님에게 말씀드렸다.

세존이시여, 이 경전의 이름을 무엇이라고 하고 우리들이 어떻게 수지하여야 하겠습니까?

부처님이 수보리에게 말했다. 이 '경'의 이름은 금강반야바라밀(경) 이라고 하는 것이니 그대들은 마땅히 수지하여 실천해야 한다.

왜냐하면 수보리여, 부처님이 설한 '반야바라밀'은 진여의 지혜로 고해를 벗어나는 것으로 곧바로 진여의 지혜로 고해를 벗어난다는 생각을 하지 않고 실천해야 하는 것이기에 '반야바라밀'이라고 한다.

수보리여, 여래가 대상으로 불법을 설한 적이 있느냐?

수보리가 부처님에게 말씀드렸다. 세존이시여, 여래께서 대

상으로 설한 법이 한 번도 없습니다.

수보리여, 삼천대천세계에 있는 미진의 먼지와 같은 번뇌를 많다고 생각할 수 있느냐?

수보리가 대답했다. 세존이시여, 매우 많습니다.

수보리여, 모든 미진을 여래는 미진이라는 마음을 가지지 않고 미진번뇌의 본성이 청정한 '공'이라고 알기 때문에 미진이라고 하는 것이다.

如來說世界, 非世界, 是名世界. 須菩提, 於意云何, 可以三十
여래설세계, 비세계, 시명세계. 수보리, 어의운하, 가이삼십

二相見如來不. 不也世尊. 不可以三十二相 得見如來. 何以
이상견여래부. 불야세존. 불가이삼십이상 득견여래. 하이

故, 如來說三十二相, 卽是非相, 是名三十二相. 須菩提, 若有
고, 여래설삼십이상, 즉시비상, 시명삼십이상. 수보리, 약유

善男子善女人, 以恒河沙等 身命布施. 若復有人, 於此經中,
선남자선여인, 이항하사등 신명보시. 약부유인, 어차경중,

乃至受持 四句偈等, 爲他人說, 其福甚多.
내지수지 사구게등, 위타인설, 기복심다.

여래가 설하는 세계는 중생의 망념이 다하여 없어진 세계를 비세계라고 하는 것이며 이 이름을 세계라고 말씀하시는 것은 번뇌 망념이 없다는 생각도 하지 않는 세계를 세계라고 하는 것이기 때문입니다.

수보리여, 32상을 구족한 사람을 보면 여래를 친견하였다고 생각할 수 있겠느냐?

세존이시여, 아닙니다.

32상으로는 여래를 친견할 수 없습니다.

왜냐하면 여래께서 말씀하시는 32상이 '비상'이라고 하신 것은 '법신상'을 말씀하시는 것이므로 '무상'을 32상이라고 말씀하시는 것이기 때문입니다.

수보리여, 만약에 어느 선남자와 선여인이 있어서 항하사와 같은 마음으로 신명을 다하여 보시를 실천하는 사람이 있다고 하고, 또 만약에 또다시 어느 사람은 이 경전을 정확하게 깨달아 알고 수지하며 사구게 등으로 사람들에게 정확하게 설법한다면 이런 복덕은 앞의 복덕보다도 매우 많다고 하겠다.

※ 般若波羅蜜(반야바라밀, 금강이나 진여의 지혜로 육도윤회를 벗어나는 법) ; 奉持(봉지, 수지와 같은 뜻으로 받들어 수지하는 것) ; 則非(즉비, 대승을 말하는 것으로 소승을 초월하는 것) ; 無所說(무소설, 대상으로 설하지 않는다고 하는 것은 능설이라는 것) ; 微塵(미진, 많은 미세한 먼지라는 뜻이나 많은 번뇌라는 뜻으로 미세한 모든 번뇌까지도 포함된 말) ; 非世界(비세계, 자신이 가진 망념의 세계를 초월한 대승의 세계) ; 三十二相(삼십이상, 우상화된 부처님의 모습을 표현한 것) ; 卽是非相(즉시비상, 우상화된 완벽한 부처님의 형상을 초월한 대승의 법신을 말함) ; 身命布施(신명보시, 자신의 본성으로 보시바라밀을 실천하는 대승을 말하는 것으로 자신의 육신의 목숨을 바쳐서 보시바라밀을 한다고 생각하는 소승의 생각이 아님)

14) 이상적멸분(離相寂滅分)

爾時, 須菩提 聞說是經, 深解義趣, 涕淚悲泣, 而白佛言. 希
이시, 수보리 문설시경, 심해의취, 체루비읍, 이백불언. 희

有世尊. 佛說如是 甚深經典, 我從昔來 所得慧眼, 未曾得聞
유세존. 불설여시 심심경전, 아종석래 소득혜안, 미증득문

如是之經. 世尊, 若復有人 得聞是經, 信心淸淨, 則生實相,
여시지경. 세존, 약부유인 득문시경, 신심청정, 즉생실상,

當知是人, 成就第一 希有功德. 世尊, 是實相者, 則是非相,
당지시인, 성취제일 희유공덕. 세존, 시실상자, 즉시비상,

是故如來 說名實相.
시고여래 설명실상.

이때에 수보리가 부처님께서 이 '경'에서 설하신 깊은 뜻을 정확하게 깨달아 알고는 너무 기뻐 울면서 부처님에게 말했다.

세존이시여, 희유한 일입니다.

부처님이 진여의 지혜로 살아가게 설해주시는 깊고 깊은 이 경전의 뜻은 제가 지금까지 보고 들어 체득한 혜안으로는 아직까지 들어본 적이 없는 '경'입니다.

세존이시여, 만약에 어느 사람이 이 '경'의 가르침을 받고 마음으로 확신하여 마음이 청정하면 곧바로 일체상을 벗어난 실상을 바로 보게 되는 것이므로 마땅히 이 사람은 가장 희유한 공덕을 성취하게 되는 것입니다.

세존이시여, 여래께서 말씀하시는 청정한 실상이라고 하는 것은 곧바로 일체 망념을 벗어나 대상경계를 청정하게 진여의 지혜로 보는 법신상을 여래께서 말씀하시는 실상이라고 한 것입니다.

世尊, 我今得聞 如是經典, 信解受持 不足爲難. 若當來世,
세존, 아금득문 여시경전, 신해수지 부족위난. 약당래세,

後五百歲, 其有衆生, 得聞是經, 信解受持, 是人則爲第一希
후오백세, 기유중생, 득문시경, 신해수지, 시인즉위제일희

有. 何以故, 此人無我相 人相 衆生相 壽者相. 所以者何, 我
유. 하이고, 차인무아상 인상 중생상 수자상. 소이자하, 아

相卽是非相, 人相 衆生相 壽者相 卽是非相. 何以故, 離一切
상즉시비상, 인상 중생상 수자상 즉시비상. 하이고, 이일체

諸相, 則名諸佛. 佛告須菩提. 如是如是.
제상, 즉명제불. 불고수보리. 여시여시.

세존이시여, 제가 지금 이 경전을 듣고 배워 깨달아 확신하고 수지하여 진여의 지혜로 생활하는 것은 어렵지 않습니다.

그러나 만약에 당연히 미래에 불법을 모르는 시기에 중생들이 이런 말씀을 하시는 경전의 뜻을 배워 깨달아 확신하고 수지하는 사람이 있으면 가장 희유한 깨달음을 체득하게 되는 것입니다.

왜냐하면 이런 사람은 '사상' 없이 청정하게 생활하는 사람이기 때문입니다.

왜냐하면 이것은 여래께서 말씀하시는 '아상'은 '상'을 벗어난 것이고 인상 • 중생상 • 수자상도 모두 '상'을 벗어난 것이기 때문입니다.

왜냐하면 일체의 모든 '상'을 벗어난 이들을 보고 모두 부처라고 하는 것이기 때문입니다.

부처님께서 수보리에게 말했다. 진정으로 청정하게 진여의 지혜로 이렇게 생활해야 하는 것이다[如是如是].

若復有人, 得聞是經, 不驚不怖不畏, 當知是人 甚爲希有. 何
약부유인, 득문시경, 불경불포불외, 당지시인 심위희유. 하

以故, 須菩提, 如來說第一波羅蜜, (卽)非第一波羅蜜, 是名第
이고, 수보리, 여래설제일바라밀, (즉)비제일바라밀, 시명제

一波羅蜜. 須菩提, 忍辱波羅蜜, 如來說 非忍辱波羅蜜, (是名
일바라밀. 수보리, 인욕바라밀, 여래설 비인욕바라밀, (시명

忍辱波羅蜜). 何以故, 須菩提, 如我昔爲歌利王 割截身體, 我
인욕바라밀). 하이고, 수보리, 여아석위가리왕 할절신체, 아

於爾時, 無我相 無人相 無衆生相 無壽者相. 何以故, 我於往
어이시, 무아상 무인상 무중생상 무수자상. 하이고, 아어왕

昔 節節支解時, 若有我相 人相 衆生相 壽者相, 應生瞋恨.
석 절절지해시, 약유아상 인상 중생상 수자상, 응생진한.

須菩提, 又念過去於五百世 作忍辱仙人, 於爾所世, 無我相
수보리, 우념과거어오백세 작인욕선인, 어이소세, 무아상

無人相 無衆生相 無壽者相.
무인상 무중생상 무수자상.

만약에 어느 사람이 이 경전에서 설하는 내용을 듣고 깨달아 근심걱정으로 두려워하지 않고 놀라지 않으며 무서워하지 않게 되면 당연히 이 수행자는 진여의 지혜로 수행하는 아주 희유한 사람인 것이다.

왜냐하면 수보리여, 여래가 설한 '제일바라밀'은 '즉비제일바라밀'이라고 한 것을 '제일바라밀'이라고 한 것이기 때문이다.

수보리여, '인욕바라밀'도 역시 인욕을 한다는 마음 없이 인욕을 하는 것을 '비인욕바라밀'이라고 한 것인데 여래께서 설하는 것은 인욕을 하게 하는 대상이 '공'이므로 '인욕바라밀'도 초월하여 아니라고 하는 것이므로 '인욕바라밀'을 실천한다는 생각도 없이 하는 것을 '인욕바라밀'이라고 하는 것이다. 왜냐하면 수보리여, 비유하여 방편으로 말하면 지난날에 내가 가리

왕에게 육신이 절단되어 죽는 고통을 당할 때에 내가 '인욕바라밀'을 실천하고 있었기에 나는 '사상'이 없어 원한이 생기지 않았던 것이다.

왜냐하면 내가 사지가 마디마디 절단될 그때에 만약에 '사상'이 있었다면 성내고 원망하는 마음이 있었을 것이다.

수보리여, 또 과거의 오래전에도[過去於五百世] 인욕행을 하는 수행자인 선인으로 살고 있었는데 그때에도 '사상'이 없었다.

是故須菩提, 菩薩應離一切相, 發阿耨多羅三藐三菩提心, 不
시고수보리, 보살응리일체상, 발아뇩다라삼먁삼보리심, 불

應住色生心, 不應住聲香味觸法生心, 應生無所住心. 若心有
응주색생심, 불응주성향미촉법생심, 응생무소주심. 약심유

住, 則爲非住. 是故佛說, 菩薩心不應住色布施. 須菩提, 菩薩
주, 즉위비주. 시고불설, 보살심불응주색보시. 수보리, 보살

爲利益 一切衆生, 應如是布施. 如來說 一切諸相, 卽是非相,
위이익 일체중생, 응여시보시. 여래설 일체제상, 즉시비상,

又說 一切衆生, 則非衆生.
우설 일체중생, 즉비중생.

그러므로 수보리여, 불법에 맞게 수행하고자 하는 보살은 일체의 '상'을 벗어나 '발아뇩다라삼먁삼보리심'의 원력을 세워 육진에 집착하는 마음 없는 청정한 무소주의 마음을 내야 하는 것이다.

그러므로 만약 마음에 육진경계를 집착하는 마음이 있다고 하면 곧 바로 육진경계를 '공'이라고 자각하여 집착하는 마음이 없는 마음을 내야하는 것이다.

그래서 부처님은 보살이 위대한 원력을 세워 진여의 지혜로 육진경계에 집착하는 마음 없이 '보시바라밀'을 실천해야 한다고 설법하는 것이다.

수보리여, 보살은 일체중생이 진여의 지혜로 생활하게끔 마땅히 이와 같이 '보시바라밀'을 실천해야 하는 것이다.

여래가 말하는 일체의 '상'은 '상'이라는 생각을 하지 않는 것을 '비상'이라 한 것이고 또 여래가 말하는 일체중생이라고 하는 것도 중생이라는 생각을 하지 않는 것이다.

須菩提, 如來是眞語者 實語者 如語者 不誑語者 不異語者.
수보리, 여래시진어자 실어자 여어자 불광어자 불이어자.

須菩提, 如來所得法, 此法無實無虛. 須菩提, 若菩薩心住於
수보리, 여래소득법, 차법무실무허. 수보리, 약보살심주어

法 而行布施, 如人入闇, 則無所見. 若菩薩心不住法 而行布
법 이행보시, 여인입암, 즉무소견. 약보살심부주법 이행보

施, 如人有目, 日光明照, 見種種色. 須菩提, 當來之世, 若有
시, 여인유목, 일광명조, 견종종색. 수보리, 당래지세, 약유

善男子 善女人, 能於此經 受持讀誦, 則爲如來 以佛智慧, 悉
선남자 선여인, 능어차경 수지독송, 즉위여래 이불지혜, 실

知是人, 悉見是人, 皆得成就 無量無邊功德.
지시인, 실견시인, 개득성취 무량무변공덕.

수보리여, 여래는 진리를 설하는 사람이고, 진실을 설하는 사람이며, 진여를 설하는 사람이며, 거짓말을 하지 않는 사람이며, 다른 말을 하지 않는 사람이다.

수보리여, 여래가 일체만법을 진여의 지혜로 체득하였다고 하는 이 법은 언어문자를 벗어난 설법이므로 무실(無實, 空)이

라고 설한 것이며, 지금 진여의 지혜로 생활하는 것을 설하고 있기 때문에 무허(無虛, 不空)라고 하는 것이다.

수보리여, 만약에 보살이 마음속에 육진경계에 대한 집착을 가지고 보시를 하는 것을 비유하면 어느 사람이 어두운 곳에 들어가면 아무 것도 보지 못하는 것과 같다.

만약에 보살이 마음속에 육진경계에 대한 집착을 하지 않고 보시를 하는 것을 비유하여 설명하면 안목 있는 사람이 밝은 대낮에 온갖 실상의 색을 볼 수 있는 것과 같다.

수보리여, 앞으로 오는 시절에 만약에 선남자와 선여인이 자신이 이 '경'을 정확하게 알고 수지하여 독송하고 타인에게 설하는 사람이 있으면 곧 여래가 되어 부처의 지혜로 모든 것을 아는 사람이며 모든 부처를 친견한 사람이니 자신이 불지견을 체득한 것으로 무량하고 무변한 공덕을 모두 성취하게 되는 것이다.

※ 深解義趣(심해의취, 이 경전의 올바른 대의를 이해하여 자신이 체득함) ; 我從昔來所得慧眼(아종석래소득혜안, 수보리가 지금까지 익혀온 혜안) ; 信心清淨則生實相(신심청정즉생실상, 이 경전의 깊은 대의 파악하면 청정한 信心이 생겨 실상을 대승으로 보는 안목이 생기는 것) ; 則是非相(즉시비상, 실상을 초월한 대승의 마음) ; 我相卽是非相(아상즉시비상, 아상과 四相을 초월하여 대승의 마음을 내야함) ; 離一切諸相則名諸佛(이일체제상즉명제불, 四相을 벗어난 대승의 사람을 모두 부처라고 하는 것임) ; 得聞是經不驚不怖不畏(득문시경불경불포불외, 이와 같이 諸相을 벗어난 사람을 부처라고 하는 것을 확신하는 사람은 희유하다고 하는 것) ; 第一波羅蜜(제일바라밀, 諸相을 벗어나는 것이 어려우므로 초월이라는 바라밀을 대승이라고 함) ; 非忍辱波羅蜜(비인욕바라밀, 인욕바라밀을 초월한 대승) ; 如我昔爲歌利王割截身體(여아석위가리왕할절신체, 석가모니의 과거에 가리왕이 자신의 몸을 절단하는 설화에 비유함) ; 應生瞋恨(응생진한, 범부와 소승은 원한의 마음이 있지만 대승의 바라밀을 실천하면 원한의 마음이 없다고 설하는 것) ; 五百世(오백세, 많은 시간을 의미하지만 여기에서는 자신이 지금까지 고행을 한 것을 비유한 것) ; 作忍辱仙人(작인욕선인, 자신이 지금까지 오백세를 인욕하는 수행자로 살아왔다는 것) ; 應生無所住心(응생무소주심, 무소유의 空心을 내야함) ; 若心有住則爲非住(약심유주즉위비주, 만약 有住의 마음이 있다면 空心을 내야함) ; 一切衆生則非衆生(일체중생즉비중생, 일체의 중생을 모두 대승으로 생각함) ; 無實無虛(무실무허, 불법을 체득한 진여의 지혜는 누구에게 보여줄 수도 없는 것이지만 헛된 것이 아니라는 것) ; 如人入闇則無所見(여인입암즉무소견, 마음속에 諸相을 가지고 보시를 하는 것을 어둠에 비유함) ; 日光明照見種種色(일광명조견종종색, 소승의 마음에서 대승으로 나아가는 것을 밝은 해에 비유한 것) ; 悉知是人悉見是人(실지시인실견시인, 대승으로 나아가면 자신이 모든 것을 알고 보게 된다는 것)

15) 지경공덕분(持經功德分)

須菩提, 若有善男子善女人, 初日分 以恒河沙 等身布施, 中
수보리, 약유선남자선여인, 초일분 이항하사 등신보시, 중

日分 復以恒河沙 等身布施, 後日分 亦以恒河沙 等身布施,
일분 부이항하사 등신보시, 후일분 역이항하사 등신보시,

如是無量 百千萬億劫 以身布施. 若復有人, 聞此經典, 信心
여시무량 백천만억겁 이신보시. 약부유인, 문차경전, 신심

不逆, 其福勝彼, 何況書寫 受持讀誦 爲人解說. 須菩提, 以
불역, 기복승피, 하황서사 수지독송 위인해설. 수보리, 이

要言之, 是經有不可思議 不可稱量 無邊功德. 如來爲發大乘
요언지, 시경유불가사의 불가칭량 무변공덕. 여래위발대승

者說, 爲發最上乘者說.
자설, 위발최상승자설.

수보리여, 만약에 선남자와 선여인이 오전에 항하사와 같은 마음으로 신명을 다하여 보시를 하고,

또 낮에 다시 항하사와 같은 마음으로 신명을 다하여 보시를 하고, 저녁에도 역시 항하사와 같은 마음으로 신명을 다하여 보시를 하되 무량 백천만억겁 동안 신명을 다하여 보시를 하는 사람이 있다고 하고,

만약에 다시 어느 사람이 이 경전의 가르침을 듣고 확신하여 청정한 마음이 생겨 진여의 지혜로 수행하면 그 복덕은 앞의 복덕만큼이나 수승한데 하물며 사경하여 다른 사람에게 주고 이 경을 정확하게 깨달아 알고 수지하여 독송하며 타인에게 해설하면 그 복덕은 무량한 것이다.

수보리여, 이 '경'을 서사하여 수지 독송하고 사람들을 위해 해설하는 공덕의 요점을 언어문자로 말하여 보면 이 '경'을 듣

고 진여의 지혜로 생활하면 불가사의하고 무량하며 무변한 공덕이 있다는 것을 설한 것이다.

그러므로 여래는 대승의 수행을 하고자하는 수행자들을 위하여 이 '경'을 설한 것이고 또 최상승의 수행을 하고자하는 수행자들을 위하여 이 '경'을 설한 것이다.

若有人能 受持讀誦, 廣爲人說, 如來悉知是人, 悉見是人, 皆
약유인능 수지독송, 광위인설, 여래실지시인, 실견시인, 개

得成就不可量 不可稱 無有邊 不可思議功德. 如是人等, 則爲
득성취불가량 불가칭 무유변 불가사의공덕. 여시인등, 즉위

荷擔 如來阿耨多羅三藐三菩提. 何以故, 須菩提, 若樂小法
하담 여래아뇩다라삼먁삼보리. 하이고, 수보리, 약요소법

者, 著我見 人見 衆生見 壽者見, 則於此經, 不能聽受讀誦
자, 착아견 인견 중생견 수자견, 즉어차경, 불능청수독송

爲人解說. 須菩提, 在在處處, 若有此經, 一切世間天 人 阿
위인해설. 수보리, 재재처처, 약유차경, 일체세간천 인 아

修羅 所應供養. 當知此處, 則爲是塔, 皆應恭敬, 作禮圍繞,
수라 소응공양. 당지차처, 즉위시탑, 개응공경, 작례위요,

以諸華香而散其處.
이제화향이산기처.

만약에 어느 사람이 스스로 이 '경'을 듣고 정확하게 깨달아 수지하고 진여의 지혜로 생활하며 독송하여 널리 사람들에게 해설할 수 있는 사람이면 여래로서 실제로 자신의 망념(마음)을 모두 아는 사람이고 여래를 실제로 친견한 사람이기 때문에 말할 수 없이 무량하며 무변한 불가사의한 공덕을 얻게 된다. 이와 같이 이 '경'을 듣고 정확하게 깨달아 수지하고 진여의 지혜로 생활하고 독송하며 널리 사람들에게 해설할 수 있

는 대승과 최상승을 구족한 사람들은 여래가 설한 '아뇩다라삼먁삼보리'를 감당할 수 있는 능력을 가지게 되기 때문이다.

왜냐하면 수보리여, 만약에 소승의 법으로 수행하기를 좋아하는 이들은 무의식의 고정된 아견·인견·중생견·수자견에 대한 집착이 있으므로 이 '경'을 깨달아 수지하고 독송할 수 없고 사람들에게 해설하여도 알아듣게 할 수도 없다.

수보리여, 어디에서나 만약에 이 '경'을 듣고 정확하게 깨달아 수지하고 진여의 지혜로 생활하며 독송하여 널리 사람들에게 해설하는 그곳은 세간의 모든 천인이나 일반사람이나 아수라들이 공양을 올려도 되는 곳이다.

마땅히 이곳은 탑이 세워진 것이므로 모두가 공경할 수 있는 곳이고 예배를 하고 모든 꽃이나 향으로 그곳을 장식해도 되는 곳이다.

※ 恒河沙等身布施(항하사등신보시, 하루 종일이라는 뜻으로 24시간 내내 보시를 행하는 것) ; 百千萬億劫以身布施(백천만억겁이신보시, 간혹 백 천만 억 겁을 삼세로 이해하여 전생이나 내생이라는 무수한 세월로 아는 경우가 있는데 여기에서는 자신의 일생동안이라는 뜻) ; 信心不逆其福勝彼(신심불역기복승피, 이 경을 보고 들어서 신심이 흔들리지 않고 여여하면 일생동안 보시한 것보다 그 복이 수승하다 비유로 설한 것) ; 如來爲發大乘爲發最上乘者說(여래위발대승위발최상승자설, 여래가 항하사나 등신보시와 복으로 비유하여 설법한 것은 대승이나 최상승에게 설한 것이라고 한 것) ; 如來悉知是人悉見是人(여래실지시인실견시인, 자신이 대승이나 최상승이 되면 여래로서 알고 친견하게 된다는 것) ; 成就不可量不可稱無有邊不可思議功德(성취불가량불가칭무유변불가사의공덕, 자신이 대승이나 최상승이 되면 여래의 불가사의한 공덕이 있다고 설함) ; 荷擔(하담, 여래와 동등한 불법을 수지할 능력이 있음) ; 若樂小法者(약요소법자, 소승인 성문연각보살의 법에 집착하여 사는 것을 즐김) ; 不能聽受讀誦爲人解說(불능청수독송위인해설, 소승은 불법을 수지할 수도 본성으로 듣는 것이 불가능하여 타인에게 설법하는 것도 불가능하다는 것) ; 則爲是塔皆應恭敬(즉위시탑개응공경, 이 경의 대의를 정확하게 깨달아 수지하여 진여의 지혜로 설하는 곳은 불탑이 있는 곳이고 불법을 옹호하는 모든 불자들이 공양하고 경배하는 곳)

16) 능정업장분(能淨業障分)

復次, 須菩提, 善男子 善女人, 受持讀誦此經, 若爲人輕賤,
부차, 수보리, 선남자 선여인, 수지독송차경, 약위인경천,

是人先世罪業, 應墮惡道, 以今世人輕賤故, 先世罪業 則爲消
시인선세죄업, 응타악도, 이금세인경천고, 선세죄업 즉위소

滅, 當得阿耨多羅三藐三菩提. 須菩提, 我念過去 無量阿僧祇
멸, 당득아뇩다라삼먁삼보리. 수보리, 아념과거 무량아승지

劫, 於然燈佛前, 得値八百四千萬億 那由他諸佛, 悉皆供養承
겁, 어연등불전, 득치팔백사천만억 나유타제불, 실개공양승

事, 無空過者.
사, 무공과자.

또 다시 수보리여, 선남자와 선여인이 이 '경'을 듣고 정확하게 깨달아 수지하고 진여의 지혜로 생활하고 독송하며 널리 사람들에게 해설하는 사람이 만약에 사람들에게 업신여김[輕賤]을 당하는 것은, 이 사람이 진여의 지혜로 수행하기 이전에 죄업을 지었기 때문에 응당 삼악도에 떨어져 고통을 받을 것이지만, 지금 사람들에게 업신여김을 당하여도 '인욕바라밀'을 실천하기 때문에 이전의 죄업이 바로 소멸되고 마땅히 '아뇩다라삼먁삼보리'를 체득하게 되는 것이다.

수보리여, 내가 생각하여 보니 과거에 무량아승지겁과 같이 어두운 세월을 수행하면서 연등불이라는 청정한 진여의 지혜를 깨닫기 이전에도 항상 나태하지 않고 불법을 위배하지 않으면서 팔백사천만억 나유타의 모든 부처님들에게 모두 공양을 하고 잠시도 헛되이 시간을 보내지 않았다.

※ 輕賤(경천, 불자로서 천대와 멸시를 받는 것) ; 先世罪業(선세죄업, 자신이 지은 과보) ; 惡道(악도, 삼악도로 지옥아귀축생의 삶) ; 當得(당득, 무상정등정각의 불법을 체득함) ; 無空過者(무공과자, 불법을 체득하기 위하여 무수한 노력을 함)

若復有人, 於後末世, 能受持讀誦此經, 所得功德, 於我所供
약부유인, 어후말세, 능수지독송차경, 소득공덕, 어아소공

養 諸佛功德, 百分不及一, 千萬億分 乃至算數譬喩 所不能
양 제불공덕, 백분불급일, 천만억분 내지산수비유 소불능

及. 須菩提, 若善男子 善女人, 於後末世, 有受持讀誦此經,
급. 수보리, 약선남자 선여인, 어후말세, 유수지독송차경,

所得功德, 我若具說者, 或有人聞, 心則狂亂, 狐疑不信. 須菩
소득공덕, 아약구설자, 혹유인문, 심즉광란, 호의불신. 수보

提. 當知是經義 不可思議, 果報亦不可思議.
리. 당지시경의 불가사의, 과보역불가사의.

만약에 다시 어느 사람이 내가 입적하고 난 이후에 불법을 모르고 지식으로 사는 세상이 되었을 때에 자신이 능히 이 '경'을 듣고 정확하게 깨달아 수지하고 진여의 지혜로 생활하며 독송하여 널리 사람들에게 해설하는 사람이 얻는 공덕은 내가 과거에 제불에게 공양한 공덕보다 백배보다 더 많고 천만억 배보다 더 많아 어떠한 산수로도 헤아릴 수 없는 것이다.

수보리여, 만약에 선남자와 선여인이 이후 말세에 자신이 능히 이 '경'을 듣고 정확하게 깨달아 수지하고 진여의 지혜로 생활하며 독송하여 널리 사람들에게 해설하는 사람이 얻는 공덕을 내가 완전하게 모두 자세히 설명하는 것을 듣게 되면 근기가 아둔한 사람은 마음이 경솔하거나 혼란스러워하며 의심하고 믿지 않을 것이다.

수보리여, 마땅히 이 '경'의 뜻을 알고 생활하는 것도 불가사의하지만 이 '경'의 과보[공덕]도 역시 불가사의하다는 것을 잘 알아야 한다.

※ 能受持讀誦此經(능수지독송차경, 이 경의 대의를 알고 수지독송 하는데 자신의 본성으로 하는 것의 공덕이 불가사의함) ; 心則狂亂狐疑不信(심즉광란호의불신, 수지독송의 공덕이 불가사의하여 석가모니가 설명하여도 의심하고 믿지 않는 것)

17) 구경무아분(究竟無我分)

爾時, 須菩提白佛言. 世尊, 善男子 善女人, 發阿耨多羅三藐
이시, 수보리백불언. 세존, 선남자 선여인, 발아뇩다라삼먁

三菩提心, 云何應住, 云何降伏其心. 佛告須菩提. 善男子 善
삼보리심, 운하응주, 운하항복기심. 불고수보리. 선남자 선

女人, 發阿耨多羅三藐三菩提者, 當生如是心. 我應滅度一切
여인, 발아뇩다라삼먁삼보리자, 당생여시심. 아응멸도일체

衆生, 滅度一切衆生已, 而無有一衆生實滅度者. 何以故, 須
중생, 멸도일체중생이, 이무유일중생실멸도자. 하이고, 수

菩提, 若菩薩有我相 人相 衆生相 壽者相, 則非菩薩. 所以者
보리, 약보살유아상 인상 중생상 수자상, 즉비보살. 소이자

何, 須菩提, 實無有法 發阿耨多羅三藐三菩提者.
하, 수보리, 실무유법 발아뇩다라삼먁삼보리자.

이때에 수보리가 부처님에게 물었다.

세존이시여, 선남자와 선여인이 '발아뇩다라삼먁삼보리심'의 원력을 세운 보살로서 어떠한 사상(思想)을 가져야 하며 어떻게 그 마음을 굴복시켜야 합니까?

부처님이 수보리에게 말했다.

선남자와 선여인이 '발아뇩다라삼먁삼보리심'의 원력을 세운 보살이라면 마땅히 진여의 지혜로 살아가려는 마음을 다음과 같이 가져야 한다.

즉 내가 일체중생을 제도하여 일체중생을 열반적정의 경지에 들게 하였다고 하여도 실제로 내가 제도한 중생이 하나도 없다고 아는 몰종적의 마음이어야 한다.

왜냐하면 수보리여, 만약에 원력을 세운 보살이 사상(四相)이 있다고 하면 원력을 세운 보살이 아니기 때문이다.

어찌하여 그런가 하면 수보리여, 대승의 보살은 무법으로 '아뇩다라삼먁삼보리'의 원력을 세운 진실한 대승보살이기 때문이다.

須菩提, 於意云何, 如來於然燈佛所, 有法得阿耨多羅三藐三
수보리, 어의운하, 여래어연등불소, 유법득아뇩다라삼먁삼

菩提不. 不也世尊. 如我解佛所說義, 佛於然燈佛所, 無有法
보리부. 불야세존. 여아해불소설의, 불어연등불소, 무유법

得阿耨多羅三藐三菩提. 佛言. 如是如是. 須菩提, 實無有法
득아뇩다라삼먁삼보리. 불언. 여시여시. 수보리, 실무유법

如來得阿耨多羅三藐三菩提. 須菩提, 若有法 如來得阿耨多羅
여래득아뇩다라삼먁삼보리. 수보리, 약유법 여래득아뇩다라

三藐三菩提者, 然燈佛 則不與我受記. 汝於來世, 當得作佛,
삼먁삼보리자, 연등불 즉불여아수기. 여어래세, 당득작불,

號釋迦牟尼. 以實無有法 得阿耨多羅三藐三菩提, 是故然燈佛
호석가모니. 이실무유법 득아뇩다라삼먁삼보리, 시고연등불

與我受記, 作是言. 汝於來世, 當得作佛, 號釋迦牟尼.
여아수기, 작시언. 여어래세, 당득작불, 호석가모니.

수보리여, 여래가 연등불이 계신 곳에서 '아뇩다라삼먁삼보리'의 유법(有法)을 얻은 것이 있는가? 세존이시여, 없습니다.

제가 부처님께서 지금까지 설하신 법문을 듣고 깨달아 아는 소견으로는 부처님께서 연등불이 계신 곳에서 '아뇩다라삼먁삼보리'의 무법(無法)을 얻은 것입니다.

부처님이 말했다. 맞다. 이와 같이 모두 각자가 진여의 지혜로 생활하면 된다.

수보리여, 여래는 진실로 '아뇩다라삼먁삼보리'의 무법을 얻은 것이다.

수보리여, 만약에 여래가 '아뇩다라삼먁삼보리'의 법을 얻었다는 생각을 가진 적이 조금이라도 있다면 연등불이 나에게 그대는 앞으로 석가모니라는 부처가 될 것이라는 수기를 하지 않았을 것이다.

진실로 여래가 '아뇩다라삼먁삼보리'의 무법을 얻었기 때문에 연등불이 나에게 그대는 앞으로 석가모니라는 부처가 될 것이라고 수기한 것이다.

何以故, 如來者, 卽諸法如義. 若有人言. 如來得阿耨多羅三藐三菩提. 須菩提, 實無有法, 佛得阿耨多羅三藐三菩提. 須菩提, 如來所得阿耨多羅三藐三菩提, 於是中無實無虛. 是故如來說一切法, 皆是佛法. 須菩提, 所言一切法者, 卽非一切法, 是故名一切法.
하이고, 여래자, 즉제법여의. 약유인언. 여래득아뇩다라삼먁삼보리. 수보리, 실무유법, 불득아뇩다라삼먁삼보리. 수보리, 여래소득아뇩다라삼먁삼보리, 어시중무실무허. 시고여래설일체법, 개시불법. 수보리, 소언일체법자, 즉비일체법, 시고명일체법.

왜냐하면 여래가 체득한 법이라고 하는 것은 제법을 올바르게 자각하여 진여의 지혜로 생활하는 것이기 때문이다.

또한 어느 사람들은 이것을 가지고 여래는 '아뇩다라삼먁삼보리'를 얻었다고 말한다. 하지만 수보리여, 진실로 부처는 '아뇩다라삼먁삼보리'의 무법을 얻었다는 것이다.

수보리여, 여래가 '아뇩다라삼먁삼보리'를 체득하였다고 말하는 이 법은 언어문자를 벗어난 설법이므로 '무실'이라고 설한 것이며 지금 진여의 지혜로 생활하는 것을 설하고 있기 때문에 '무허'라고 하는 것이다.

그러므로 여래가 설하는 일체법이라고 하는 것이 모두가 불법이 되는 것이다.

수보리여, 여래가 말하는 일체법이라고 하는 것은 여래는 모든 법을 청정하게 '공'으로 알기 때문에 일체법을 벗어났으므로 비일체법이라고 말한 것이고 이름을 일체법이라고 하는 것은 일체법을 자각하여 진여의 지혜로 생활하기 때문이다.

須菩提. 譬如人身長大. 須菩提言. 世尊, 如來說 人身長大,
수보리. 비여인신장대. 수보리언. 세존, 여래설 인신장대,

則爲非大身, 是名大身. 須菩提, 菩薩亦如是. 若作是言, 我當
즉위비대신, 시명대신. 수보리, 보살역여시. 약작시언, 아당

滅度 無量衆生, 則不名菩薩. 何以故, 須菩提, 實無有法 名
멸도 무량중생, 즉불명보살. 하이고, 수보리, 실무유법 명

爲菩薩. 是故佛說, 一切法無我 無人 無衆生 無壽者. 須菩
위보살. 시고불설, 일체법무아 무인 무중생 무수자. 수보

提, 若菩薩作是言, 我當莊嚴佛土, 是不名菩薩. 何以故, 如來
리, 약보살작시언, 아당장엄불토, 시불명보살. 하이고, 여래

說莊嚴佛土者, 卽非莊嚴, 是名莊嚴. 須菩提, 若菩薩通達 無
설장엄불토자, 즉비장엄, 시명장엄. 수보리, 약보살통달 무

我法者, 如來說名眞是菩薩.
아법자, 여래설명진시보살.

수보리여, 비유하면 사람의 인신(人身)을 사람들이 아주 커서 장대하다고 하는 것과 같다.

수보리가 대답했다. 세존이시여, 여래께서 말씀하시는 인신이 아주 커서 장대하다고 말씀하시는 것은 인신이 아니라 법신이 일체처에 두루 하기 때문에 대신(大身)이라고 하시는 것

입니다.

수보리여, 원력을 세운 보살이 일체중생을 제도하는 것도 역시 이와 같다.

만약에 내가 마땅히 무량한 중생을 제도하여 열반적정의 경지를 얻게 하였다고 한다면 곧바로 대승보살이라고 할 수 없기 때문이다. 왜냐하면 수보리여, 원력을 세운 대승보살은 진실로 '무법'의 마음으로 생활하는 것이기 때문이다.

그러므로 부처님이 말하는 일체법은 모두가 '공'이므로 '사상'이 전혀 없다는 것을 말하는 것이다.

수보리여, 만약에 진여의 지혜로 생활하고자 하는 대승보살이 생각하기를 내가 마땅히 일체중생을 제도하여서 불국토를 장엄하겠다고 하면 대승보살이라고 할 수 없기 때문이다.

왜냐하면 여래가 설하는 불국토를 장엄한다고 하는 것은 장엄한다는 마음이 전혀 없이 각자의 모든 중생심을 제도하는 것이므로 진여의 지혜로 각자가 자각하는 것을 불국토를 장엄한다고 하는 것이기 때문이다.

수보리여, 만약에 대승보살이 이와 같이 무아법을 통달하게 되면 자신이 아공과 법공이라는 마음도 전혀 없는 생활을 하게 되는 것이므로 여래는 이렇게 하는 것을 진정한 대승보살이라고 말한다.

※ 無有一衆生實滅度者(무유일중생실멸도자, 모든 중생을 제도하더라도 대승보살은 자신이 했다는 四相이 업어야 하는 것) ; 實無有法(실무유법, 내가 했다는 생각이 없는 것을 無法이라고 함) ; 受記(수기, 예언이라고 하여 의심을 할 수 있지만 후대에 편집된 경전이라고 한다면 소승에서 대승으로 전환되면서 첨삭하였을 수도 있음) ; 汝於來世當得作佛號釋迦牟尼(여어래세당득작불호석가모니, 앞의 내용과 비슷함) ; 如來者卽諸法如義(여래자즉제법여의, 여래라고 하는 것은 제법을 如義하게 깨달아 실천하는 사람을 말함) ; 卽非一切法(즉비일체법, 제법이나 일체법도 대승으로 대승으로 깨달아 알아야 하는 것) ; 則爲非大身(즉위비대신, 대신을 초월하여 법신의 경지를 체득한 대승을 말함) ; 菩薩亦如是(보살역여시, 보살이 중생을 제도하는 것도 대승이어야 함) ; 一切法無我(일체법무아: 자신의 일체법에는 無四相이어야 함) ; 卽非莊嚴(즉비장엄, 보살이 불국토를 장엄한다고 하는 것도 대승보살이 되어야 함)

18) 일체동관분(一體同觀分)

須菩提, 於意云何, 如來有肉眼不. 如是世尊, 如來有肉眼. 須
수보리, 어의운하, 여래유육안부. 여시세존, 여래유육안. 수

菩提, 於意云何, 如來有天眼不. 如是世尊, 如來有天眼. 須菩
보리, 어의운하, 여래유천안부. 여시세존, 여래유천안. 수보

提, 於意云何, 如來有慧眼不. 如是世尊, 如來有慧眼. 須菩
리, 어의운하, 여래유혜안부. 여시세존, 여래유혜안. 수보

提, 於意云何, 如來有法眼不. 如是世尊, 如來有法眼. 須菩
리, 어의운하, 여래유법안부. 여시세존, 여래유법안. 수보

提, 於意云何, 如來有佛眼不. 如是世尊, 如來有佛眼.
리, 어의운하, 여래유불안부. 여시세존, 여래유불안.

수보리여, 여래가 육안이 있다고 생각하느냐? 세존이시여, 여래는 육안이 있습니다.

수보리여, 여래가 천안이 있다고 생각하느냐? 세존이시여, 여래는 천안이 있습니다.

수보리여, 여래가 혜안이 있다고 생각하느냐? 세존이시여, 여래는 혜안이 있습니다.

수보리여, 여래가 법안이 있다고 생각하느냐? 세존이시여, 여래는 법안이 있습니다.

수보리여, 여래가 불안이 있다고 생각하느냐? 세존이시여, 여래는 불안이 있습니다.

須菩提, 於意云何, (如)恒河中所有沙, 佛說是沙不. 如是世尊,
수보리, 어의운하, (여)항하중소유사, 불설시사부. 여시세존,

如來說是沙. 須菩提, 於意云何, 如一恒河中所有沙, 有如是等
여래설시사. 수보리, 어의운하, 여일항하중소유사, 유여시등

恒河, 是諸恒河所有沙數佛世界, 如是寧爲多不. 甚多世尊.
항하, 시제항하소유사수불세계, 여시영위다부. 심다세존.

佛告須菩提. 爾所國土中, 所有衆生, 若干種心, 如來悉知. 何
불고수보리. 이소국토중, 소유중생, 약간종심, 여래실지. 하

以故, 如來說諸心, 皆爲非心, 是名爲心. 所以者何, 須菩提,
이고, 여래설제심, 개위비심, 시명위심. 소이자하, 수보리,

過去心不可得, 現在心不可得, 未來心不可得.
과거심불가득, 현재심불가득, 미래심불가득.

수보리여, 부처님께서 항하에 있는 모래에 대하여 설한 적이 있는가?

세존이시여, 여래께서 항하의 모래에 대하여 설한 적이 있습니다.

수보리여, 하나의 항하에 있는 모래 숫자만큼의 항하가 더 있어서 이 모든 강가의 모래숫자들 만큼의 불세계가 있으면 많다고 할 수 있지 않겠는가?

세존이시여, 아주 많은 불세계가 있겠습니다.

부처님이 수보리에게 말했다. 이와 같이 많은 불국토중에 있는 중생들에게 생기는 모든 마음을 각자가 여래가 되면 모두가 자신의 모든 마음을 알게 되는 것이다.

왜냐하면 여래가 설하는 모든 마음이라고 하는 것은 모두 번뇌 망념을 벗어난 공(空)으로 된 마음이고 진여의 지혜로 자신이 아는 마음을 말하는 것이기 때문이다.

왜냐하면 수보리여, 지나간 과거의 마음은 지나갔으므로 어

디에 있는 것이 아니기 때문에 얻을 수 없고, 현재의 마음도 계속하여 변천하기 때문에 얻을 수가 없고, 미래의 마음은 아직 오지 않았으므로 얻을 수 없기 때문이다.

※ 如來有肉眼(여래유육안, 여래의 육안은 중생의 미혹한 안목을 벗어난 견성한 대승 이상의 육안) ; 如來有天眼(여래유천안, 천인의 안목에서 일체중생을 자비심으로 불쌍하게 보아 모두에게 불성이 있다고 보는 여래의 천안) ; 如來有慧眼(여래유혜안, 지혜는 있지만 중생을 구제하지 못하는 소승의 안목에서 자신이 진여의 지혜로 보는 안목을 구족한 여래의 혜안) ; 如來有法眼(여래유법안, 불법으로 견성하여 능소에 대한 집착을 하지 않고 공(空)으로 보는 대승의 안목을 가져야 하는 여래의 법안) ; 如來有佛眼(여래유불안, 진여의 지혜로 일체법을 초월하여 보는 안목을 구족하여야 하는 여래의 불안) ; 如來說諸心皆爲非心(여래설제심개위비심, 여래가 설하는 諸心은 모두가 번뇌망념을 벗어난 대승의 마음을 말함) ; 過去心不可得現在心不可得未來心不可得(과거심불가득현재심불가득미래심불가득, 삼세의 마음이라는 시간적인 개념으로 아는 것을 자신이 인식한 지식으로 고정시키려는 것을 부정함. 인생을 시공간적으로 이해하는 것에서 자성의 지혜로 불법에 맞게 살아가기를 서원하는 것)

19) 법계통화분(法界通化分)

須菩提, 於意云何. 若有人滿三千大千世界七寶 以用布施, 是
수보리, 어의운하. 약유인만삼천대천세계칠보 이용보시, 시

人以是因緣, 得福多不. 如是世尊. 此人以是因緣, 得福甚多.
인이시인연, 득복다부. 여시세존. 차인이시인연, 득복심다.

須菩提, 若福德有實, 如來不說 得福德多. 以福德無故, 如來
수보리, 약복덕유실, 여래불설 득복덕다. 이복덕무고, 여래

說得福德多.
설득복덕다.

수보리여, 어떻게 생각하느냐?

만약에 어느 사람이 삼천대천세계에 가득 찬 칠보로 보시를 행하면 이 사람이 이렇게 보시한 인연으로 복덕을 많이 얻지 않겠는가?

세존이시여, 맞습니다.

이 사람은 이와 같이 보시한 인연으로 많은 복덕을 얻을 것입니다.

수보리여, 만약에 이 사람의 복덕이 보시를 실천했다는 마음이 조금이라도 실제로 남아 있다고 하면 여래가 많은 복덕을 얻을 것이라고 설하지 않았을 것이다.

이 복덕은 보시를 한다는 마음도 없이 보시를 하기 때문에 여래는 이 사람이 많은 복덕을 얻는 것이라고 설하는 것이다.

※ 以福德無故(이복덕무고, 복덕이 없다고 하는 것은 무주의 보시를 하는 것이므로 유주의 복덕이 없다고 하는 것으로 무주상보시의 복덕은 허공과 같이 많다고도 함)

20) 이색이상분(離色離相分)

須菩提, 於意云何, 佛可以具足色身見不. 不也世尊. 如來 不
수보리, 어의운하, 불가이구족색신견부. 불야세존. 여래 불

應以具足色身見. 何以故, 如來說具足色身, 卽非具足色身,
응이구족색신견. 하이고, 여래설구족색신, 즉비구족색신,

是名具足色身. 須菩提, 於意云何, 如來可以具足諸相見不.
시명구족색신. 수보리, 어의운하, 여래가이구족제상견부.

不也世尊. 如來不應以具足諸相見. 何以故, 如來說諸相具足,
불야세존. 여래불응이구족제상견. 하이고, 여래설제상구족,

卽非具足, 是名諸相具足.
즉비구족, 시명제상구족.

수보리여, 32상의 모습을 완벽하게 색신으로 구족한 사람을 보면 부처를 친견한다고 할 수 있느냐?

세존이시여, 아닙니다.

여래를 완벽하게 색신을 구족한 사람을 보았다고 하여 여래를 친견하였다고 할 수는 없습니다.

왜냐하면 여래께서 색신을 구족하였다고 설하신 것은 색신만 구족하였다고 여래라는 것이 아니고 여래는 불법을 구족한 색신으로 설하는 것이기 때문입니다.

수보리여, 여래를 완벽하게 색신의 상을 구족한 사람을 본다고 하여 여래를 친견한다고 할 수 있겠느냐?

세존이시여, 아닙니다.

여래를 친견한다고 하는 것은 완벽하게 색신의 상을 구족한 사람을 본다고 하여도 구족한 모습으로는 여래를 친견할 수 없기 때문입니다.

왜냐하면 여래께서 지금 모든 '상'을 구족한 모습이 구족한

여래의 모습이 아니라고 아는 것을 여래는 불법을 구족한 여래라고 한다고 하신 것이기 때문입니다.

※ 卽非具足色身(즉비구족색신, 여래가 구족한 색신의 모습을 초월하여야 여래를 친견할 수 있다는 것으로 모든 사람은 평등하다는 대승의 의미를 말함)

21) 비설소설분(非說所說分)

須菩提, 汝勿謂如來作是念. 我當有所說法, 莫作是念. 何以
수보리, 여물위여래작시념. 아당유소설법, 막작시념. 하이

故, 若人言, 如來有所說法, 卽爲謗佛, 不能解我所說故. 須菩
고, 약인언, 여래유소설법, 즉위방불, 불능해아소설고. 수보

提, 說法者, 無法可說, 是名說法. 爾時, 慧命須菩提 白佛言.
리, 설법자, 무법가설, 시명설법. 이시, 혜명수보리 백불언.

世尊, 頗有衆生, 於未來世, 聞說是法, 生信心不. 佛言. 須菩
세존, 파유중생, 어미래세, 문설시법, 생신심부. 불언. 수보

提, 彼非衆生, 非不衆生. 何以故, 須菩提, 衆生 衆生者, 如
리, 피비중생, 비불중생. 하이고, 수보리, 중생 중생자, 여

來說非衆生, 是名衆生.
래설비중생, 시명중생.

수보리여, 그대는 여래가 마땅히 중생을 제도한다는 조작된 생각을 가지고 설법을 한다고 생각을 하여서는 안 된다. 왜냐하면 만약에 어느 사람이 여래가 중생을 제도하기 위하여 설법을 한다고 말을 한다면 이것은 곧바로 부처님을 비방하는 말을 하는 것이고 내가 설한 뜻을 깨닫지 못했기 때문이다.

수보리여, 설법이라고 하는 것은 '아상'없이 청정하게 불법을 설하는 것이므로 진여의 지혜로 설하는 것을 설법을 한다고 하는 것이다.

이때에 혜명 수보리가 부처님에게 말했다.

세존이시여, 앞으로 어느 중생이 여래께서 설하신 이 말씀을 듣고 깨달아 신심을 내겠습니까?

부처님이 말했다. 수보리여, 그들이 불법을 듣고 깨달으면 중생을 벗어난 것이고 깨닫지 못하면 중생인 것이다.

왜냐하면 수보리여, 범부는 중생을 중생이라고 말하지만 여래가 말하는 중생은 깨달아 중생이라는 생각을 벗어난 중생을 중생이라고 말한 것이다.

※ 我當有所說法(아당유소설법, 여래가 당연히 지식으로 하는 설법이 있다고 생각함) ; 卽爲謗佛(즉위방불, 여래가 지식으로 조작된 설법을 한다고 하면 여래를 비방하는 것이 됨) ; 無法可說(무법가설, 무법이라는 것은 진여의 공이므로 설한다는 조작된 생각없이 한도인의 유유자적한 설법을 말함) ; 彼非衆生非不衆生(피비중생비불중생, 중생이 진성을 체득하면 중생이 부처가 되고 불법을 不信하여 범부의 견해에 빠지면 중생이 되는 것) ; 如來說非衆生(여래설비중생, 여래는 중생이라는 생각을 초월한 대승의 중생을 중생이라고 하는 것으로 최상승을 설하는 것)

22) 무법가득분(無法可得分)

須菩提 白佛言. 世尊, 佛得阿耨多羅三藐三菩提, 爲無所得
수보리 백불언. 세존, 불득아뇩다라삼먁삼보리, 위무소득

耶. (佛言)如是如是. 須菩提, 我於阿耨多羅三藐三菩提 乃至
야. (불언)여시여시. 수보리, 아어아뇩다라삼먁삼보리 내지

無有少法可得, 是名阿耨多羅三藐三菩提.
무유소법가득, 시명아뇩다라삼먁삼보리.

수보리가 부처님에게 말했다.

세존이시여, 부처님이 '아뇩다라삼먁삼보리'를 체득하신 것을 무소득이라고 하신 것이 맞습니까?

부처님이 대답했다. 여시하고 여시하다.

수보리여, 내가 '아뇩다라삼먁삼보리'를 체득하였지만 무상의 깨달음을 얻었다는 생각이 조금도 없는 것이므로 '아뇩다라삼먁삼보리'를 체득한 것이라고 말한다.

※ 無所得(무소득, 무소유를 체득하였다는 것으로 무일물의 세계를 펼친다는 것) ; 無有少法可得(무유소법가득, 무상정등정각이라는 깨달음의 세계에는 견성을 말하는 것으로 空을 실천하는 것이므로 얻는다는 언어조차도 없는 여래의 몰종적한 경지를 말함)

23) 정심행선분(淨心行善分)

復次, 須菩提, 是法平等, 無有高下, 是名阿耨多羅三藐三菩
부차, 수보리, 시법평등, 무유고하, 시명아뇩다라삼먁삼보

提. 以無我, 無人, 無衆生, 無壽者, 修一切善法, 則得阿耨多
리. 이무아, 무인, 무중생, 무수자, 수일체선법, 즉득아뇩다

羅三藐三菩提. 須菩提. 所言善法者, 如來說(卽)非善法, 是名
라삼먁삼보리. 수보리. 소언선법자, 여래설(즉)비선법, 시명

善法.
선법.

또다시 수보리여, 최고의 깨달음인 '아뇩다라삼먁삼보리'는 성자나 범부나 지위고하에 상관없이 평등하여 누구나 실천하면 되는 것이다.

'사상'에 집착 없이 일체의 선법을 청정하게 알고 수행하는 수행자를 '아뇩다라삼먁삼보리'를 체득했다고 하는 것이다.

수보리여, 여래가 설하는 선법이라고 하는 것은 선법을 초월해야 하는 것이므로 '비선법'이라고 한 것을 선법이라고 한다.

※ 是法平等(시법평등, 아뇩다라삼먁삼보리라는 무상정등정각의 법은 평등하여 高下가 없다는 것) ; 修一切善法(수일체선법, 일체를 견성한 대승으로 수행하는 것) ; 非善法(비선법, 대승이 수행하는 선법도 초월하여야 최상승의 선법이 되는 것을 말함)

24) 복지무비분(福智無比分)

須菩提, 若三千大千世界中 所有諸須彌山王, 如是等七寶聚,
수보리, 약삼천대천세계중 소유제수미산왕, 여시등칠보취,

有人持用布施. 若人以此般若波羅蜜經, 乃至四句偈等, 受持
유인지용보시. 약인이차반야바라밀경, 내지사구게등, 수지

讀誦, 爲他人說, 於前福德百分不及一, 百千萬億分, 乃至算
독송, 위타인설, 어전복덕백분불급일, 백천만억분, 내지산

數譬喻 所不能及.
수비유 소불능급.

수보리여, 만약에 삼천대천세계에 있는 모든 수미산에 가득 찬 칠보를 가지고 어느 사람이 '보시바라밀'을 행한다고 하고,

또 만약에 어느 사람은 이 반야바라밀경이나 사구게 등을 정확하게 깨달아 수지하고 독송하며 다른 사람에게 정확하게 해설하여 깨닫게 한다면 이것은 이전의 복덕보다 백배나 백천 만억 배 보다도 더 많아 숫자로 셀 수 없을 정도로 수승한 것이다.

※ 須彌山(수미산, 妙高山이라고도 하며 대행의 중심에 있는 세계에서 가장 높은 산을 말하는데 사람의 심왕을 비유한 것으로 사료됨) ; 七寶聚(칠보취, 금·은·청옥·수정·진주·마노·호박 등등의 자신이 귀하게 여기는 물건으로 보시한다는 것은 자신이 귀하여 여기는 마음을 내려놓아야 한다는 것을 비유하는 것으로 자비심을 강조하는 것)

25) 무화소화분(化無所化分)

須菩提, 於意云何. 汝等勿謂如來作是念, 我當度衆生. 須菩
수보리, 어의운하. 여등물위여래작시념, 아당도중생. 수보

提, 莫作是念, 何以故, 實無有衆生 如來度者. 若有衆生 如
리, 막작시념, 하이고, 실무유중생 여래도자. 약유중생 여

來度者, 如來則有我, 人, 衆生, 壽者. 須菩提, 如來說. 有我
래도자, 여래즉유아, 인, 중생, 수자. 수보리, 여래설. 유아

者, 則非有我, 而凡夫之人 以爲有我. 須菩提, 凡夫者, 如來
자, 즉비유아, 이범부지인 이위유아. 수보리, 범부자, 여래

說則非凡夫.
설즉비범부.

수보리여, 어떻게 생각하느냐?

그대들은 여래가 조작된 마음을 가지고 중생을 제도한다는 생각을 해서는 안 된다.

수보리여, 왜 그런 생각을 하면 안 되는가 하면 여래는 실제로 마음속에 중생이라는 생각이 조금도 없이 제도하는 것을 여래가 중생을 제도한다고 하는 것이다.

만약에 여래가 중생이라는 생각을 가지고 중생을 제도한다면 여래가 '사상'을 가지고 있는 것이 된다.

수보리여, 여래가 설하는 '아상'이 있다고 하는 것은 중생심을 가진 내가 있다는 것이 아니고 자성이 청정한 불성을 가진 '아상'이 있다는 것이지만 범부들은 사람이 모두 자신의 '아상'이 실제로 있다고 생각하는 것이다.

수보리여, 여래가 말하는 범부는 자신이 진여의 지혜를 체득하고 자각하여 살아가면 곧바로 범성을 벗어나게 되므로 여래는 범부가 아니라고 설하는 것이다.

26) 법신비상분(法身非相分)

須菩提. 於意云何. 可以三十二相 觀如來不. 須菩提言. 如是
수보리. 어의운하. 가이삼십이상 관여래부. 수보리언. 여시

如是. 以三十二相觀如來. 佛言 須菩提. 若以三十二相 觀如
여시. 이삼십이상관여래. 불언 수보리. 약이삼십이상 관여

來者, 轉輪聖王 則是如來. 須菩提 白佛言. 世尊. 如我解佛
래자, 전륜성왕 즉시여래. 수보리 백불언. 세존. 여아해불

所說義, 不應以三十二相 觀如來. 爾時, 世尊而說偈言. 若以
소설의, 불응이삼십이상 관여래. 이시, 세존이설게언. 약이

色見我, 以音聲求我, 是人行邪道, 不能見如來.
색견아, 이음성구아, 시인행사도, 불능견여래.

수보리여, 32상을 원만하게 갖춘 사람을 여래라고 친견할 수 있겠느냐?

수보리가 대답했다. 예, 맞습니다.

32상을 구족한 모습으로도 여래를 친견할 수 있습니다.

부처님께서 수보리에게 말했다.

만약에 32상을 원만하게 구족해야 여래를 본다면 전륜성왕도 여래가 되겠구나?

수보리가 부처님에게 말했다.

세존이시여, 제가 부처님께서 말씀하신 것을 듣고 보니 32상만으로는 여래를 볼 수 없겠습니다.

이때에 세존께서 게송으로 말씀하셨다.

만약에 여래를 형상으로 찾으려고 하거나, 묘한 음성으로 물어서 여래를 찾으려고 하면, 이 사람은 잘못된 수행을 하는 것이고 여래를 친견할 수 없게 되는 것이다.

27) 무단무멸분(無斷無滅分)

須菩提, 汝若作是念. 如來不以具足相故, 得阿耨多羅三藐三
수보리, 여약작시념. 여래불이구족상고, 득아뇩다라삼먁삼

菩提. 須菩提, 莫作是念. 如來不以具足相故, 得阿耨多羅三
보리. 수보리, 막작시념. 여래불이구족상고, 득아뇩다라삼

藐三菩提. 須菩提, (汝)若作是念, 發阿耨多羅三藐三菩提者,
먁삼보리. 수보리, (여)약작시념, 발아뇩다라삼먁삼보리자,

說諸法斷滅相, 莫作是念. 何以故, 發阿耨多羅三藐三菩提心
설제법단멸상, 막작시념. 하이고, 발아뇩다라삼먁삼보리심

者, 於法不說斷滅相.
자, 어법불설단멸상.

수보리여, 그대는 여래가 32상을 완벽하게 갖추었기 때문에 '아뇩다라삼먁삼보리'를 체득한 것이 아닐까라고 생각하지 않는가?

수보리여, 여래가 32상을 완벽하게 갖추었다고 '아뇩다라삼먁삼보리'를 체득한 것이 아닐까라는 생각은 하지 말아야 한다.

수보리여, 그대가 만약에 이와 같이 생각한다면 '아뇩다라삼먁삼보리심'으로 생활하려고 발심한 보살이 제법을 단멸상이라고 알고 설한다고 할 수 있는 것이 되므로 그렇게 생각하지 말아야 한다.

왜냐하면 '발아뇩다라삼먁삼보리심'을 발심한 대승의 보살마하살은 제법을 단멸상이라고 알고 설하고 생활하지 않기 때문이다.

※ 於法不說斷滅相(어법불설단멸상, 여래의 바른 깨달음은 제법을 단멸하는 지식으로 알지 않고 항상 청정하게 진여의 지혜로 설법하는 것)

28) 불수불탐분(不受不貪分)

須菩提, 若菩薩 以滿恒河沙等世界 七寶(持用)布施. 若復有
수보리, 약보살 이만항하사등세계 칠보(지용)보시. 약부유

人 知一切法無我, 得成於忍, 此菩薩 勝前菩薩 所得功德. 須
인 지일체법무아, 득성어인, 차보살 승전보살 소득공덕. 수

菩提, 以諸菩薩 不受福德故. 須菩提 白佛言. 世尊, 云何菩
보리, 이제보살 불수복덕고. 수보리 백불언. 세존, 운하보

薩不受福德. 須菩提, 菩薩所作福德, 不應貪著, 是故說不受
살불수복덕. 수보리, 보살소작복덕, 불응탐착, 시고설불수

福德.
복덕.

수보리여, 만약에 어느 보살이 항하사만큼 많은 세계에 가득 찬 칠보를 가지고 '보시바라밀'을 행했다고 하고

또 다시 만약에 보살은 일체법에 대하여 무아를 깨달아 무생법인을 체득하여 '보시바라밀'을 실천한다고 하면 이 보살이 앞의 보살이 실천한 공덕보다 수승하다.

수보리여, 모든 보살들은 복덕을 받기위하여 하는 것이 아니기 때문이다.

수보리가 부처님에게 말했다.

세존이시여, 어찌하여 보살은 복덕을 받기위하여 하는 것이 아닙니까?

수보리여, 보살은 복덕을 짓지만 탐착이 전혀 없으므로 복덕을 받기위하여 하는 것이 아니라고 하는 것이다.

※ 知一切法無我得成於忍(지일체법무아득성어인, 일체법이나 제법을 요달하는 것은 자신의 마음을 견성하여 무생법인을 체득한 대승보살이라는 것) ; 不受福德(불수복덕, 대승보살은 복덕을 초월하여 복덕이라는 마음이 전혀 없이 보살도를 실천하므로 복덕을 받지 않는다고 하는 것)

29) 위의적정분(威儀寂靜分)

須菩提, 若有人言, 如來若來若去, 若坐若臥, 是人不解我所
수보리, 약유인언, 여래약래약거, 약좌약와, 시인불해아소

說義. 何以故, 如來者, 無所從來, 亦無所去, 故名如來.
설의. 하이고, 여래자, 무소종래, 역무소거, 고명여래.

수보리여, 만약에 어느 사람이 여래가 행주좌와 한다고 말하면 이 사람은 내가 말한 진여의 지혜로 생활하는 여래의 의미를 알지 못한다.

왜냐하면 여래는 어디에서 온 것이 아니고 어디로 가는 것이 아니며 자신이 진여의 지혜로 생활하면 누구나 여래가 되는 것이다.

※ 如來若來若去若坐若臥(여래약래약거약좌약와, 여래를 형상으로 보면 사위의에 맞게 생활하는 모습만을 보게 되는 것이므로 여래의 마음은 알지 못하는 것이다. 그러므로 여래를 행주좌와하는 모습으로 보지 말고 견성하여 대승에서 최상승의 여래가 되어야 여래를 친견하게 되는 것이라고 한다.) ; 如來者無所從來亦無所去(여래자무소종래역무소거, 여래가 되려고 하면 견성하여 대승에서 최상승의 몰종적의 삶을 살아가면 누구나 여래가 되는 것이므로 여래는 어디에서 오고 가는 것이 아니라고 하는 것)

30) 일합이상분(一合理相分)

須菩提, 若善男子, 善女人, 以三千大千世界 碎爲微塵, 於意
수보리, 약선남자, 선여인, 이삼천대천세계 쇄위미진, 어의

云何, 是微塵衆 寧爲多不. (須菩提言). 甚多世尊. 何以故,
운하, 시미진중 영위다부. (수보리언). 심다세존. 하이고,

若是微塵衆實有者, 佛則不說 是微塵衆. 所以者何, 佛說微塵
약시미진중실유자, 불즉불설 시미진중. 소이자하, 불설미진

衆, 則非微塵衆, 是名微塵衆. 世尊, 如來所說 三千大千世界,
중, 즉비미진중, 시명미진중. 세존, 여래소설 삼천대천세계,

則非世界, 是名世界. 何以故, 若世界實有者, 則是一合相. 如
즉비세계, 시명세계. 하이고, 약세계실유자, 즉시일합상. 여

來說一合相, 則非一合相, 是名一合相. 須菩提, 一合相者, 則
래설일합상, 즉비일합상, 시명일합상. 수보리, 일합상자, 즉

是不可說, 但凡夫之人 貪著其事.
시불가설, 단범부지인 탐착기사.

수보리여, 만약에 선남자와 선여인이 삼천대천세계를 파쇄하여 미진으로 만들면 이 '미진'들은 아주 많지 않겠는가?

수보리가 대답했다. 세존이시여, 아주 많겠습니다.

왜냐하면 만약에 이 '미진'들이 실제로 존재하여 아주 많다면 부처님은 미진들이라고 말씀하시지 않았을 것입니다.

왜 그런가 하면 부처님이 미진들이라고 말씀하신 것은 곧 '미진'들을 초월하여 벗어난 것이므로 '미진'이 아니라고 하신 것을 '미진'들이라고 말씀하신 것이기 때문입니다.

세존이시여, 여래께서 설하신 삼천대천세계는 세계를 초월한 '비세계'이므로 다시 세계라고 하신 것입니다.

왜냐하면 만약에 세계가 실제로 있다고 하는 것은 일합상으로 존재하는 것을 말씀하시는 것입니다.

여래께서 말씀하시는 일합상은 일합상을 초월했기 때문에 비일합상이라고 한 것이고 청정한 진여의 지혜로 생활하는 것을 일합상이라고 말씀하시는 것입니다.

수보리여, 일합상이라고 하는 것은 언어문자로 설명하기는 어려운 것인데 단지 범부들이 이와 같이 모든 '상'에 집착을 하는 것일 뿐이다.

※ 則非微塵衆(즉비미진중, 미진에 대하여 연등불을 일미진불(一微塵佛)이라고 하고 석가모니불을 무량미진불(無量微塵佛)이라고 하는 것에 대하여 석가모니 부처님은 중생의 번뇌 망념의 병을 치료하는 것이지만 아미타불은 본래부터 병이 없는 것을 말하는 것은 대승이나 최상승이 되어야 미진을 초월하여 미진이라는 말에 끄다리지 않게 되는 것을 말함) ; 則非一合相(즉비일합상, 일합상이라는 것도 여래라는 말을 집착하는 소승들은 이해하지 못하고 대승에서 최상승의 보살이 되어야 일합상에 대하여 알 수 있다는 것)

31) 지견불생분(知見不生分)

須菩提, 若人言, 佛說我見, 人見, 衆生見, 壽者見, 須菩提,
수보리, 약인언, 불설아견, 인견, 중생견, 수자견, 수보리,

於意云何, 是人解我所說義不. (不也)世尊. 是人不解 如來所
어의운하, 시인해아소설의부. (불야)세존. 시인불해 여래소

說義. 何以故, 世尊說我見, 人見, 衆生見, 壽者見, 卽非我
설의. 하이고, 세존설아견, 인견, 중생견, 수자견, 즉비아

見, 人見, 衆生見, 壽者見, 是名我見, 人見, 衆生見, 壽者見.
견, 인견, 중생견, 수자견, 시명아견, 인견, 중생견, 수자견.

須菩提. 發阿耨多羅三藐三菩提心者, 於一切法, 應如是知,
수보리. 발아뇩다라삼먁삼보리심자, 어일체법, 응여시지,

如是見, 如是信解, 不生法相. 須菩提, 所言法相者, 如來說卽
여시견, 여시신해, 불생법상. 수보리, 소언법상자, 여래설즉

非法相, 是名法相.
비법상, 시명법상.

수보리여, 만약에 어느 사람이 말하기를 부처가 '사견'이 있다는 것을 설했다고 한다면 수보리여, 이 사람은 내가 설한 불법의 뜻을 깨달아 안 사람이라고 할 수 있겠는가?

세존이시여, 아닙니다.

이 사람은 여래께서 설한 불법에 대하여 깨달아 알지 못한 것입니다.

왜냐하면 세존이 설하신 '사견'은 '견'을 초월하였으므로 '사견'이 없는 것을 '사견'이라고 설하신 것입니다.

수보리여, '발아뇩다라삼먁삼보리심'의 원력을 세운 보살이나 수행자는 일체법을 항상 진여의 지혜로 보고 알며 확신하여 생활해야 법상이 생기지 않게 되는 것이다.

수보리여, 소위 말하는 법상이라는 것을 여래가 설하는 것은

비법상이라고 한 것이므로 법상이라고 한 것이다.

※ 卽非我見人見衆生見壽者見(즉비아견인견중생견수자견, 여래가 설한 四見은 사견을 초월하여 대승과 최상승의 사견을 설한 것이다. 소승들이 말하는 사견은 자신이 가진 미세한 무의식의 고정관념이 존재한다는 것을 말하는 것) ; 如來說卽非法相是名法相(여래설즉비법상시명법상, 여래가 설하는 법은 법이라는 무의식의 법도 없는 것이므로 법상을 초월한 대승이나 최상승이 말하는 번뇌 망념이 없는 청정한 법상을 말함. 그러므로 법이라는 의식도 없는 진여의 지혜로 살아가는 한도인의 마음가짐을 이렇게 말하는 것임)

32) 응화비신분(應化非身分)

須菩提, 若有人 以滿無量 阿僧祇世界 七寶持用布施. 若有善
수보리, 약유인 이만무량 아승지세계 칠보지용보시. 약유선

男子, 善女人, 發菩薩(提)心者, 持於此經, 乃至四句偈等, 受
남자, 선여인, 발보살(리)심자, 지어차경, 내지사구게등, 수

持讀誦, 爲人演說, 其福勝彼. 云何 爲人演說. 不取於相, 如
지독송, 위인연설, 기복승피. 운하 위인연설. 불취어상, 여

如不動. 何以故, 一切有爲法, 如夢幻泡影, 如露亦如電, 應
여부동. 하이고, 일체유위법, 여몽환포영, 여로역여전, 응

作如是觀. 佛說是經已, 長老須菩提 及諸比丘, 比丘尼, 優婆
작여시관. 불설시경이, 장로수보리 급제비구, 비구니, 우바

塞, 優婆夷, 一切世間天, 人, 阿修羅, 聞佛所說, 皆大歡喜,
새, 우바이, 일체세간천, 인, 아수라, 문불소설, 개대환희,

信受奉行.
신수봉행.

수보리여, 만약에 어느 사람이 무량 아승지의 세계에 가득 찬 칠보를 가지고 '보시바라밀'을 행한다고 하고,

또 만약에 어느 선남자와 선여인이 보살심을 내어 이 '경'을 수지하고 사구게 등을 정확하게 깨달아 수지하고 독송하며 다른 사람에게 정확하게 해설하여 깨닫게 한다면 이것은 이전의 복덕보다 수승하다.

어떻게 정확하게 깨달아 알고 사람들에게 연설해야 하는가 하면 일체법에 대한 법상이 없어야 하고 '여여'한 진여의 지혜로 부동의 경지에서 청정하게 설해야 한다.

왜냐하면 일체의 유위법은 모두가 꿈이나 환상과 같고 물거품이나 영상과 같고 그리고 풀잎의 이슬이나 번갯불과 같다고 알고 육진경계를 진여의 지혜로 항상 청정하게 관조해야 한다.

부처님이 이 '경'을 설하여 마치니 장로 수보리와 모든 비구와 비구니 그리고 우바새와 우바이 그리고 일체의 세간에 있는 천상의 사람이나 일반사람과 아수라들이 부처의 설법을 듣고 모두가 환희하여 수지하고 진여의 지혜로 생활하게 되었다.

※ 不取於相(불취어상, 여래는 부동의 경지이므로 법상을 취하지 않는 것) ; 一切有爲法(일체유위법, 모든 유위법은 여몽환포영(如夢幻泡影)이고 여로역여전(如露亦如電)이므로 자신의 마음을 진여의 지혜로 관하여 최상승의 여래가 되어야 한다는 것을 강조하는 것임)

나. 『금강반야바라밀경』 역주

1. 법회를 열게 된 까닭[17)]

이 경(經)이 만들어진 이유를 설하는 장면을 아난존자의 입을 통하여 해공제일인 수보리존자에게 설법하는 것으로 묘사하고 있다. 즉 대비구(大比丘)에게 대승법(大乘法)을 공(空)으로 설법하는 모임이라는 것을 설명하는 단이다.

내용으로는 석가모니 부처님께서 직접 탁발하는 모습은 절대평등을 보여 주는 것으로 부처가 되어도 누구나 절대평등하다는 것을 직접 몸으로 보여주는 장면을 다음과 같이 기록하고 있다.

> 나는 청정하게 불법에 맞게 부처의 입장에서 여시하게 들었습니다. 어느 날 부처님께서 사위국의 기수급고독원[18)]에 대비구들 천이백오십 명[19)]과 같이 계실 때에 설법을 하셨다. 그때

---

17) 『金剛經註』卷1(X24, p.536). ; 『金剛經正解』卷1(X25, p.607).

18) 『金剛般若波羅蜜經註解』(T33, p.228), "祇樹給孤獨園者, 祇陀太子施樹, 給孤長者買園, 共立精舍請佛而住, 此說法處也."

19) 『佛說阿闍世王經』卷1(T15, p.393). ; 『金剛仙論』卷1(T25, p.801). ; 『金剛般若波羅蜜經註解』(T33, p.228). ; 『梵網經古迹記』卷2(T40, p.702), "言比丘者, 先受聲聞." ; 『金剛般若經依天親菩薩論贊略釋秦本義記』卷上(T85, p.110). ; 『維摩經文疏』卷3(X18, p.478). ; 『金剛經解義』卷1(X24, p.518), "大比丘者, 是大阿羅漢故. 比丘者是梵語, 唐言能破六賊, 故名比丘, 衆, 多也. 千二百五十人者, 其數也. 俱者, 同處平等法會." ; 『銷釋金剛經科儀會要註解』卷3(X24, p.677), "大比丘者, 言得道之深, 乃菩薩阿羅漢之類也. 千二百五十人者, 優樓頻螺等五百人, 那提三百人, 伽耶二百人, 舍利弗一百人, 目犍連一百人, 耶舍長者五十人. 故云. 千二百五十人俱也." ; 비구는 성문이고 대비구는 아라한이다. 『금강경』의 설법을 대승과 최상승에게 한다는 것은 1250명은 부처님이 제도한 제자인 대비구로 모두가 보살마하살이나 아라한이다. 그러므로 이 '경'의 설법을 들어도 소승들은 듣고 이해하고 해설한다는 것이 불가능하다고 이 '경'에서

는 세존께서 공양을 하실 때인지라 의발을 갖추어 입고 사위국의 큰 성으로 가서 그 성에서 걸식[20]을 하시고 원래 계시던 기수급고독원으로 돌아왔다. 돌아와 공양을 하고 나서 의발을 잘 정리하여 놓고 발을 씻고 자리를 펴고 앉았다.[21]

탁발을 하는데도 자신의 위신력 때문에 헛되이 탁발하는 것이 아니라 직접 시주에게 설법을 하여 그들의 소원을 공(空)으로 자각하게 제도[22]하고 있는 탁발인 것이다. 이런 상황을 자세하게 묘사한 이유를 여러 가지로 설명할 수 있겠지만 이 경(經)을 편집할 당시의 사람들도 불평등했다는 것을 설명하는 것이며, 또 이 경(經)을 편집할 당시의 사람들도 불신(不信)이 많은 시대였다고 볼 수도 있다.

다른 번역들을 비교하여 보면 특이한 사항은 별로 없지만 '여시아문'에서 "이와 같이 나는 들었다." 라고하고 있는데 성본의 번역은 "나는 부처의 설법을 이렇게 진여 본성의 지혜로 여법하고 여실하게 들었다."[23] 라고하고 있다. 그러나 부처님

설하고 있다. '여시아문'과 1250명 등은 결집에서 첨가한 것으로 사료됨.

20) 걸식(乞食): 음식을 구걸하는 행위가 아니라 탁발이라는 수행과 교화를 하기 위해 공양하는 의식이다. 스님들이 분소의를 입고 탁발을 가면 누구나 음식을 제공하는 것이 강제성 없는 의무가 되어 있는 국가라는 것을 내포하고 있는 말이다. ; 『彌沙塞部和醯五分律』卷17(T22, p.120), "比丘盡形壽依乞食住, 出家受具足戒." ; 『妙法蓮華經玄贊』卷1(T34, p.667), "一諸聲聞修小乘行, 依乞食等自活, 以比丘等爲名. 二菩薩修大乘行, 求覺利有情, 以菩提薩埵爲目." ; 범본에는 mahatā bhikṣu(㊀大比丘, ㊁大苾芻) 8 참고로 구마라즙은 ㊀로 현장은 ㊁으로 약하여 사용하고 이후의 『금강경』의 범어는 이기영(1978), 『반야심경·금강경』에서 각 단에 따라 인용 '쪽'은 생략함

21) 『金剛般若波羅蜜經』(T08, p.748), "如是我聞. 一時 佛在舍衛國 祇樹給孤獨園 與大比丘衆 千二百五十人俱. 爾時 世尊食時 著衣持鉢 入舍衛大城乞食 於其城中 次第乞已 還至本處. 飯食訖 收衣鉢 洗足已 敷座而坐."

22) 『頓悟入道要門論』卷1(X63, p.23), "當知衆生自度, 佛不能度." ; 누구나 자신은 스스로 제도하게 하는 것.

의 말씀을 아라한과나 성불하여 불법에 맞게 부처의 입장에서 들었다고 한 것은 아난이 경전의 결집에 참석할 때 대승이나 최상승이기 때문이다. 그래서 가섭이 아난에게 견성한 후에 아라한과나 성불하고 경전결집에 참여시킨 것이 된다. 그러므로 아난은 부처의 입장에서 이 경(經)을 듣고 결집한 것이므로 아난이 중생의 입장에서 말한 것이 아니다. 그러므로 아난이 깨달아 부처의 입장에서 아난의 입을 통하여 석가의 마음을 전한 대승과 최상승의 경(經)인 것이다.

즉 석가모니의 친설 경전은 구전(口傳)으로 전해들은 것을 그대로 경전으로 결집한 것을 말하는데 대승이나 최상승의 불교에서는 불법을 깨달아 체득한 부처와 보살들이 경전을 보고 들어서 부처와 똑같이 깨달아 체득하게 편집한 경전을 '여시아문'이라고 설하고 있다.[24] 그러므로 이 경(經)이 친설이든 친설이 아니든 결국은 그 당시에도 아난의 상호를 보고 부처가 아니라고 소승들이 의심한 것을 전하고 있다.[25] 나의 입장에서는 부처의 설법을 부처의 입장에서 기록한 것이 정확한 대승불교의 경(經)인 것이다. 즉 사용하던 언어나 편집이 다르다고 할지라도 그 의미를 대승이나 최상승으로 파악하여 요의경

---

23) 성본(2012), pp.9～18.

24) 『金剛經采微餘釋』(X24, p.632), "小乘無作佛之分, 如何疑阿難成佛耶." ; 『楞嚴經正脉疏』卷1(X12, p.192), "此緣結集時, 阿難感變相好同佛, 衆疑阿難成佛 釋迦再來 諸佛降附 唱此四字. 三疑頓息故必首標." ; 여기에서 소승들이 아난의 성불을 의심하듯이 여기에서도 대승과 최상승으로 아라한과 부처를 혼용하였다. 『경덕전등록』에서는 아난을 아라한과라고 하지만 소승들은 아난이 부처가 되는 것을 믿지 못하므로 이 경의 첫머리에 '여시아문'을 넣었다고 하고 있다. 소승이 아난이 부처가 되는 대승법을 이해하지 못하는 것은 소승의 일불사상이 고정관념화 되었기 때문이라고 할 수 있다.

25) 『金剛三昧經通宗記』卷1(X35, p.262), "阿難承命, 禮衆僧足, 陞於法座, 忽現相好如佛. 時大衆悉皆生三種疑, 一疑佛重生, 二疑他方佛來, 三疑阿難成佛. 而阿難唱如是我聞, 衆疑頓釋, 乃至衆等歡喜, 作禮奉行."

이 되어야 한다.[26] 그러나 지금도 불요의경으로 이해하여 여래라는 신앙에 떨어지는 것은 안타까운 일이다.

현재의 불교와 비교할 수 있는 부분으로 조계종에서도 소의경전으로 받들면서도 정작 자신들은 실천하지 않으려고 작정을 하고 번역한 것으로 보이는 부분이 많다. 비구라고 하면 깨달음 소승(성문・연각・보살)이고 대비구라고 하면 아라한인데 아라한은 어떻게 해야 한다고 『금강경』 9단에 "我得無諍三昧[27] 人中最爲第一, 是第一離欲阿羅漢. 我不作是念"에서 무쟁삼매를 체득한 사람들 중에 '제일이욕아라한'이라고 한 것은 수보리가 아라한이 되었다는 생각도 하지 않기 때문이라고 한 부분이 대승의 아라한이라는 말이다.

---

26) 『大般涅槃經』卷6(T12, p.402), "了義者名爲菩薩, 眞實智慧隨於自心, 無礙大智, 猶如大人無所不知(대인은 지식으로 아는 것이 없음, 능단의 지혜), 是名了義. 又聲聞乘 名不了義. 無上大乘乃名了義." ; 『大般涅槃經』卷6(T12, p.642), "依了義經, 不依不了義經者, 不了義者謂聲聞乘, 聞佛如來深密藏處 悉生疑怪, 不知是藏出大智海, 猶如嬰兒無所別知, 是則名爲不了義也. 了義者, 名爲菩薩眞實智慧, 隨其自心無礙大智, 猶如大人無所不知, 是名了義. 又, 聲聞乘名不了義. 無上大乘乃名了義. 若言. 如來無常變易, 名不了義. 若言. 如來常住不變, 是名了義. 聲聞所說應證知者, 名不了義. 菩薩所說應證知者, 名爲了義. 若言. 如來食所長養, 是不了義. 若言. 常住不變易者, 是名了義. 若言. 如來入於涅槃, 如薪盡火滅, 名不了義. 若言. 如來入法性者, 是名了義." ; 『大方等大集經』卷29(T13, p.205).

27) 『金剛經音釋直解』(X25, p.171), "無諍者, 隨順無違也. 三昧, 梵語, 此云正受, 心不受一法是也. 阿蘭那者, 梵語, 此云卽無諍也. 須菩提離三界, 欲證四果法得無諍三昧, 體悟眞空." ; 『金剛經略疏』(X25, p.158). ; 『金剛經采微』卷1(X24, p.614), "世尊, 佛說我得無諍三昧, 人中最爲第一, 是第一離欲阿羅漢. 所以空生述佛稱歎者. 天親云. 爲明勝功德故, 爲生深信故, 勝功德者, 卽無諍三昧也." ; 『銷釋金剛經科儀會要註解』卷4(X24, p.692). ; 『金剛經註解』卷2(X24, p.777). ; 범본의 'araṇāvihāriṇām'을 ㉮無諍三昧 ㉻無諍住, 'araṇāvihāriiti'를 ㉮阿蘭那行 ㉻無諍住라고 하고 있다.

2. 위대한 원력을 세운 보살의 마음가짐[28)]

이 단은 수보리에게 공(空)으로 진여의 지혜를 발현하게 하는 것이다. 그러므로 앞으로 설법할 것이 자기의 자성(自性)을 수지하는 것은 자성을 불성(佛性)이라고 정각(正覺)하는 것을 보살이라 하고 있다. 이 경(經)에서 제일 중요한 '발아뇩다라삼먁삼보리심'하면 선남자 선여인이 보살이 되는 법을 설하고 있다. 그리고 자신이 여래라는 사실을 확인하면 번뇌 망념에 다시 떨어지지 않게 될 것이라는 것을 수기함으로 인하여 모든 보살들이 불법(佛法)을 계승하게 된다는 수보리존자의 찬탄이다. 자신의 마음속에 일어나는 망심(妄心)을 보살이 어떻게 다스려서 어떻게 굴복시켜야 하는지를 진여의 지혜로 다스려야 한다고 다음과 같이 설하고 있다.

이때에 장로 수보리가 대중들 가운데에 있다가 자리에서 일어나 가사를 수하고 오른쪽 무릎을 땅에다 꿇고 합장하여 공경스럽게 예배하고 부처님에게 말했다. 세존이시여 희유한 설법이십니다. 여래의 설법은 모든 보살들이 자기의 진성을 수지하여 번뇌 망념에 떨어지지 않게 하고 모든 보살들에게 불법을 부촉하여 불법이 단절되지 않게 하십니다.[29)] 세존이시여,

28) 『金剛經註』卷1(X24, p.537). ; 『金剛經註解』卷1(X24, p.762). ; 『金剛經註解』卷3(X24, p.796).

29) 범본과 현장은 "bodhisattvā mahāsattvā(보살마하살) anuparigṛhītāḥ(제접하다) parameṇa(최고의) anugraheṇa(호념하였다) (현)能以最勝攝受攝受諸菩薩摩訶薩." 그리고 "parīnditāḥ(기쁘게 하다) paramayā(최상의) parīndanayā(부촉하였다). (현)能以最勝付囑 付囑諸菩薩摩訶薩."이라 하였다. ; (구)는 "善護念 諸菩薩 善付囑 諸菩薩"이라 하며 '제보살'이라하고 '보살마하살'이라고 하지 않았다. ; 『金剛經解義』卷1(X24, p.518), "護念者, 如來以般若波羅蜜法, 護念諸菩薩. 付囑者如來以般若波羅蜜法, 付囑須菩提諸大菩薩. 言善護念者, 令諸學人, 以般若智, 護念自身心, 不令妄起憎愛,

선남자와 선여인이 '발아뇩다라삼먁삼보리심'의 원력을 세운 보살로서 어떠한 사상(思想)을 가져야 하며 어떻게 그 마음을 굴복시켜야 합니까? 부처님이 말했다. 대단하고 위대하구나. 수보리여, 그대가 말한 것과 같다. 여래의 설법은 모든 보살들이 자기의 진성(眞性)을 수지(受持)하여 번뇌 망념에 떨어지지 않게 하고 모든 보살들에게 부촉(咐囑)하여 불법(佛法)이 단절되지 않게 한다. 그대들은 자성(自性)으로 진제(眞諦)의 입장에서 설법을 잘 들어라. 내가 그대들이 알고자 하는 것을 설하겠다. 선남자와 선여인이 '발아뇩다라삼먁삼보리심'의 원력을 세운 보살이면 진여의 지혜로 자각(自覺)하는 청정한 사상을 가져야 하며 진여의 지혜로 자각하는 청정한 사상으로 그 마음을 굴복시켜야 한다.[30] 세존이시여, 그렇습니다. 간절한 마음으로 부처님의 법문을 자세하게 듣기를 원합니다.[31]

불법에 맞게 수행하려고 하면 기본적인 마음자세는 되어야 하는 것이기에 최소한의 불도를 흠모하든지 아니면 양심은 있

染外六塵, 墮生死苦海, 於自心中, 念念常正, 不令邪起, 自性如來, 自善護念. 言善付囑者, 前念清淨, 付囑後念, 後念清淨, 無有間斷, 究竟解脫. 如來委曲誨示衆生, 及在會之衆, 當常行此, 故云善付囑也. …";『金剛經註解』卷1(X24, p.763), "善護念者, 善教諸人不起妄念也. 諸菩薩者, 諸者不一之義, 菩之言照, 薩之言見, 照見五蘊皆空, 謂色受想行識也.";『金剛經采微』卷1(X24, p.607), "善護念者, 若已熟菩薩, 佛卽護念, 以善巧力, 防護憶念, 恐失善利. 善付囑者, 若未熟菩薩, 佛則付託囑累, 已熟菩薩, 於未來世中, 以般若而成熟之, 是故如來護念付囑, 使佛種性, 永永不斷.";『金剛經部旨』卷1(X25, p.505).

30)『頓悟入道要門論』卷1(X63, p.23), "當知衆生自度, 佛不能度.";『六祖大師法寶壇經』卷1(T48, p.349), "惠能言下大悟, 一切萬法, 不離自性."; 일체의 만법이 자성을 벗어나지 않는다는 것을 깨달아 자신이 자신을 제도해야 하기 때문에 이렇게 번역하였다.

31)『金剛般若波羅蜜經』(T08, pp.748~749), "時 長老 須菩提, 在大衆中 卽從座起 偏袒右肩 右膝著地 合掌恭敬 而白佛言. 希有, 世尊. 如來 善護念諸菩薩 善付囑 諸菩薩. 世尊, 善男子 善女人 發阿耨多羅三藐三菩提心 應云何(云何應)住, 云何降伏其心. 佛言 善哉 善哉. 須菩提, 如汝所說. 如來善護念 諸菩薩 善付囑 諸菩薩. 汝今諦聽. 當爲汝說. 善男子 善女人 發阿耨多羅三藐三菩提心 應如是住 如是降伏其心. 唯然 世尊, 願樂欲聞."

어야 하는 것이다. 그러나 이것을 어기고 부처라든지 교주라는 명예와 권력을 추구하는 마음을 가지고 이 마음을 다스리려고 하면 모래로 밥을 짓는 것과 같다고 하는 것이다. 그 다음은 신구의를 청정하게 하기 위해 삼학을 실천하여야 자신의 마음을 다스릴 수 있게 되는 최소한의 기초는 만들어지는 것이다.

이 단에서 제시하고 있는 항복이라는 것은 마음을 어떻게 가져야 항복시키는 것이고 또 어떻게 실천해야 되는 것인지를 진여의 지혜로 정각한 청정한 마음으로 살아가는 것이라고 하고 있다. 즉 "선남자와 선여인이 '발아뇩다라삼먁삼보리심'의 원력을 세운 보살로서 어떠한 사상(思想)을 가져야 하며 어떻게 그 마음을 굴복시켜야 합니까?" 에서 세존이 바로 대답을 "선남자와 선여인이 '발아뇩다라삼먁삼보리심'의 원력을 세운 보살이면 진여의 지혜로 자각하는 청정한 사상을 가져야 하며 진여의 지혜로 자각하는 청정한 사상으로 그 마음을 굴복시켜야 한다.(㉾發阿耨多羅三藐三菩提心 應如是住 如是降伏其心. ㉿諸有發趣菩薩乘者 應如是住 如是修行 如是攝伏其心.)"[32]라고 하며 대승의 불법을 설하기를 바라고 묻고 대답하는데 현대에는 '如是'를 소승으로 이해하려고 하고 있다. 한역된 경전에서는 '如是'를 넣어 해석하고 있다는 점을 보면 '如是'를 '이와 같이'나 '이렇게'라고 'yathā'를 번역하면 질문의 문제와 대답에서 차이가 있다. 이와 같이 견성과 중생제도의 문제 때문에 주(住)나 수행과 항복을 어떻게 해야 하는지 모르는 문제가

32) 범본에는 "yathā(어떻게) bodhisattva-yāna-samprasthitena(보살승에 나아가는 이는) sthātavyaṃ(가져야하고) yathā prati-pattavyaṃ(수행, 실천해야 하고) yathā cittaṃ(마음을) pragrahītavyam(다스리다, 항복하다)."이다. ; ※ 三問闕一(如是修行)

생겨서 지금도 논쟁을 하는 것이다. 그러므로 제목에 '능단'을 넣어서 해석해야 '發阿耨多羅三藐三菩提心'이 반야의 지혜를 발심한 보살이 대승의 '반야바라밀'을 행하게 된다. 그리고 '반야바라밀'에서 중생심이 무엇인지 알아야 다스릴 수 있는데 이 경(經)의 사상(四相)에서 중생이라는 말이 등장한다. 그런데 중생을 이 세상에 있는 모든 존재라고 하는 것 때문에 '중생상'이라고 하여 구류중생의 지위에 있는 모든 사람들을 말하고 있다. 그러나 중생은 자신의 마음속에 있는 중생과 외부의 중생으로 구분하여 보면 내부의 중생은 대상경계의 만법의 생멸(生滅)이고 외부의 중생은 대상경계의 물상(物像)을 말하게 된다.

대상의 물상을 중생이라고 하는 것은 외부의 중생을 의미하는데 경전에서 설하고 있는 것과는 다르다. 그래서 '護念'과 '付囑'부분의 번역에서 "여래가 보호나 부촉[격려]해준다."[33]라고 번역하고 있는데 "여래의 설법은 모든 보살들이 자기의 진성을 수지[호념]하여 번뇌 망념에 떨어지지 않게 하고 모든 보살들에게 불법을 부촉하여 불법이 단절되지 않게 하는 것"이라고 번역을 하면 여래가 보호해주는 것[34]이 아니고 대승보살(보살마하살, 아라한, 대비구)이 스스로 생멸하는 망념에서 스

33) 이기영(1978), p.163. ; 각묵(1991), p.48. ; 대한불교조계종 교육원(2009), p.19. ; 지안(2010), 27. ; 성본(2012), p.23. ; 김호귀(2017a), p.31. ; 김진무(2018), p.100. ; 박지영(2019), p.73. ; 현진(2021), p.45. ; ※ 출판연대별로 기록함. ; 이런 번역들은 『頓悟入道要門論』卷1(X63, p.23) 에서 설하고 있는 "當知衆生自度, 佛不能度."를 다르게 이해하고 있다. 즉 '如是'의 번역도 같음.

34) "善護念 善咐囑"을 '공덕'의 내용으로 설명하며 김호귀(2011a), p.105.에 "선호념을 안으로 '공'이 견고하게 하는 것이라고 하고 선부촉은 그 '덕'이 밖으로 성취하게 하는 것"이라고 하고 있다.

스로 보호하게끔 여래가 설법하는 것이고 불법을 부촉하는 것은 전등(傳燈)하는 것이 된다. 여래의 설법은 자신이 제도하는 대승보살이 진여의 지혜를 자각하여 실천하게 하는 것이고 불법을 직접 전등(傳燈)하는 역할을 하고 있다.

그러므로 이 경(經)에서 말하는 중생은 자신이 항상 계속하여 반복하고 있는 마음을 중생이라고 하는 것이며 그런 모습을 '중생상'이라고 하는 것이다. 이것은 중생을 생멸하는 마음이 있는 것을 중생이라고 하고 있는데도 외부의 물상을 중생이라고 언어가 만들어져 통용되고 있다. 계속하여 반복되는 마음을 중생이라고 하는 것과 그런 마음을 가지고 있는 사람들이기에 대상의 사람들을 중생이라고 한 것 아닌가하는 의구심이 든다. 이 경(經)에서 말하고 있는 중생은 자신의 번뇌 망념이 계속하여 상속하는 것을 중생이라고 한 것이고 정각한 보살에게 그것을 다스리는 법을 진여의 지혜라고 하는 것이 된다. 그러므로 자신이 자신을 제도[衆生自度]하게끔 여래는 대승과 최상승으로 설하고 있다. 사상(四相)에 대하여는 논문에 별도로 설명[35]하였다.

35) 『金剛般若波羅蜜經論』卷1(T25, p.783), "我相者, 見五陰差別, 一一陰是我. 如是妄取, 是名我相. 衆生相者, 見身相續不斷, 是名衆生相. 命相者, 一報命根不斷住故, 是名命相. 壽者相者, 命根斷滅復生六道, 是名壽者相."; 『金剛經註解』卷1(X24, p.766), "僧若訥曰. 言我相者, 以自己六識心, 相續不斷, 於中執我此見, 乃計內也. 人相者, 六道外境, 通稱爲人. 於此諸境, 一一計著, 分別優劣, 有彼有此, 此見從外而立, 故云人相. 如衆生相者, 因前識心, 最初投託父母, 續有色受想行四陰, 計其和合, 名衆生相. 如壽者相者, 計我一期, 命根不斷, 故云壽者相."; 『金剛經註解鐵鋑錎』卷1(X24, p.860), "無我相者, 色受想行識空也. 無人相者, 四大不實, 終歸地水火風也. 無衆生相者, 無滅生心也. 無壽者相者, 我身本無, 豈有壽也."; 서인성(2024), 「『금강경』과 선어록의 깨달음 연구」, 동국대 박사논문, pp.35~52 참조.

3. 대승의 올바른 뜻36)

대승이라는 말을 한 것은 자신의 구류중생을 제도한다는 것도 초월해야 하는 것이기에 대승이라고 한 것이다. 소승의 수행이 아니라고 한 것은 자신의 '사상'을 제거해야 하고 보살마하살이 '반야바라밀'을 수행해야 하는 것이므로 다음과 같이 설하고 있다.

> 부처님이 수보리에게 말했다. 모든 보살마하살이 불법에 맞게 수행하고자하면 응당 진여의 지혜로 자신에게 일어나는 그 마음을 굴복시켜야 여시한 대승으로 수행할 수 있다.37) 즉 그대들이 일체 중생이라는 생각을 가진 것38)들은 알에서 태어난

---

36) 『金剛經註』卷1(X24, p.539). ; 『金剛經正解』卷1(X25, p.608). ; 『金剛經註講』卷1(X25, p.706). ; 소승이 아닌 망심이 없는 대승.

37) 『金剛經解義』卷1(X24, p.519), "佛告須菩提, 諸菩薩摩訶薩, 應如是降伏其心. 前念淸淨, 後念淸淨, 名爲菩薩. 念念不退, 雖在塵勞, 心常淸淨, 名摩訶薩. 又慈悲喜 捨, 種種方便, 化導衆生, 名爲菩薩. 能化所化心無取著, 是名摩訶薩. 恭敬一切衆生, 卽是降伏自心處. 眞者不變, 如者不異, 遇諸境界, 心無變異, 名曰眞如. 亦云外不假曰眞, 內不亂曰如, 念念無差, 卽是降伏其心也." ; 『銷釋金剛經科儀會要註解』卷3(X24, p.681), "如是應住者, 此科佛告須菩提, 諸菩薩摩訶薩, 應如是降伏其心, 此中不言安住. 單言降伏者, 既是降伏妄心, 必然安住大乘, 卽是眞心者也."

38) 『金剛經解義』卷1(X24, p.519), "卵生者**迷性**也. 胎生者**習性**也. 濕生者**隨邪性**也. 化生者**見趣性**也. 迷故造諸業, 習故常流轉, 隨邪心不定, 見趣多偏墜. 起心修心, 妄見是非, 內不契無相之理, 名爲有色. 內心守直, 不行恭敬供養, 但言直心是佛, 不修福慧, 名爲無色. 不了中道, 眼見耳聞, 心想思惟, 愛著法相, 口說佛行, 心不依行, 名爲有想. 迷人坐禪, 一向除妄, 不學慈悲喜捨智慧方便, 猶如木石, 無有作用, 名爲無想. 不著二法想, 故名若非有想. 求理心在, 故名若非無想. 煩惱萬差, 皆是垢心, 身形無數, 總名衆生. 如來大悲普化, 皆令得入無餘涅槃" ; 『金剛經彙纂』卷1(X25, pp.761~762), "若卵生, 無明覆蔽, 因想而生. 六祖曰. 迷性也. 迷, 故造諸孼. 若胎生, 煩惱包裹, 因情而有. 六祖曰. 習性也. 習. 故常流轉. 註謂習氣深重. 若溼生, 愛水浸淫, 以合而感. 六祖云. 隨邪性也. 隨邪, 心不定. 註謂心隨邪見, 沉淪不省. 若化生, 欻起煩惱, 以離而應. 六祖云. 見趣性也. 見趣, 墮阿鼻, 謂心見景趣, 遷變起幻, 每多淪墮. 此四種, 是欲界受生差別也. … 六祖云.

중생과 태에서 태어난 중생과 습에서 태어나는 중생과 화생으로 태어나는 중생과 색계의 중생과 무색계[39]의 중생과 유상의 중생과 무상의 중생과 비유상비무상의 중생들이 있는데 나는 이와 같은 생각을 가진 모든 중생들을 무여열반의 깨달음에 들게 하여 번뇌 망념에서 벗어나게 제도한다. 이와 같이 여시하게 자신이 진여의 지혜로 번뇌 망념에서 벗어나게 제도하는 것이므로 무량하고 무수한 한량없는 중생들을 제도하였으나 실제로 내가 중생을 제도했다고 한 중생이 없다고 하는 이것을 번뇌 망념에서 벗어나 열반적정의 경지를 체득하게 하였다고 한다. 왜냐하면 수보리야 만약에 보살이 '사상'[40]이 있다고 하면 진여의 지혜로 일어나는 그 마음을 항복시켜서 여시한 마음으로 수행하는 보살이라고 할 수 없기 때문이다.[41]

不著二法想. 而求理在心者, 教中經云. 有無俱遣, 語默雙忘, 有取捨愛憎之心, 不了中道."

39) 『大般若波羅蜜多經』卷570(T07, p.943), "著欲界者, 爲說熾然. 著色界者, 爲說行苦. 著無色界者, 爲說諸行無常." ; 『佛說如來不思議祕密大乘經』卷13(T11, p.734), "若見衆生著欲界者, 卽爲宣說逼惱之法. 若見衆生著色界者, 卽爲宣說 諸行苦法. 若見衆生著無色界者, 卽爲宣說 彼一切行 無常之法." ; 『三法度論』卷3(T25, p.28), "色界者無欲, 但由禪除恚故, 得妙色如煉眞金, 是界有喜, 無喜, 離苦樂是護. 喜俱樂, 故曰有喜. 離喜不喜俱樂, 故曰無喜, 是離苦息樂, 如馬息駕." ; 『阿毘達磨集異門足論』卷14(T26, pp. 426~427), "行色界者, 以色究竟天 爲最極處. 行無色界者, 以非想非非想處天 爲最極處." ; 『大乘本生心地觀經淺註』卷1(X20, p.898), "色界者, 色卽色質, 有身形故, 謂雖離欲界穢惡之色, 而有淸淨之色. 始從初禪梵天, 終至阿迦尼吒天. 凡有一十八天, 並無女人, 亦無欲染, 故名梵天. 梵者淨也. 謂無飮食, 無睡眠, 無婬欲. 皆是化生, 尙有色質, 故名色. 界者限也. 別也. 謂三界分限, 各別不同故. …(十八天者, … 是五那含聖流寄居, 共十八. 亦名禪天. 修有漏定故."

40) 『金剛經註解鐵鋑錎』卷1(X24, pp.860~861), "無我相者, 色受想行識空也. 無人相者, 四大不實, 終歸地水火風也. 無衆生相者, 無滅生心也. 無壽者相者, 我身本無, 豈有壽也. 四相既無, 法眼明徹, 自心如來. 故云. 五蘊皆空, 四相絕. 若是五蘊空, 四相絕的人, 不可間斷, 時時常照, 是故, 慧燈常不滅. 若有智慧燈, 照破煩惱浮雲, 現出本性一輪明月." ; 『金剛經註解』卷1(X24, p.766), "六祖曰. 修行人亦有四相, 心有能所, 輕慢衆生, 名我相. 自恃持戒, 輕破戒者, 名人相. 厭三塗苦, 願生諸天, 是衆生相. 心愛長年, 而勤修福業, 法執不忘, 是壽者相. 有四相, 卽是衆生. 無四相, 卽是佛."

41) 『金剛般若波羅蜜經』(T08, p.749), "佛告須菩提. 諸菩薩摩訶薩 應如是降

구류중생에 대하여 『금강경해의』에서 설명하고 있는데도 일반적으로 태란습화에서 태(胎)는 태에서 태어난 중생이라고 하며 태를 가진 포유동물이라고 번역하고, 난(卵)은 알에서 태어나는 조류 등이라고 번역하고 있다. 그리고 습(濕)은 습기에서 태어나는 생명체라고 하고, 화(化)는 화현하여 태어나는 것이라고 하여 유정무정의 모든 생명체를 제도하여 열반에 들게 한다고 번역하고 있다. 그러나 실제로 누구든지 한 사람이라도 타인을 제도할 수 있을까하는 의구심이 든다. 왜냐하면 자신도 제도하지 못하면서 타인을 제도한다는 것은 불가능한 것[42]이기 때문이다.

범본을 보면 "evam(이렇게) aparimāṇan(수많은) api sattvān(중생들을) parinirvāpya(완전한 열반에 들게 제도하였다) ※(여래가) nakaścit sattvaḥ(어떤 중생도 없다) parinirvāpito bhavati(완전한 열반에 들게 하다).(㉠如是滅度 無量無數無邊衆生 實無衆生 得滅度者. ㉡雖度如是無量有情 令滅度已而無有情得滅度者.)"를 "헤아릴 수 없이 많은 중생을 열반에 들게 하였으나 실제로는 완전한 열반을 얻은 중생이 아무도 없다."[43]라고 번역하고 있다. 이 번역을 "이와 같이 여시하게

伏其心. 所有一切衆生之類 若卵生 若胎生 若濕生 若化生 若有色 若無色 若有想 若無想 若非有想非無想 我皆令入 無餘涅槃 而滅度之. 如是滅度 無量無數 無邊衆生 實無衆生, 得滅度者. 何以故, 須菩提, 若菩薩有我相 人相 衆生相 壽者相 卽非菩薩."

42) 『大乘起信論裂網疏』卷6(T44, p.462), "願令我心, 離諸顚倒, 斷諸分別, 此卽煩惱無盡誓願斷也. 自未度脫, 欲度他人, 無有是處. 故首明之, 其實四弘, 在一心中, 非有先後."

43) 대한불교조계종 교육원(2009), p.20. ; 최종남(2009), 「梵·藏·돈황본 『금강경』 대조연구」, 『인도철학』27, p.254.에 의하면 "實無衆生. 得滅度者"를 "수보리여, 여래가 해탈하게 한 어떤 중생도 없기 때문이다."와 "수보리여, 여래가 구할 그 어떤 중생들도 없기 때문이다."라고 번역하고 있다. 이렇게 하면 여래의 역할이 모호하게 된다. ; 『金剛經解義』卷1(X24, p.519),

자신이 진여의 지혜로 번뇌 망념에서 벗어나게 제도하는 것이므로 무량하고 무수한 한량없는 중생들을 제도하였으나 실제로 내가 중생을 제도했다는 생각이 없이 번뇌 망념에서 벗어나 열반적정의 경지를 체득하게 하였다."고 하는 것이라고 하였다. 여기에서 여래라는 주어를 넣고 '무사상'의 여래가 되어야 하는 것이기에 보살도 역시 '무사상'의 보살이 되어야 진정한 대승보살을 보살마하살이라고 하고 있다. 그러나 "완전한 열반을 얻은 중생이 아무도 없다."라고 소승으로 번역하면 여래가 이 경(經)을 대승으로 설한 의미가 하나도 없게 된다.

대승과 소승의 구분을 남방불교가 만연해 있으니 소승을 남방불교라고 이해하는 경우가 많다. 소승이란 자신의 사견(四見)이 남아 있는 경우와 성공(性空)을 주장하는 것과, 육바라밀을 실천해야 한다는 마음이 남아 있는 것을 말한다. 대승은 위와 같은 망념이 조금도 없이 실천하는 것을 말한다.

구류중생을 삼계[44]에 비유하여 태란습화는 욕계에 속한다고 육조도 설명하고 있다. 이것은 구류중생을 사람의 마음에 따라 구분해 놓은 것이다. 그러므로 모두를 열반에 들게 하는 것도 가능하다. 여래가 제도하는 것도 각자가 자신의 지혜로 제도하게 하는 것이므로 가능하고 차별 없이 모든 사람들을 평등하게 대하고 있다.

"實無衆生得滅度者, 故言妄心無處卽菩提, 生死涅槃本平等, 何滅度之有." ; 이 부분이 대승이다.

44) 『大般若波羅蜜多經』卷47(T05, p.266), "若一切智 智心是眞 無漏不墮 三界者, 則一切愚夫 異生 聲聞 獨覺等心. 亦應是眞無漏不墮三界. 何以故, 如是諸心亦本性空故. 所以者何, 以本性空 法是眞無漏 不墮三界." ; 『金剛經纂要刊定記』卷4(T33, p.203), "慧出三界者, 三界之本是其業惑, 有智慧者悉能除遣, 業惑旣遣自然超越. 故『心經』云. 觀自在菩薩行深般若波羅蜜多時, 照見五蘊皆空, 度一切苦厄. 然淺慧尚能得出三界, 豈況大乘甚深般若."

또 내용으로는 사상(四相)이 없어야 대승보살이 여래가 되는데 사상이 자신의 마음속의 사상(四相)이므로 여기에서 "대승의 올바른 뜻"이라고 풀이하였다. 그러나 외부의 사상(四相)이라고 하면 타인을 제도해야 하는 문제가 있는 것이고 중생이 중생을 제도해야 하는 것이다. 그러므로 각자가 내부의 사상(四相)을 제거하게 하는 것[45]이 올바른 제도(濟度)이고 부처의 평등한 가르침이다. 이 부분의 번역은 모두가 구류중생을 외부의 중생으로 번역하고 있으며 사상(四相) 역시 '중생상'이나 '수자상'을 외부의 상(相)으로 번역하고 있다. 이 단은 '반야바라밀'에서 '바라밀'의 내용을 대승으로 설한 것이며 여래가 보살마하살을 제도했으나 제도했다는 마음이 없는 것이므로 '대승정종분'이라 하고 있다. 그리고 이 단에서 구마라즙은 보살마하살을 대승이라고 하고 있다. 범본의 3단에 내용을 보면 'bodhisattva-yāna-samprasthitena'를 "㉮諸菩薩摩訶薩 ㉻諸有發趣菩薩乘者"라고 하고 있다. 그러나 'bodhisattvasya'를 '㉻諸菩薩摩訶薩'이라고 하며 '發趣菩薩乘'을 동일하게 번역하고 있다.

45) 김강유 외2명(2021), pp.63~71.에 의하면 "백성욱은 '알로 태어난 것'을 '배은망덕한 마음에서 태어나는 것'이라고 하고, '태로 태어나는 것'은 '태를 의지하는 습성으로 태어나는 것'으로 하였고, '습에서 나는 것'은 '감추고자 하는 숨는 마음에서 태어나는 것'으로 하였고, '화생으로 태어나는 것'은 '자만에 의하여 생겨나는 것'"이라고 하고 있다. ; 김희종(2022), 「무호(無號) 백성욱(白性郁) 연구」, 동국대, 박사논문, p.95. 에 의하면 이것을 "즉 마음 밖의 중생을 이야기한다기보다는 육조 혜능이 언급한 자성중생(自性衆生)을 통한 마음속의 중생을 나타내는 것"으로 논하고 있다. ; 이것은 앞의 『金剛經解義』卷1의 내용과 약간 비슷하나 김희종은 자성중생이라고 혜능의 설명을 하고 있다.

4. 보시바라밀의 신묘한 공덕[46]

이 단의 제목에서 말하고 있듯이 보살의 묘행은 무주이어야 한다고 무주를 강조하고 있다. 무소주(無所住)는 반야이고 유소주(有所住)는 우치(愚癡)라고 하듯이 보살은 무소주의 '반야바라밀'을 실천해야 한다고 설하는 단[47]이다. 비유로 '보시바라밀'을 실천하는 법에 대하여 다음과 같이 설하고 있다.

> 또 다시 수보리여, 불법에 맞게 수행하는 보살은 마땅히 불법에 맞게 대상경계에 집착하는 마음 없이 '보시바라밀'을 행해야 한다. 이른바 설명하면 육진경계인 '색성향미촉법'에 집착하지 말고 '보시바라밀'을 실천해야 한다. 수보리여, 보살이 마땅히 불법에 맞게 진여의 지혜로 여시하게 '보시바라밀'을 실천하는 것을 대상경계인 육진의 '상'에 집착하지 않는다고 한다. 왜냐하면 만약에 보살이 육진의 '상'에 집착하지 않고 '보시바라밀'을 실천한다고 하면 그 복덕은 불가사량한 것이기 때문이다. 수보리여, 동방의 허공을 크기나 모양 등으로 어떻게 사량할 수 있겠느냐? 세존이시여, 사량할 수 없습니다. 수보리여, 그러면 남서북방과 사유와 위아래의 시방공간의 허공을 크기나 모양 등으로 어떻게 사량할 수 있겠느냐? 세존이시여, 사량할 수 없습니다. 수보리여, 보살이 육진경계에 집착함이 없이 '보시바라밀'을 실천한다고 하면 그 복덕도 이와 같아서 불가사량한 것이다. 수보리여, 보살은 단지 마땅히 불법의 가르침에 따라 여시하게 진여의 지혜로 '보시바라밀'을 실천해야 한다.[48]

---

46) 『金剛經註』卷1(X24, p.540). ; 『金剛經正解』卷1(X25, p.609). ; 『金剛經註講』卷1(X25, p.707). 대승보살마하살은 무주의 실천이 근본이다.

47) 『金剛經註正訛』(X25, p.335), "佛謂心有所住, 卽是愚癡. 心無所住, 乃是般若. 自色之一法, 至菩提涅槃, 俱不令有所住, 不惟布施一法, 乃至六波羅蜜, 四無量心, 亦無所住, 其無住而住之功. 雖十方虛空之大, 不可比量, 故稱妙行無住."

48) 『金剛般若波羅蜜經』(T08, p.749), "復次, 須菩提, 菩薩於法 應無所住

'반야바라밀'만 실천해도 되지만 '보시바라밀'을 설하는 것은 실천하는 방법을 설한 것이다. 그러므로 '바라밀'을 실천하면 복덕이 한량없다고 하는 것으로 14단 부분에서는 '인욕바라밀'에 대하여 자세하게 할절신체(割截身體)에서도 사상(四相)이 없어야 한다고 설하고 있다. 무소주(無所住)는 무소유(無所有)와 같은 뜻으로 마음속에 집착이 없어야 하는 것이다. 보살의 실천덕목이 바라밀이듯이 무소주(無所住)가 되어야 대승보살이라고 하고 있다. 『금강경』에서 보살은 성자의 지위에 속하므로 기본적인 공가중(空假中)의 수행이 익어진 사람을 말하는 것이다. 이 경(經)을 보려면 최소한 삼승(三乘)이상의 대승은 되어야 이해할 수 있는 것이므로 무소주(無所住)의 반야라고 하는 것이다.

이 부분의 번역에 대하여는 성자로서 살아가는 것이 비구(比丘)의 기본적인 것이므로 특이하게 논할 것은 없고 누구나 할 수 있지만 '유소주'가 되면 어리석은 수행자가 되는 것을 말하고 있는 부분이다. 즉 무소주의 대승보살이므로 아라한이다. 그러므로 '보시바라밀'을 행하면 복덕이 한량없고 진정한 보살이 되는 것이다. 보시를 '보시바라밀'이라고 번역한 것은 범어의 "dānaṃ dātavyaṃ(보시를 하다) yathā na nimitta-saṃjñāyām(형상(形相)이 있는 마음이 없어야하는 것과 같이) api pratitiṣṭhet(어떤 욕망)(㉠菩薩 但應如所教住 ㉡菩薩如是如不住相想 應行布施)"에서 보살이 상(相)없는 보시를 하는 것이기

行於布施. 所謂不住色布施 不住聲香味觸法布施. 須菩提, 菩薩 應如是布施不住於相. 何以故, 若菩薩 不住相布施 其福德 不可思量. 須菩提, 於意云何, 東方虛空 可思量不. 不也世尊. 須菩提, 南西北方 四維上下虛空 可思量不. 不也世尊. 須菩提, 菩薩 無住相布施 福德亦復如是 不可思量. 須菩提, 菩薩 但應如所教住."

에 '보시바라밀'이라고 번역하였다.

대승의 보살마하살이 실천하는 방법을 무주상보시(無住相布施)를 하여야 복덕이 많다고 방편으로 설하고 있다. 이것은 앞단의 설명과 같은 것으로 대승은 자신이 한다는 마음 없이 '육바라바밀'을 실천해야 한다는 주장을 구체적으로 보시와 복덕이라고 설하고 있다. 그리고 사소한 양(量)의 내용 때문에 의심하는 것을 방지하려고 시방(十方)의 허공(虛空)에 비유하고 있다. 마음을 허공과 같이 하여야 된다고 이 경(經)의 근원인 공(空)을 또 다시 상기시키고 있다. 이 단의 제목을 묘행무주(妙行無住)라고 한 것도 공(空)이란 말을 무주(無住)라고 한 것이라고 보면 될 것이다.

5. 여래를 진실로 올바르게 친견하는 방법[49)]

이 단은 여래가 무엇인지를 설명하는 부분으로 신상(身相)으로는 여래를 친견할 수 없다는 『금강경』에 나오는 게송으로 모든 소유상(所有相)은 허망하다고 설하고 있다.

> 수보리여, 그대는 부처를 육신의 모습으로 여래를 친견할 수 있다고 생각하느냐? 세존이시여, 친견할 수 없습니다. 부처를 육신의 모습으로는 여래를 친견할 수 없습니다.[50)] 왜냐하면 여래께서 말씀하시는 신상은 곧 '즉비신상'이기 때문입니다.[51)] 부처님이 수보리에게 말했다. 일반적으로 자신들이 알고 있는 육진경계는 모두가 의식의 대상으로 아는 것이기에 허망한 것이라고 알고 모든 육진 경계의 대상들을 청정하게 볼 줄 알면 여래를 지금 곧바로 직접 친견하게 된다.[52)]

이 부분은 이 경(經)의 첫 번째 게송으로 많이 알려져 있듯이 여래를 친견하려고 하면 여래나 사람을 생긴 모습으로 보지 말아야 한다고 하고 있다. 즉 "일반적으로 자신들이 알고

---

49) 『金剛經註』卷1(X24, p.541). ; 『金剛經補註』卷1(X24, p.823). ; 『金剛經如是經義』卷1(X25, p.684).

50) 의역하면 "부처를 친견하려면 육신의 모습을 허망하다고 초월하여 알아야 여래를 친견하게 됩니다." ; 『金剛經註疏』卷1(X24, pp.451~452), "身相是妄, 如來是眞, 不可依妄 以觀眞體也." ; 『金剛經解義』卷1 (X24, p.520), "色身卽有相, 法身卽無相."

51) 의역하면 "여래께서 말씀하시는 신상은 곧 신상을 초월한 대승이어야 하기 때문입니다." ; 『金剛般若經贊述』卷1(T33, p.133), "所說身相卽非身相者, 謂所說三相之身相者 卽非是法身之無相也. 所說身者 謂三相身卽是有相也. 卽非身相者 非無相身也. 以無相爲相故." ; 『金剛經易解』卷1(X25, p.912), "盖如來所說身色外相, 卽非法身眞相, 誠不可徒以色相而求眞佛也."

52) 『金剛般若波羅蜜經』(T08, p.749), "須菩提, 於意云何, 可以身相 見如來不. 不也世尊. 不可以身相 得見如來. 何以故, 如來所說身相 卽非身相. 佛告須菩提. 凡所有相 皆是虛妄 若見諸相非相 則見如來."

있는 육진경계는 모두가 의식의 대상으로 아는 것이기에 허망한 것이라고 알고 만약에 모든 육진경계의 대상들을 청정하게 볼 줄 알면 여래를 지금 곧바로 직접 친견하게 된다.(yāvat subhūte lakṣaṇasampat(육진경계, 여래의 구족한 모습) tāvan mṛṣā,(바로 거짓이므로) yāvad alakṣaṇasampat(육진경계를 허망하다고 알면) tāvan na mṛṣeti hi(바로 진실로 거짓이 아니다) lakṣaṇa-alakṣaṇatas(육진경계와 육진경계를 허망하다고 아는 것), ※(초월하여 청정하게 알면) Tathāgato drāṣṭavyaḥ(여래를 친견하게 된다). ㉮凡所有相 皆是虛妄 若見諸相非相 則見如來 ㉰善現 乃至諸相具足 皆是虛妄 乃至非相具足 皆非虛妄 如是以相非相 應觀如來)"라고 번역한 것은 자신의 마음이 '무사상'으로 청정하면 대상경계인 육진을 청정하게 볼 줄 알게 되어 여래의 마음을 친견하고 보살로 여래로 살아가게 된다고 설하는 부분이다. 이처럼 바로 여래의 마음을 친견한다는 것은 여래가 된다고 하는 것이다. 왜냐하면 여래가 되지 않으면 여래를 볼 수 없기 때문이다. 여래가 되지 않고는 여래를 볼 수 없다는 것은 이 단에서도 32상의 모습을 볼 뿐이고 여래의 진정한 모습은 보지 못한다고 설하고 있다. 여래를 친견하려고 하면 자신의 마음이 진여인 공(空)이 되어야 대상경계를 바로 친견하게 된다고 하는 것이다. 신상(身相)이라는 형상을 보려고 하는 것은 신상(身相)본성의 마음을 보려고 하는 것을 신상이 아니라고 한 것인데 신상(身相)이라는 형상에 머물면 "여래가 설하신 몸의 상(相)이 다 상(相)이 아님을 보면 여래를 보는 것."[53]이라고 번역을 하는 것은 여래의 마

53) 이기영(1978), p.173.

음을 보라고 한 것일 것이다. 형상으로만 여래를 보면 실상이 똑같은 전륜성왕을 여래라고 하는 것과 같은 것이 된다. 즉 전륜성왕의 마음도 여래의 마음이 되어야 하지만 현자가 성자가 되는 것은 쉬운 것이 아니다. 그러므로 신상(身相)으로 여래를 친견한다는 생각을 초월하여 신상의 본성이 체공(體空)이라는 것을 알게 되어야 여래를 친견하게 된다고 하는 것이다. 이것을 두고 대상으로 알고 있는 모든 상(相)들이 허망하다고 한 것이다. 그리고 이런 색상의 본성이 공(空)이라는 사실을 친견하는 것을 자성을 깨닫는다고 하는 것이며, 견성하여 실천하는 것을 여래를 친견한다고 하는 것이다. 즉 『금강경주강』에서도 지금까지 집착하고 있던 모든 상(相)들의 본성이 진여라고 깨달아 알게 되는 것을 진성여래를 친견한다고 하는 것이므로 여리실견(如理實見)이라고 이 단의 이름을 정한 것 이라고 하고 있다.[54] 그러므로 여래를 친견한다고 하는 것은 여래의 불성을 친견한다고 하는 것과 같은 것이다. 여래가 되는 것도 여래의 불성을 깨달아 여래의 불성으로 살아가고자 하는 것이므로 '여리실견'이라고 하는 것이 된다.

무주(無住)의 실천을 진여의 지혜라고 하는 것이며 이것을 여래라고 자세하게 설명하고 있는 부분이라고 보면 될 것이다. 여래는 멀리 있는 것이 아니고 진여의 지혜로 무주의 실천만 하면 된다고 간략하게 설명하고 있는 부분이다.

---

54) 『金剛經註講』卷1(X25, p.708), "破執相虛妄習情, 始悟眞如之理, 寔見眞性如來. 故謂如理寔見分."

6. 위대한 원력을 세운 보살은 희유한 일[55]

여래의 본성을 친견하고 진정한 신심을 내어 위대한 원력을 세운다는 것은 쉬운 일이 아니므로 희유하다고 한 것이다. 여래가 살아있어도 어렵다는 것을 여래가 멸한 후에 가능하겠냐고 강조해서 설하고 있다. 선근이 있는 사람은 자신이 '반야바라밀'을 실천하여 여래로 탄생하는 것이다. 이것을 희유하다고 설하는 것이므로 이것은 석가라는 사람이 하는 것이 아닌 것이기에 "여래가 되면 진실로 자신이 진여의 지혜로 자성이 불성이라고 알고 불법에 맞게 생활하는 것"이라고 번역을 했다. 일반적으로 "여래는 … 다 알고 본다."[56]라고 하거나 "불법을 깨달은 진여본성의 지혜작용(여래)"[57]이라고 하고 있는데 이것을 번역하면 다음과 같다.

> 수보리가 부처님에게 말했다. 세존이시여, 어떤(많은) 중생이 이런 설법을 듣고 진실로 확신하겠습니까?[58] 부처님이 수보리에게 말했다. 그런 말 하지마라. 여래가 입적하고 여래라는 말도 사라진 후에 아무리 많은 세월이 흘러도[後五百歲] 불법의 계율을 수지하고 복덕으로 수행하는 이들이 있어 이와 같은 경전이나 말씀을 듣게 되면 능히 신심을 낼 것[59]이니 이것을

---

55) 『金剛經註』卷1(X24, p.541). ; 『銷釋金剛經科儀會要註解』卷3(X24, p.685).

56) 대한불교조계종 교육원(2009), p.28. ; 김진무·류화송(2018), p.149.

57) 성본(2012), p.73.

58) "頗有衆生, 得聞如是 言說章句, 生實信不."를 "어떤 중생이 진여의 지혜로 자각하여 청정하게 살아가는 법을 설한 경전의 말씀을 듣고 확신하여 진실로 부처로 살아가고자 하는 위대한 원력을 세운 보살이 생기겠습니까?"라고 의역하는 것은 설법의 내용으로 중생이 보살의 원력을 세운 대승의 보살마하살이 될 수 있느냐 라고 의문(疑問)하는 것이다.

59) 『金剛經筆記』(X25, p.121), "佛告空生, 莫言不信. 如來滅後, 鬪諍堅固之

진실이라고 확신하게 되는 것은 당연하다는 것을 알아야 한다. 이와 같은 사람은 일불·이불·삼·사·오불과 같은 종성의 선근만 있는 것이 아니라 이미 무량한 천만 부처가 가진 종성의 선근이 있어서 이와 같은 경전의 말씀을 듣게 되면 일념으로 청정한 부처로 살아가고자 하는 위대한 원력을 세운 대승보살이 되는 것이다.60) 수보리여, 여래가 되면 진실로 자신이 진여의 지혜로 자성이 불성이라고 알고 자신이 불법에 맞게 친견하여 생활하는 것을 말하는 것이어서 모든 중생들도 이와 같이 여시한 진여의 지혜를 체득하여야 무량한 복덕이 있게 된다.61) 왜냐하면 이와 같은 진여의 지혜를 체득한 중생들은 다시는 '사상'이 없는 것이고 법상62)과 법상을 벗어났다는 마

時, 有持戒修福之人, 能解非相見佛, 不離自心, 自心超信, 還信自心, 故云能生信心." ; 『金剛經註正訛』(X25, p.345), "佛滅度後後五百歲, 去聖遙遠, 但存言教." ; 『金剛經演古』(X25, p.556), "若當來後五百歲, 去聖時遙, 目不覩玉毫之彩, 耳不聞金口之音, 其有衆生, 得聞是法空深理之經, 覽遺教而興思, 觸微言而啟悟, 信無相法, 解實相理, 受而不忘, 持而不失, 依解起行, 不亦難乎. 是人則爲第一希有者矣." ; 『金剛經註講』卷1(X25, p.709), "如來滅後, 設或佛滅後. 後五百歲, 到五百歲之時, 乃濁劫惡世之中, 不信佛法之時." ; '如來滅後, 後五百歲(여래 멸후 후오백세)'를 "여래가 입적하고 여래라는 말이 사라지고"나 "불법을 모르고 지식으로 사는 세상"이라고 의역하였는데 이 부분은 석멸(釋滅) 이후에 편집의 가능성이 있음.

60) 『金剛經註解』卷1(X24, p.771), "信心者, 信般若波羅蜜, 能除一切煩惱. 信般若波羅蜜, 能成就一切出世功德. 信般若波羅蜜, 能出生一切諸佛. 信自身佛性, 本來清淨, 無有染污, 與諸佛性平等無二. 信六道衆生, 本來無相, 信一切衆生, 盡得成佛, 是名淨信心也." ; 이 부분의 번역을 이렇게 한 이유는 자신이 자신을 제도하는 것이고 선근을 자각하는 것이므로 심었다고 하지 않았다.

61) 『金剛般若經疏論纂要』卷1(T33, p.159), "得如來悉知悉見, 後釋二. 一無我執, 執取自體爲我, … . 二無法執, 論云, 無法相者, 能取所取一切法無. 亦無非法相者, 無我眞空實有, 然離二執正是得佛知見." ; 『金剛經直說』(X25, p.577), "如來悉知悉見者, 以有五眼之故, 究竟衆生心量, 萬別千差, 盡屬妄想, 皆爲非心. 非心之心, 卽名爲心. 猶肉眼之眼, 聖眼所寄, 卽名爲眼也." ; 이 부분은 '衆生自度'라는 말을 하는 것이다.

62) 법상(法相): 『金剛般若波羅蜜經論』卷3(T25, p.780), "須菩提. 所言法相, 法相者, 如來說卽非法相, 是名法相." ; 『摩訶般若鈔經』卷4(T08, p.525), "其法相者 爲無所礙, 如空法者, 爲無所生, 諸所生不可得, 是爲法生 故無所得." ; 『金剛場陀羅尼經』(T21, p.857), "眞法相者實空" ; 『摩訶止觀』卷4(T46, p.37), "如金剛般若云. 若見法相者, 名著我人衆生壽者. 若見非法

음도 없다. 왜냐하면 이와 같이 진여의 지혜로 살아가는 모든 중생들이 만약에 마음속에 취상이 조금이라도 남아 있다면 곧바로 '사상'이 있는 것이 되기 때문이고, 만약에 법상을 취(取)하면 '사상'에 집착을 하게 되는 것이기 때문이다. 왜냐하면 만약에 법상을 취하거나 취하지 않는 것도 초월했다는 생각도 가지면 곧바로 '사상'에 대한 집착이 있는 것이므로 응당 법상을 취하지 말고 비법상을 벗어나 초월했다[63]는 생각도 하지 말아야 한다. 그래서 여래는 항상 설법을 하였다. 그대들 모든 비구들도 내가 설법하는 것이 고해를 건너는 뗏목과 같아서 고해를 건너고 나면 뗏목을 버려야 하는 비유와 같다는 것을 알아야 한다. 그러므로 법상에 대한 집착도 마땅히 없어야 하는데 어찌 비법상을 초월했다는 생각도 해서[64] 되겠는가?[65]

相者, 亦著我人衆生壽者. 不見法相不見非法相, 如筏喻者, 法尚應捨 何況非法. 故知法與非法 二皆空寂, 乃名持戒. 今云法者, 秖善惡兩心假實之法也. 若見有善惡假名, 卽是著我人衆生壽者. 若見善惡實法, 亦是著我人衆生壽者, 所言非法相者. 若見善惡假名是無者, 亦是著我人衆生壽者. 若見善惡實法是無者, 亦著我人衆生壽者. 何以故. 依無起見 故不應著, 乃至依非有非無起見, 皆名著我人衆生壽者. 觀如是等 法與非法 皆卽是空. 由此觀故能順無漏."

63) '非'를 초월로 번역함. 일반적으로 법에 집착도 법 아닌 것에[非法] 대한 집착도 하지 말라고 번역하면 대상의 법이 있는 것으로 착각하기 쉬우므로 법상이라는 '만법'을 대승의 '공상(空相)'이라고 하는 내용이다.

64) 범본의 "na khalu punaḥ Subhūte(참으로 다시 수보리여) bodhisattvena mahāsattvena(보살마하살들은) dharma udgrahītavyo(구⃝현⃝不應取法) na-adharmaḥ(구⃝현⃝不應取非法). tasmād(그러므로) iyaṃ(이것을) Tathāgatena(여래는) sandhāya vāg bhāṣitā:(다음과 같이 설하셨다.) kolopamaṃ(뗏목 비유의) dharma-paryāyam ājānadbhir(구⃝汝等比丘, 知我說法, 如筏喩者 현⃝筏喩法門 諸有智者 법문을 아는 이는) dharmā eva(법도 이와 같이) prahātavyāḥ(구⃝法尚應捨 현⃝法尚應斷, 법도 버려야 하는데) prāg eva adharmā iti(구⃝현⃝何況非法 법 아닌 것은 말 할 필요가 있겠는가?)"에서 보살마하살의 마음이 법상을 초월했다는 마음도 없어야 최상승의 여래가 된다고 하는 것이다.

65) 『金剛般若波羅蜜經』(T08, p.749), "須菩提白佛言. 世尊, 頗有衆生, 得聞如是 言說章句, 生實信不. 佛告須菩提. 莫作是說. 如來滅後, 後五百歲, 有持戒修福者, 於此章句能生信心, 以此爲實當知. 是人 不於一佛二佛三四五佛 而種善根, 已於無量 千萬佛所 種諸善根, 聞是章句, 乃至一念 生淨信者. 須菩提, 如來悉知悉見, 是諸衆生 得如是無量福德. 何以故, 是諸衆生

무량한 복덕이 있으려고 하면 여기에서도 사상(四相)이 없어야 한다고 설하고 있다. 그런데 사상(四相)을 "영원히 변하지 않는 자아·개아·중생·영혼"66)이라고 번역하고 또 "자아의 영원한 실체가 있다고 하는 것·인간이라는 자기 존재의 의식·중생이라는 자기 존재에 대한 의식·자기존재는 영원하다는 의식"67)이라고 번역하고 있다. 사상(四相)은 앞에 말했지만 다시 보면 아상(我相)은 오온(五蘊)이 실제로 존재한다고 아는 것이고 중생상(衆生相)은 아상(我相)을 계속 반복하여 스스로 최면에 들어가게 하는 것이다. 인상(人相)은 아상(我相)이 육신이 살아 있는 한 영원히 존재한다고 생각하는 것이며 수자상(壽者相)은 육신이 죽고 나서도 영혼이 있어서 화생한다는 생각을 말한다. 그러므로 아상(我相)의 연장선에 있는 것이 사상(四相)이라고 할 수 있다. 즉 아상(我相)만 없으면 나머지 상(相)들은 자연스럽게 없어지는 것이기에 아공(我空)과 법공(法空)과 구공(俱空)의 무아상을 주장하는 것이다.

"如來滅後, 後五百歲"에서 '후오백세'를 말세 또는 후분오십(後分五十)68)이라는 것을 정법(正法)이 쇠퇴할 시기라고 예기를 의미한다고 말하는 것보다는 정의가 살아있게 된다는 의미

無復我相, 人相, 衆生相, 壽者相. 無法相, 亦無非法相. 何以故, 是諸衆生若心取相, 則爲著我人衆生壽者, 若取法相, 卽著我人衆生壽者. 何以故, 若取非法相, 卽著我人衆生壽者, 是故不應取法, 不應取非法. 以是義故, 如來常說. 汝等比丘, 知我說法, 如筏喩者, 法尚應捨, 何況非法."

66) 대한불교조계종 교육원(2009), p.21.에서는 "영원히 변하지 않는 자아"를 인정하며 '수자상'을 "영원히 변하지 않는 영혼이 실재한다는 관념"이라고 죽지 않는 영혼을 인정하고 있다. ; 범본에는 "na hi Subhūte teṣāṃ bo dhisattvānāṃ mahāsattvānām ātmasaṃjñā pravartate(수보리여 그들 보살마하살에게는 '아상'이 생겨나지 않기 때문이다)."라고 하고 있다.

67) 성본(2012), p.75.

68) 『金剛能斷般若波羅蜜經』(T08, p.767), "善實, 當有未來世, 菩薩摩訶薩, 後分五百(十), 正法破壞時中, 轉時中, 戒究竟, 功德究竟, 智慧究竟."

로 구경의 대승으로 이해하는 것이 좋지 않을까 생각한다. 이것은 사법(邪法)이 난무하여 정법(正法)이 파괴된다는 것은 시간의 의미보다는 가치관의 변화에 의하여 탐진치가 만연하게 되는 것을 말법이나 말세라고 하는 것이기 때문이다. 이것을 지구의 종말론에 대입시키는 것이 사법(邪法)이 되고 정법(正法)은 자신의 불법(佛法)을 삼학(三學)에 맞게 수지하는 것이 된다. 그러므로 '如來悉知悉見'은 "여래가 되면 대상의 여래가 아닌 자성의 여래가 자신을 모두 알고 친견하는 것"이 된다. 이것은 논문69)에 설명하였으므로 여기에서는 생략하겠다. 이 부분은 말법시대의 중생도 이 경(經)의 설법을 듣고 깨달아 구경의 지혜[진여의 지혜]로 대승에서 최상승으로 살아갈 수 있다는 것을 설명하고 있다. 즉 모든 설법을 뗏목에 비유하여 법과 비법도 초월하라는 것은 상의 근원까지 버려야 대승에서 최상승으로 살아가게 된다고 하는 설법이다.

그렇지만 이렇게 하는 것이 쉽지 않으므로 이 단의 제목을 '정신희유(正信希有)'라고 한 것이라고 설하고 있다. 이 말은 반야라는 말 한마디를 바르게 알면 되는 것이지만 이것이 어렵기에 바른 확신을 가지는 것이 희유(希有)하다고하고 있다.

69) 서인성(2024), 「『금강경』과 선어록의 깨달음 연구」, 동국대 박사논문, pp.111~114.

7. 진여의 지혜로 집착 없이 설하는 것[70)]

불법(佛法)은 무득(無得)을 체득한 것이 진득(眞得)이고, 무설(無說)을 설한 것이 진설(眞說)이라고 하는데, 이것은 얻었다는 마음이 없어야하고 설한다는 마음도 없이 법을 설해야 하는 것이다. 이 말은 공적을 체득했다는 것이며 또 공적으로 설했다는 것이 된다. 진여의 지혜가 없는 것이 아니고 진여의 지혜로 설하기 때문에 고정된 법이 없다고 하는 것이다. 진여의 지혜는 불법(佛法)에 맞는 여래의 지혜이므로 지식(知識)으로는 얻을 수 없다고 다음과 같이 설하고 있다.

> 수보리여, 여래가 '아뇩다라삼먁삼보리'를 얻었다고 생각하느냐? 여래가 설법을 목적을 가지고 집착하여 설한 적이 있느냐? 수보리가 대답했다. 제가 깨달아 알기로는 부처님께서 '아뇩다라삼먁삼보리'를 체득하는 고정된 법이 없는 것을 설한 것이며 역시 여래가 체득한 고정된 법이 없다는 것을 여래께서 바르게 설하셨습니다. 왜냐하면 여래께서 설법을 한 것은 모두가 지식으로 취하여 얻는 것도 아니고 설명하여 얻을 수 있는 것이 아니므로 고정된 설법이 아니고 또 여래께서는 설법을 하신다는 집착도 없는 무아의 설법이기 때문입니다.[71)] 왜냐하면

70) 『金剛經註』卷1(X24, p.543). ; 『銷釋金剛經科儀會要註解』卷3(X24, p.687).

71) 비법과 비비법: '비법'은 '무체'를 설법하는 것이고 '비비법'은 설법을 하되 '무아상'으로 하는 것으로 대승을 뜻한다. ; 『金剛般若波羅蜜經論』卷1(T25, p.784), "非法者, 一切法無體相故. 非非法者, 彼眞如無我相實有故." ; 『金剛般若論』卷1(T25, p.761), "非法者, 分別性故. 非非法者, 法無我故." ; 『金剛經彙纂』卷1(X25, p.769), "非法者, 一切法無取相故. 非非法者, 彼眞如無我實相有故." ; 『金剛經心印疏』卷1(X25, p.826), "蓋非法者, 卽領上無法相也. 非非法者, 卽領上亦無非法相也."; 『大智度論疏』卷17(X46, p.868), "非法者, 云無法可得也. 亦非非法者, 非法亦無也. 一解言非法者, 據眞而談, 無法可得故, 名非亦法. 非非法者, 據世諦語, 非不有是法也."

모든 현성은 모두가 무위법으로 성자의 입장에서 진여의 지혜로 생활하는 것을 차별한다고 하는 것이기 때문입니다.[72]

무위법(無爲法)으로 설하기 때문이라고 하는 것은 공(空)으로 설하고 공(空)을 실천해야 하는 것이다. 즉 일체의 현성이 진여의 지혜로 집착 없이 무위법이 되는 것은 성자의 경지에 들어갔다는 것이다. 즉 삼승과 여래가 모두 무위법으로 깨달았다는 것을 말한다. 그러므로 차별이 있다는 것은 성자가 방편으로 중생 제도하는 것을 무위법으로 차별한다고 하는 것도 될 수도 있겠지만 실제로는 삼승과 여래가 차별하는 것[73]을 말한다. 즉 공가중(空假中)으로 견성하여 성자의 경지에 들어간 것을 무위법을 깨달았다고 하는 것이다. 즉 무위법인 공가중을 체득한 것을 성자라고 하는 것과 같은 것으로 진여의 지혜로 '바라밀'을 실천하는 성자의 생활을 말한다.

번역을 보면 "모든 현성은 모두가 무위법으로 성자의 입장에서 진여의 지혜로 생활하는 것을 차별한다고 하는 것이기 때문

---

72) 『金剛般若波羅蜜經』(T08, p.749), "須菩提, 於意云何, 如來得阿耨多羅三藐三菩提耶. 如來有所說法耶. 須菩提言. 如我解佛所說義, 無有定法 名阿耨多羅三藐三菩提. 亦無有定法, 如來可說. 何以故, 如來所說法, 皆不可取, 不可說, 非法, 非非法. 所以者何, 一切賢聖, 皆以無爲法 而有差別."

73) 眞諦 譯, 『金剛般若波羅蜜經』(T08, p.762), "一切聖人皆以無爲眞如所顯現故." ; 『金剛經註疏』卷1(X24, p.453), "所以者何, 一切賢聖, 皆以無爲法而有差別. 欲顯所說非法非非法, 故擧所證以明之. 夫覺無爲最淺者名須陀洹, 覺無爲最深者名爲佛, 此其差別也. 能覺者應身耳, 由應身如是覺, 故化身如是說. 所覺旣非法非非法, 故所說亦非法非非法也. 所以通說一切賢聖者, 欲顯一切聖人同證無爲爲體也." ; 『摩訶般若波羅蜜經』卷21(T08, p.376), "須菩提白佛言. 世尊, 若道無法, 涅槃亦無法. 何以故, 分別說是須陀洹, 是斯陀含, 是阿那含, 是阿羅漢, 是辟支佛, 是菩薩, 是佛. 佛告須菩提. 是皆以無爲法而有分別, 是須陀洹, 是斯陀含, 是阿那含, 是阿羅漢, 是辟支佛, 是菩薩, 是佛. 世尊. 實以無爲法故, 分別有須陀洹乃至佛." ; 여기에서 무위법으로 분별할 수 있는 사람들은 견성하여 진여를 체득한 성자이상이다.

입니다(asaṃskṛta-prabhāvitā hy ārya-pudgalāḥ[74]) ; 一切賢聖 皆以無爲法 而有差別).”라고 하는 것을 “모든 성현은 모두 무위법 안에서 차이가 있다.”[75]라고 번역하고 있다. 그리고 “참으로 성자들은 무위로 나타나기 때문이다.”[76]라고 번역하기도 하고 또 “일체의 현성들은 다 무위법의 입장에서만 방편차별을 두기 때문이다.”[77]라고 번역하고 있다. 그리고 “모든 성현들은 무위법에서 차별이 있기 때문이다.”[78]라고 하고 또 “모든 현성이 무위의 법을 쓰시되 차별이 있는 까닭이다.”[79]라고 번역하고 있다. 또 “모든 성현들은 진여 본성의 무분별적인 지혜작용으로 시절인연에 맞게 중생들의 그릇에 맞추어 방편법문을 설하기 때문이다.”[80]라고 번역하고 있다. 이와 같은 번역은 중생제도의 방편적인 입장에서 어디에서나 그곳에 맞게 설법을 하는 것으로 누구에게나 설하지만 사람에 따라 각각 다르게 설법을 하기 때문에 차별한다고 한 것이라고 생각된다. 유위법으로 차별하는 것이 아니라 무위법으로 설하기에 차별한다고 한 것은 중생제도의 방편으로 이렇게 번역한 것이라고 생각된다. 여기에서 “一切賢聖, 皆以無爲法, 而有差別.”에서 모든 현성들은 무위법을 체득한 성자이므로 무주심(無住心)의 진여에서 성자(聖者)가 차별한다고 하는 것은 수다원・사다함・아나함・아라한・부처가 진

74) 이기영(1978), p.186·367.에 콘즈의 번역(Because an Absolute exalts the Holy Persons, 왜냐하면 절대한 것은 성자들을 높이기 때문)을 싣고 있다.
75) 대한불교조계종 교육원(2009), p.30. ; 지안(2010), p.79.
76) 각묵(1991), p.143.
77) 김호귀(2017a), p.105.
78) 백용성 저·김호귀 풀이(2019), p.101.
79) 이기영(1978), pp.186~187.
80) 성본(2012), p.93.

여의 지혜로 '반야바라밀'을 행하는 것을 말하는 것이다. 무위법의 차별은 성자들이 진여의 지혜로 자유자재하게 생활하는 것을 말한다고 볼 수 있다.

앞에서 '아뇩다라삼먁삼보리'를 설명하였지만 '무상정등정각'이나 "가장 높고 바른 깨달음"이나 "최상의 불법"이라고 번역하는데 논자는 진여의 지혜라고 설명하였다. 왜냐하면 진여는 청정한 '체공'의 상태를 말하는 것이고 지혜는 자신이 아는 지식을 체공의 지식이라고 확신하여 아는 것이다. 그러므로 진여의 지혜는 여래의 가치관으로 지식을 다시 견성하여 아는 것이 된다. 이것을 '무유정법'이라고 하며 대승을 설명하고 있다.

이 부분은 앞에서 계속 대승의 설명을 하는 연장선에 있다고 볼 수 있다. 한다는 마음 없이 '육바라밀'을 실천해야 한다는 것이 무주(無住)의 여래이며 이와 같은 마음을 확신하는 것이 희유(希有)하기에 무득(無得)이라고 하며 무설(無說)이라고 하고 있다. 체득했다는 마음이 전혀 없는 대승과 최상승의 생활을 해야 대승을 초월하여 여래라는 것을 강조하기 위한 것이라고 생각된다.

8. 부처는 불법에 맞아야 출생[81)]

이 단의 제목을 설정한 이유는 불법(佛法)으로 제불(諸佛)이 이 경(經)에 의하여 출생하기 때문이다. 여기에서 보시를 하되 '보시바라밀'을 실천해야 하는 것으로 복덕과 복덕성을 구분하고 있다. 이것은 보시를 하는 것은 복덕을 쌓는 것이어서 복덕이 많다고 하는 것이지만 복덕의 성(性)은 공덕이 되는 것을 말하는 것이므로 양무제와 달마의 대화와 같은 것이 된다. 여기에서 부처가 출생하는 것을 '보시바라밀'이라고 설하는 것이고 마지막부분에 불법은 불법을 초월한 진여의 지혜를 실천하되 몰종적으로 해야 한다고 설하기 때문에 불법에 의하여 출생하게 된다고 다음과 같이 설하고 있다.

> 수보리여, 만약에 어느 사람이 삼천대천세계에 가득 찬 칠보를 가지고 수많은 사람들에게 각자가 가득 넘칠 정도로 보시를 했다고 하면 이 사람이 복덕을 많이 얻지 않겠는가? 수보리가 대답했다. 아주 많겠습니다. 세존이시여, 왜냐하면 이 사람이 보시한 것은 '보시바라밀'을 실천한 복덕이고 복덕성이 아니지만 '보시바라밀'을 실천했다는 마음도 없이 보시하기에 여래께서 복덕이 많다고 하신 것입니다.[82)] 만약에 어느 사람이 이 '경'의 뜻을 정확하게 알고 수지하여 이 '경'에 나오는 사구

---

81) 『金剛經註』卷1(X24, p.543). ; 『銷釋金剛經科儀會要註解』卷4(X24, p.689). ; 『金剛經註解』卷2(X24, p.773).

82) 『金剛經註疏』卷1(X24, p.454), "是福德, 卽非福德性. 答意明福有二種. 一有流, 二無流. 多有二義. 一聚義, 二進義. 聚謂聚集福體, 進謂進趣菩提. 是福德者, 是有流之福德. 卽非福德者, 非無流之福德. 是有流之福故, 有聚義之多也. 非無流之福故, 無進義之多也. 無進義之多者, 豈空無果乎. 得有流報, 故無有無果之理. 報盡卽絕, 故無有進趣之義." ; 『金剛經采微』卷1(X24, p.612), "疏云. 是福德者, 事福也. 卽非福德性者, 事福本空也. 是故如來說福德多者, 雖空而假也."

게 등으로 사람들에게 정확하게 설법한다면 그 복덕은 앞의 복덕보다 수승한 것이다. 왜냐하면 수보리여, 진여의 지혜를 실천하는 모든 부처와 제불의 '아뇩다라삼먁삼보리법'이 모두 이 '경'에서 설한 내용을 근거로 하여 출생하고 있기 때문이다. 수보리여, 이른바 내가 말하는 불법이라고 하는 것은 '즉비불법'으로 불법을 초월한 대승의 지혜이고 이것을 몰종적으로 실천해야 한다.[83]

여기에서 번역의 문제는 '즉비불법' 부분이다. '즉비불법'을 부처의 가르침이 불법(佛法)이 아니라고 하거나 불법이라 할 수 있는 고정된 실체가 있는 것은 아니라고 번역하고 있다.[84] 여기에서 '즉비'는 자각하여 초월한 대승이다. 그리고 깨달은 사람의 이법(理法)이나 불법(佛法)이 아니라고 하며 다시 '이법'이나 불법(佛法)이라고 긍정한다면 이것은 최상승의 여래가 하는 불법(佛法)이 된다.

이 경(經)에서 "모든 부처님과 모든 부처님의 '아뇩다라삼먁삼보리법'이 모두 이 경(經)에서 설한 내용을 근거로 출생"하는 것에 대하여 『금강경주』에서 이 단의 제목에 대하여 앞단의 '무득'과 '무설'에 의하여 '공병(空病)'[85]에 떨어질 것을 두

---

83) 『金剛般若波羅蜜經』(T08, p.749), "須菩提, 於意云何, 若人滿三千大千世界七寶 以用布施, 是人所得福德, 寧爲多不. 須菩提言. 甚多 世尊. 何以故, 是福德卽非福德性, 是故如來說福德多. 若復有人, 於此經中受持, 乃至四句偈等, 爲他人說, 其福勝彼. 何以故, 須菩提, 一切諸佛, 及諸佛阿耨多羅三藐三菩提法, 皆從此經出. 須菩提, 所謂佛法者, 卽非佛法."

84) 이기영(1978), p.193. ; 박희선(1987), p.149. ; 각묵(1991), p.151. ; 대한불교조계종 교육원(2009), p.33. ; 지안(2010), p.89. ; 성본(2012), p.103. ; 김호귀(2017a), p.107. ; 백용성 저·김호귀 풀이(2019), p.115. 출간 연대별로 배치함.

85) 『金剛般若疏』卷3(T33, p.106), "五陰本無名爲非法, 空病亦空故云無非法相." ; 『永嘉證道歌』(T48, p.396), "棄有著空病亦然." ; 『維摩義記』(T85, p.333), "計空之心爲空病." ; 『維摩經疏』(T85, p.371), "若人著於空, 諸佛

려워하기 때문에 설한 것이라고 하고 있다.

번역에서 보시를 아무에게나 하는 보시가 아니라고 하면 차별이 될 수 있으므로 '보시바라밀'이라고 하였다. 즉 이 경(經)에서 말하는 보시는 삼승과 보살마하살이 보시하는 것이므로 '보시바라밀'이 되어야 한다. 왜냐하면 복덕성과 복덕의 문제는 대승과 최상승의 문제이기 때문이다. 범본의 "Tathāgatebhyo'(여래) rhadbhyaḥ(아라한) samyaksambuddhebhyo(정변지) dānaṃ dadyāt(보시를 행하다)"[86]에서도 성자(여래·아라한·정변지)들에게 보시를 하기에 '보시바라밀'이라고 한다.

공병(空病)이나 심병(心病)의 문제를 해결하기 위하여 이 단을 설했다고 하는 것은 무주(無住), 무득(無得), 무설(無說), 정신(正信)으로 살아가기가 어렵다는 것을 강조하는 것이다. 조금만 마음을 놓쳐버리면 병이 된다는 것이다. 그러므로 바른 확신을 한다는 것은 희유(希有)하다고 한다. 부처는 어느 날 갑자기 출현하는 것이 아니고 불법에 맞게 불법에 의지하여야 출현하는 것이다. 즉 불법을 알고 불법에 맞게 활용하여야 부처는 출현하게 된다.

所不化, 故言空病亦空." ; 『金剛經疏記科會』卷7(X25, p.450), "小乘雖有生空之理, 非實眞如, 以是偏眞, 未徹源故. 大乘之內, 具顯三空, 空病亦空, 是究竟眞如法也."

86) 이기영(1978), p.188, "여래·존경받을만한 사람·올바르게 깨달은 사람들에게 보시를 하면" ; 각묵(1991), p.152, "여래·아라한·정등각들에게 보시를 행한다면" ; 현진(2021), p.145, "공양 올려야 될 분들이자 바르고 동등하게 깨달으신 분들인 그처럼 오신 분들을 위해 보시를 행한다면"이라고 하고 있다.

9. 청정한 본성인 진여의 지혜로 생활하는 수행자87)

일상(一相)은 진여의 상(相)을 말하는 것이므로 상(相)이라는 마음도 없는 것을 말하는 것이라고 하고 있다. 사향사과88)를 설하면서 무상(無相)이 되어야 진정한 사과(四果)를 얻은 것이라고 다음과 같이 설하고 있다.

수보리여, 수다원의 경지를 체득한 사람은 자신이 수다원과를 얻었다는 마음을 가지겠는가? 수보리가 대답했다. 세존이시여, 그렇지 않습니다. 왜냐하면 수다원89)은 이름을 성자의 경지에 들어갔다는 것이므로 육진경계를 취한다는 생각이 없는 것을 수다원이라고 말합니다.90) 수보리여, 사다함의 경지를 체득한 사람은 자신이 사다함과를 얻었다는 마음을 가지겠는가? 수보리가 대답했다. 세존이시여, 그렇지 않습니다. 왜냐하면 사다함은 한 번 왕래한다는 말인데 삼계의 '업'을 모두 없앤다는 말이므로 실제로 왕래하는 것이 없는 것을 이름 하여 사다

---

87) 『金剛經註』卷1(X24, p.544). ; 『金剛經正解』卷1(X25, p.611). ; 『金剛經如是經義』卷1(X25, p.686).

88) 『大智度論』卷57(T25, p.468), "僧寶者, 四向四果學, 無學五衆." ; 『俱舍論記』卷1(T41, p.3), "四向四果說之爲僧." ; 『圓覺經大疏釋義鈔』卷6(X09, p.590), "斷四諦下迷理煩惱, 證得初果. 進修漸斷迷事煩惱, 乃至證阿羅漢果. 卽四向四果, 皆爲淨也."

89) 『金剛經註解』卷2(X24, pp.775~776), "李文會曰. 問第一果須陀洹者, 知身是妄, 欲入無爲之理, 斷除人我執著之相, 以無取心, 契無得理. 無理則心空, 無得乃理寂. 雖然能捨麤重煩惱, 而未能離微細煩惱. 此人不入地獄, 不作脩羅餓鬼 異類之身, 此謂學人悟初果也." ; 수다원과를 얻은 사람이 수다원과를 얻었다는 마음이 있으면 '사상'이 있는 것이라고 범본에 다음과 같이 기록하고 있다. "mayā srotaāpatti-phalaṃ(수다원과) prāptam(증득) iti, sa eva(오직) tasya-ātma-grāho(자신의 아집) bhavet(생긴 것) sattva-grāho(중생집) jīva-grāhaḥ(수자집) pudgala-grāho(人執) bhaved iti (생긴 것이 된다)."

90) 의역하면, "공가중을 깨달아 사성제와 팔정도를 실천하는 성문이여서 견혹이 없고 사취생을 벗어났기 때문에 성문과를 얻었다는 생각이 없고 육진경계를 집착하지 않습니다."

함이라고 하는 것입니다. 수보리여, 아나함의 경지를 체득한 사람은 자신이 아나함과를 얻었다는 마음을 가지겠는가? 수보리가 대답했다. 세존이시여, 그렇지 않습니다. 왜냐하면 아나함은 욕계에 다시 오지 않는다는 말이고 실제로 아공과 법공을 모두 체득하여 이미 욕계를 벗어났기 때문에 되돌아오지 않는다고 하여 이름을 아나함이라고 하는 것[91]입니다. 수보리여, 아라한의 경지를 체득한 사람은 자신이 아라한과를 얻었다는 마음을 가지겠는가? 수보리가 대답했다. 세존이시여, 그렇지 않습니다. 왜냐하면 아라한은 실제로 삼계의 업인 번뇌 망념이 생사하는 법이 없기 때문에 이름을 아라한이라고 하는 것입니다. 세존이시여, 만약에 아라한 자신이 내가 아라한이 되었다는 마음을 가지면 바로 '사상'에 집착하는 것이 되기 때문입니다. 세존이시여, 부처님께서 말씀하실 때에 제가 번뇌 망념이 없는 무쟁삼매[92]를 체득했고 그런 사람들 중에 '제일이욕아라한'이라고 하신 것은 제가 삼계의 번뇌를 벗어난 아라한이 되었다는 생각도 하지 않기 때문입니다. 세존이시여, 제가 만약에 아라한도를 얻었다는 생각을 하였다면 세존께서는 수보리가 무쟁삼매를 제일 잘 실천하는 수행자라고 하시지 않으셨을 것입니다. 수보리가 진실로 아라한이라는 마음을 가지지 않

---

91) 『金剛經註解』卷2(X24, p.776), "李文會曰. 第三果阿那含者, 已悟人法俱空, 漸脩精進, 念念不退菩提之心. 名爲不來者, 謂能斷除, 內無欲心, 外無欲境, 已離欲界, 不來受生, 故名不來. 心空無我, 孰謂不來, 故云而實無不來也."

92) 『金剛經音釋直解』(X25, p.171), "無諍者, 隨順無違也. 三昧, 梵語, 此云正受, 心不受一法是也. 阿蘭那者, 梵語, 此云卽無諍也. 須菩提離三界, 欲證四果法得無諍三昧, 體悟眞空." ; 『金剛經略疏』(X25, p.158), "佛說得無諍三昧者, 以其解空, 則彼我俱忘, 能不惱衆生, 亦能令衆生不起煩惱故也. 又云人中最爲第一者, 以人中四相未除, 故皆有諍, 今既無諍, 是人中最爲第一也." ; 『金剛經采微』卷1(X24, p.614), "世尊, 佛說我得無諍三昧, 人中最爲第一, 是第一離欲阿羅漢. 所以空生述佛稱歎者. 天親云. 爲明勝功德故, 爲生深信故, 勝功德者, 卽無諍三昧也." ; 『銷釋金剛經科儀會要註解』卷4(X24, p.692), "言無諍者, 一念不生, 諸法無諍也. 梵語三昧, 此云正定, 離諸邪定故也." ; 『金剛經註解』卷2(X24, p.777), "僧若訥曰. 無諍者, 涅槃經云. 須菩提住虛空地." ; 범본의 'araṇāvihāriṇām'을 (구)無諍三昧 (현)無諍住, 'araṇāvihāriiti'를 (구)阿蘭那行 (현)無諍住라고 하고 있다.

고 아라한도를 실천하기 때문에 수보리를 아란야(무쟁삼매)를 제일 잘 실천하는 수행자라고 하신 것입니다.[93]

여기에서는 '사향사과'의 내용만 자세하게 알면 된다. 수다원이 되는 것을 '입류'라고 하는데 사성제로 모든 번뇌 망념을 벗어나는 것을 성문이라고 할 수 있다. 수다원은 자신에게 망념이 있는 줄을 알고 무위의 이치를 깨닫고자 하는 사람으로 공가중을 깨달아 성자의 지위에 들어 왔으나 아직까지 미세한 번뇌는 남아 있기에 '초과'라고 하고 '입류'라고 한다.[94]

수다원에 대하여 살펴보면 "수다원은 이름을 성자의 경지에 들어갔다는 것이므로 '입류'했다는 생각이 없고 육진경계를 집착하지 않고 공(空)이라고 알기 때문에 이름을 수다원이라고 하는 것입니다."라고 하고 있다. '입류'는 예류(預流)라고도 하며 성자의 지위에 들어갔다는 것이다. 그리고 '而無所入'을 "공가중을 깨달아 사성제와 팔정도를 실천하는 성문이어서 견

93) 『金剛般若波羅蜜經』(T08, p.749), "須菩提, 於意云何, 須陀洹能作是念, 我得須陀洹果不. 須菩提言. 不也世尊. 何以故, 須陀洹名爲入流, 而無所入, 不入色聲香味觸法, 是名須陀洹. 須菩提, 於意云何, 斯陀含能作是念, 我得斯陀含果不. 須菩提言. 不也世尊. 何以故, 斯陀含名一往來, 而實無往來, 是名斯陀含. 須菩提, 於意云何, 阿那含能作是念, 我得阿那含果不. 須菩提言. 不也世尊. 何以故, 阿那含名爲不來, 而實無(不)來, 是故名阿那含. 須菩提, 於意云何, 阿羅漢能作是念, 我得阿羅漢道不. 須菩提言. 不也世尊. 何以故, 實無有法 名阿羅漢. 世尊, 若阿羅漢作是念, 我得阿羅漢道, 卽爲著我人衆生壽者. 世尊, 佛說 我得無諍三昧 人中最爲第一, 是第一離欲阿羅漢. 我不作是念, 我是離欲阿羅漢. 世尊, 我若作是念, 我得阿羅漢道, 世尊則不說 須菩提 是樂阿蘭那行者. 以須菩提 實無所行, 而名須菩提, 是樂阿蘭那行."

94) 『佛說能斷金剛般若波羅蜜多經』(T08, p.772), "諸預流者, 無法可預, 故名預流." ; 『金剛般若波羅蜜經註解』(T33, p.230), "梵語須陀洹, 華言入流, 此聲聞所證初果也." ; 『金剛般若經疏論纂要』卷1(T33, p.160), "須陀洹, 此云入流, 入聖人流故, 亦云預流." ; 『俱舍論記』卷23(T41, p.356), "故預流者不墮惡趣."

혹이 없고 사취생을 벗어났기 때문에 성문과를 얻었다는 생각이 없다."라는 것이 성문에 대한 설명이다. 수다원이 성자이지만 의문이 있을 수도 있어 '아만'을 없애는 것이 '이만장(離慢障)'에 해당한다.[95]라고도 하고 있다. 그리고 '不入色聲香味觸法'은 육진경계를 집착하지 않는 것은 공(空)을 체득한 것으로 육진에 들어가지 않는다는 것은 육진에 대한 집착을 하지 않는 것[96]이다. 육진에 대한 집착을 하지 않으려면 견성의 첫 번째 관문인 공(空)을 통과해야 하므로 공(空)을 체득해야 한다.

이 단에서 수보리가 아라한이고 대승이라는 것은 수보리가 아라한이라는 생각도하지 않고 '무쟁삼매'를 실천하기 때문에 '제일이욕아라한'이라고 하는 것이며 3단에서 보살마하살이 대승이라는 것과 같다. 그러므로 대비구, 보살마하살, 아라한 이상에게 이 경(經)을 설하고 있다는 것을 15단에 강조하고 있다. 대승이 아니고 소승에게는 이 경(經)을 설하여도 알아듣지 못하기 때문이라고 하는 것은 이 경(經)을 대승이상에게 설해야 한다는 것을 강조하고 있는 부분이다. 그런데 소승이하에게 설하며 기도를 해야 한다고 하는 것은 오히려 기어(綺語)에 속한다.

95) 김호귀(2011a), pp.150~151.
96) 『金剛般若波羅蜜經略疏』卷1(T33, p.243), "由佛所說皆以無爲法爲名故, 由聖人無爲故, 不取六塵境界以爲我所, 故文言不入色聲香味觸法也."

10. 보살은 무소득으로 불국토를 장엄[97]

이 단에서는 불국토를 장엄한다는 것과 연등불을 연관시킨 것이 절묘하다. 석가모니가 수기를 받은 것이 무소득의 법을 전해 받은 것이라고 하고 있다. 그래도 법을 받았다고 하면 연등불[本法, 本覺][98]이 존재해야 하는 것이 되어 유위의 장엄이 된다. 그래서 연등불을 석가의 스승이라고 하지만 '일미진불'[99]이라고 하고 또 자신의 본래 법을 '견득'하는 것[100]을 말하는 것이라고 하고 있다. 여래의 국토는 공(空)의 국토이므로 의지함이 없는 것에 의하여 만들어지므로 보살이 불국토를 장엄한다고 하는 것은 공(空)으로 장엄하기에 외부의 불국토를 장엄하는 것이 아니고 마음속의 불국토를 장엄한다고 다음과 같이 설하고 있다.

부처님이 수보리에게 말했다. 여래가 지난날에 연등불이 계

---

97) 『金剛經註』卷2(X24, pp.545～546). ; 『銷釋金剛經科儀會要註解』卷4(X24, p.693). ; 『金剛經註解』卷2(X24, p.778).

98) 『佛祖統紀』卷1(T49, p.136), "指然燈佛者, 即拂因疑." ; 『金剛經音釋直解』(X25, p.171), "如來者, 佛自稱也. 然燈佛者, 即是釋迦牟尼佛之師也. 法由心悟, 豈從外得以心印, 心是名爲得也." ; 『四教儀集解』卷2(X57, p.578), "二次從尸下明 第二僧祇然燈佛者. 大論云. 太子生時 一切身邊 光如燈故. 故云然燈 以至成佛 亦名然燈." ; 『金剛經註釋』(X25, p.530), "佛生時有光, 於眼耳口鼻百孔中放出, 遍照十方, 如燈之明, 而號然燈也. 是爲釋迦佛之師." ; 범본에는 "Dīpaṇkarasya(연등) Tathāgatasya-arhataḥ(여래 아라한) samyaksambuddhasya(정변지)-antikād(가까이에서) udgṛhītaḥ(얻은 것)."이라고 하고 있다. ※ 아래의 각주 참조요.

99) 『念佛三昧』(X62, p.470), "然燈佛者, 一微塵佛也. 釋迦佛者, 無量微塵佛也. 釋迦佛者, 名爲病愈. 阿彌陀者, 名本無病."

100) 『楞嚴經正見』卷5(X16, p.692), "至然燈佛下 證離依他執. 然燈者, 只是見得自己本法, 修唯心三昧, 故得盡空如來國土. 且如來國土既空, 便是離依他執也. 又前說日月燈明, 是標本覺. 今說然燈佛, 是標始覺, 燈是人然故也."

신 곳에서 어떤 법을 얻은 것이 있느냐? 세존이시여, 그렇지 않습니다. 여래께서 실제로 무소득의 법을 체득한 것[101]이기 때문입니다. 수보리여, 보살이 불국토를 장엄한다고 하면 할 수 있겠는가? 세존이시여, 그렇지 않습니다. 왜냐하면 불국토를 장엄한다는 것은 곧 불국토를 외부의 어디에 만들어 장엄하는 것이 아니라 마음속에 불국토를 건설하는 것이므로 장엄이라고 말하는 것[102]이기 때문입니다. 그러므로 수보리여, 모든 보살마하살들은 마땅히 여시한 진여의 지혜로 청정한 마음을 내야하며 육진의 대상경계에 따라 마음을 내지 말고 대상경계를 집착하는 마음 없이 청정한 진여의 지혜로 생활해야 한다. 수보리여, 어떤 사람을 비유하여 몸이 수미산과 같다고 하면 그 몸을 크다고 하지 않겠는가? 수보리가 대답했다. 세존이시여, 매우 큽니다. 왜냐하면 세존께서 설하신 몸이라고 하는 것은 육신의 몸이 아닌 법신[103]을 말씀하시는 것이고 무위법으로 설하시는 것이기에 몸이 크다고 하는 것입니다.[104]

101) 의역을 하면, "여래가 … (다음에 부처가 될 것이라는 수기를 받았는데 그때에 연등불이 전해준) 어떤 … (연등불이 계신 곳에서 수기를 받았는데) … 체득한 것"이라고 할 수 있다.

102) 『金剛般若經贊述』卷1(T33, p.138), "故言莊嚴佛土者, 謂內莊嚴也. 卽非莊嚴者非外形相莊嚴也. 是名莊嚴者是無相無取眞莊嚴也."

103) 『金剛般若經贊述』卷1(T33, p.138), "佛說非身者 謂非有分別身. 是名大身者 是無分別身也." ; 『金剛經纂要刊定記』卷5(T33, p.209), "卽是經中佛說非身也. 法身既是無爲, 則離有爲生滅, 有爲既離." ; 『金剛般若波羅蜜經略疏』卷1(T33, p.244), "佛說非身 是名大身. 以無分別相故, 彼身非身, 非諸漏身. 是名大身者, 以有清淨身故." ; 『金剛經註解鐵鋑錎』卷1(X24, p.855), "故言甚大世尊. 何以故, 佛說非身, 乃是法身, 是名大身. 此是莊嚴心淨是法, 得了法身是力." ; 『金剛經鎞』卷1(X25, p.83), "佛說非身者, 非有漏有爲身. 是名大身者, 是無漏無爲身."

104) 『金剛般若波羅蜜經』(T08, p.749), "佛告須菩提. 於意云何, 如來昔在然燈佛所, 於法有所得不. (不也)世尊. 如來在然燈佛所, 於法實無所得. 須菩提. 於意云何, 菩薩莊嚴佛土不. 不也世尊. 何以故, 莊嚴佛土者, 則非莊嚴, 是名莊嚴. 是故須菩提, 諸菩薩摩訶薩 應如是生清淨心, 不應住色生心, 不應住聲香味觸法生心, 應無所住 而生其心. 須菩提, 譬如有人, 身如須彌山王, 於意云何, 是身爲大不. 須菩提言. 甚大世尊. 何以故, 佛說非身, 是名大身."

여래의 몸을 비신(非身)이라고 하는 것은 분별하지 않는 무위의 법신을 말한다. 그러므로 뱀이 용이 되어도 비늘을 바꾸지 않는다고 하는 것[105]처럼 여래의 몸은 어느 누구나 여래가 될 수 있다는 것을 말한다. 그러므로 형상에 따라 사람을 판단하지 말아야 한다. 무사상(無四相)이므로 외부에 자신을 나타내는 것이 아니라 '반야바라밀'을 실천하여 자기 내부의 불국토를 장엄하는 것이므로 장엄한다고 하는 것이다. 그리고 대신(大身)이 비신(非身)이므로 대신(大身)이라고 하는 것은 모든 사람이 여래와 같다는 것을 강조하기 위한 것이다. 즉 형상에 따른 차별을 하지 말아야 한다고 하는 것은 무루의 무위신(無爲身)이기 때문이다. 이 경(經)의 두 번째 게송인 "수보리여, 모든 보살마하살들은 마땅히 여시한 진여의 지혜로 청정한 마음을 내야하며 육진의 대상경계에 따라 마음을 내지 말고 대상경계를 집착하는 마음 없이 청정한 진여의 지혜로 생활해야 한다."로 인하여 혜능이 깨닫게 되었다고 『육조대사법보단경』에 기록되어 있는 것[106]은 잘 알려져 있다. 여기에서 육진은 '색성향미촉법'이고 이것은 2단에서 제시한 자신의 마음을 어떻게 굴복시켜야 하느냐고 하는 부분의 대답이다. 즉 자신의 마음인 육근이 청정하게 되었다면 대상경계인 육진이 청정하다는 것을 깨달아야 한다. 이렇게 육근과 육진이 청정하게 되었으면 육식이 청정한 무소주의 마음을 내야 한다고 하는 것을 진여의 지혜로 생활해야 한다고 하는 것이다.

번역에서 "불국토를 장엄한다고 하는데 이것은 곧 불국토를

105) 『少室六門』(T48, p.372), "蛇化爲龍, 不改其鱗, 凡變爲聖, 不改其面."
106) 『六祖大師法寶壇經』(T48, p.349), "祖以袈裟遮圍, 不令人見, 爲說『金剛經』, 至 應無所住 而生其心, 惠能言下大悟, 一切萬法, 不離自性."

외부의 어디에 만들어 장엄하는 것이 아니라 마음속에 불국토를 건설하는 것이므로 장엄이라고 말하는 것이기 때문입니다." 라고 하였는데 지안은 "불국토를 아름답게 꾸미는 것은 아름답게 꾸미는 것이 아니어서 꾸민다고 말하기 때문입니다."107) 라고 하고 있고, 이기영은 "불토를 장엄한다는 것은 곧 장엄함이 아니며 그 이름이 장엄이기 때문입니다."108)라고 하고 있으며, 김호귀는 "불토를 장엄한다는 것은 곧 장엄한 것이 아니기 때문에 그것을 바로 장엄한다고 말하는 것입니다."109)라고 하고 있다. 그리고 김진무는 "불국토와 불국토의 장엄함은 환영과 같아 세속에 따라 장엄한다고 일컬어지는 것에 불과할 뿐이며, 보살이 장엄한 불국토는 존재하지 않기 때문입니다. … 실유의 장엄함이 아니고 명언(名言) 가운데 장엄한다고 다만 세운 것이기 때문이다."110)라고 하고 있다. 성본은 "불국토를 장엄하는 것은 고정된 실체의 불국토를 장엄하는 것이 아니라 임시방편으로 불국토를 장엄한다고 하는 것일 뿐입니다."111)라고 하였으며 각묵은 "불국토의 건설, 불국토의 건설이라 하는 것은 불국토의 건설이 아니라고 여래는 설하였으니 그래서 불국토의 건설이라고 한다."112)라고 하고 있다. 이상에서 살펴보았듯이 이들이 불국토를 장엄을 장엄이 아니라고 번역하고 있

107) 지안(2010), p.111.
108) 이기영(1978), p.209. ; 범본에는 "kṣetra(불국토, 복전, 공덕이 자라는 곳)-vyūhāḥ(장엄) kṣetra-vyūhā(불국토) iti Subhūte, 'vyūhās te(그것은 장엄이 아니다) Tathāgatena bhāṣitāḥ(여래가 설하다) tenocyante kṣetra-vyūhā iti.(그래서 불국토의 장엄이라고 한다)."이라고 하였다.
109) 김호귀(2007), p.76. ; 김호귀(2017a), p.147.
110) 김진무·류화송(2018), pp.189~190.
111) 성본(2012), p.123.
112) 각묵(1991), p.185. ; 이기영(1978), p.208.

다. 그러나 이 경(經)에서 불국토의 장엄은 이름만 장엄이 아닌 것이 아니라 외부의 장엄이 아니고 불법(佛法)에 맞게 내부의 장엄을 대승의 장엄이라고 여래는 말하고 있는 것이다. 왜냐하면 보살과 보살마하살의 차이이고 소승과 대승 그리고 최상승의 차이점을 설하고 있는 부분이다. 소승의 안목으로는 불국토를 장엄할 수 없다고 소승은 불능(不能)이라고 15단에 명확하게 설하고 있다.

소승의 장엄도 불능(不能)이라고 하는데 외범(外凡)의 장엄을 말하는 것은 『전유경』의 비유를 생각하게 된다. 지금과 같은 현실에서는 이생이 아니고 먼 훗날을 생각하여 설해야 한다는 황당한 말을 하게 한다. 조사(祖師)들이 내말을 기억하지 말라고 하며 기록하는 것을 끝까지 반대했던 자비심을 잊어서는 안 된다.

11. 무소주 보시바라밀의 위대한 복덕[113)]

보살의 실천덕목인 '보시바라밀'을 다시 강조하고 있는 단으로 유위(有爲)의 보시보다는 무위(無爲)의 보시를 해야 한다. 그리고 이런 보시의 근원으로 이 경(經)의 뜻을 정확하게 알고 실천해야 위대한 복덕이 있다고 다음과 같이 설하고 있다.

> 수보리여, 항하의 모래 숫자만큼의 항하가 더 있다고 하고 이 전체항하의 모래숫자들을 모두 합하면 많다고 할 수 있겠는가? 수보리가 대답했다. 세존이시여, 아주 많습니다. 단지 모든 항하의 숫자만 하더라도 셀 수 없이 한량이 없는데 어찌 하물며 그 항하의 모래숫자를 어찌 헤아리겠습니까? 수보리여, 내가 지금 그대에게 진실을 말하겠다. 만약에 선남자와 선여인이 항하의 모래 숫자만큼의 삼천대천세계에 가득 찬 칠보로 보시를 행한다고 하면 복덕을 많이 얻지 않겠는가? 수보리가 대답했다. 세존이시여, 매우 많은 복덕을 얻을 것입니다. 부처님이 수보리에게 말했다. 만약에 선남자와 선여인이 이 '경'의 뜻을 정확하게 깨달아 알고 수지하며 사구게 등으로 사람들에게 정확하게 설법한다면 이 복덕은 앞의 복덕보다 수승한 것이다.[114)]

이 경(經)의 뜻을 정확하게 깨달아 수지하고 사람들을 위하여 설법해야 복덕이 수승하다고 설하고 있다. 여기에서 중요한

---

113) 『金剛經註』卷2(X24, p.547). ; 『金剛經註解』卷2(X24, p.780). ; 『金剛經正解』卷1(X25, p.613).

114) 『金剛般若波羅蜜經』(T08, pp.749~750), "須菩提, 如恒河中 所有沙數, 如是沙等恒河, 於意云何, 是諸恒河沙寧爲多不. 須菩提言. 甚多世尊. 但諸恒河 尚多無數, 何況其沙. 須菩提, 我今實言告汝. 若有善男子善女人, 以七寶滿爾所 恒河沙數 三千大千世界, 以用布施, 得福多不. 須菩提言. 甚多世尊. 佛告須菩提. 若善男子善女人, 於此經中, 乃至受持 四句偈等, 爲他人說, 而此福德 勝前福德."

것은 수지(受持)한다고 하는 것으로 이 경(經)의 뜻을 불법(佛法)에 맞게 아난처럼 여시(如是)하게 깨달아 알아야 하는 것이다. 여기에서는 일반적인 선남자와 선여인의 이해를 넘어선 진성(眞性)을 체득한 사람[115]을 말한다. 즉 여기에서는 삼승에서 대승의 보살로 아라한이 깨달아 아는 것을 말하는 것이므로 무사상(無四相)의 보살마하살이 '사구게'를 사람들에게 설하여야 복덕이 수승하다고 하는 것이다.[116] 그러므로 자신도 제도하지 못하면서 타인을 제도하여 수승한 복덕을 얻으려고 하는 행운을 바라는 범부나 소승의 불법은 용납할 수 없는 것이며 오히려 부처를 비방하는 것이 된다.

보시를 하되 항하사수의 세계에 칠보를 가득 채워 보시한다는 것은 숫자와 양으로 한다는 것은 불가능한 것이므로 '보시바라밀'을 말하는 것이다.

---

115) 여기에서 선남자 선여인은 부처로 살아가고자 하는 위대한 원력을 세운 보살이고 진성을 깨달은 사람이 된다. ; 『金剛經註解』卷2(X24, p.781), "佛再呼須菩提言. 善男子, 善女人, 於此經中, 受其義理而持守之, 乃至以四句偈等爲他人說. 則已不爲惡業所縛, 而可以悟明眞性. 而人亦得聞此至理, 而有悟明眞性之漸, 久而善根皆熟. 可以脫離輪迴, 永超生死, 則萬劫無有盡期. 故其福德勝於彼恒河沙數世界七寶布施, 無量無數也."

116) 범본의 "dharma-paryāyād((구)經中 (현)法門) antaśaś catuṣpādikām api gāthām((구)四句偈等 (현)乃至四句伽他) udgṛhya(알아내어) parebhyo (타인에게) deśayet(보여주고) samprakāśayed(세밀하게 설명해 준다면) (구)於此經中, 乃至受持 四句偈等, 爲他人說 (현)於此法門 乃至四句伽他 受持讀誦 究竟通利 及廣爲他宣說 開示如理作意"에서 수지는 자신이 '究竟通利'하여 알고 가르쳐주는 이므로 자신이 대승의 보살마하살이나 아라한이 되어야 한다. ; 『金剛般若波羅蜜經』(T08, p.750), "若樂小法者, 著我見人見衆生見壽者見, 則於此經, 不能聽受讀誦爲人解說." ※(樂小法者 Hīnā dhimuktika) ; 『金剛經解義』卷2(X24, p.527), "何以故, 須菩提, 若樂小法者, 著我見人見衆生見壽者見, 則於此經, 不能聽受讀誦, 爲人解說. 何名樂小法者, 爲二乘聲聞人, 樂小果不發大心. 故卽於如來深法, 不能受持讀誦, 爲人解說." ; 『金剛經註』卷2(X24, p.553), "何名樂小法者 爲二乘聲聞人 樂小果不發大心 故卽於如來深法 不能受持讀誦菩人解說."

12. 경전을 바르게 설하는 것이 여래[117)]

반야의 지혜에 의하여 부처가 출생하는 것을 강조하고 있다. 그래서 올바른 가르침[正教]이라고 하고 이 경(經)의 뜻을 정확하게 깨달아 알고 설하면 여래가 있는 곳이라고 하고 있다. 그리고 다시 이 경(經)의 뜻을 불법에 맞게 깨달아 알고 설하는 사람을 부처님의 제자라고 여래와 동등하게 대우하고 있다.

> 또 다시 수보리여, 수행자가 이 '경'의 뜻을 정확하게 알고 진여의 지혜로 설하거나 사구게 등으로 설하는 곳은 일체세간의 어디일지라도 천상의 사람이나 일반 사람과 아수라가 모두가 신성하게 여기고 공양하는 불탑이나 종묘를 모신 곳이 된다는 것을 잘 알아야 한다. 그런데 하물며 어느 사람이 이 경전을 자신이 정확하게 알고 완전히 수지하여 독송하면 어떻겠는가?[118)] 수보리여, 마땅히 이 사람은 최상의 희유한 불법을 깨달아 성취하게 된다는 사실을 잘 알아야 한다.[119)] 그러므로 만약에 이 경전을 정확하게 알고 수지 독송하고 사람들에게

117) 『金剛經註』卷2(X24, p.547), "是經所在, 天龍敬事, 故受之以 尊重正教分." ; 『銷釋金剛經科儀會要註解』卷4(X24, p.698), "此分經文, 名尊重正教分. 以般若是諸佛母, 能出生佛果菩提. 一切諸法, 但能持誦 四句之偈, 乃感天人 尊重供養. 故云. 尊重正教也." ; 『金剛經正解』卷1(X25, p.613), "正教卽無爲法, 以此爲教, 是爲正教. 佛以菩提法立教, 皆是盡性 至命之理, 正大無邪之論, 人能尊崇 而敬重之. 明心見性 了悟眞空, 爲受持正教, 天人皆生敬重."

118) 『金剛仙論』卷5(T25, p.830), "何況有人 盡能受持讀誦此經者, 隨凡夫聖人但能受持 演說此經. 若與供養者, 當知是人 成就最上 第一希有功德." ; 『金剛經解義』卷2(X24, p.524), "自心誦得此經, 自心解得經義, 自心體得無著 無相之理, 所在之處, 常修佛行. 念念心無有間歇, 卽自心是佛. 故言所在之處, 則爲有佛."

119) 『金剛經註解』卷2(X24, p.782), "李文會曰. 成就者, 見性無疑也. 最上第一希有之法者, 佛與衆生 本無差別 若能心常清淨, 不生不滅. 無諸妄念, 便可立地成佛." ; 이 사람은 희유한 불법을 깨달아 부처님과 같은 성불한 경지를 체득한 최상승의 사람을 말한다.

바르게 설하는 곳은 곧바로 부처님이 계신 곳[120]이고 진여의 지혜로 설하는 뛰어난 제자들이 있는 곳[121]이다.[122]

이 경전이나 사구게를 수지 독송한다고 하는 것은 이 경전의 뜻을 진여의 지혜로 정확하게 알아야 한다. 그러므로 삼승이 아닌 범부들이 오래 독송만 하는 것은 만뜨라 요가수행과 같은 것이 되어 많은 세월을 낭비할 수 있고 신앙심만 늘어나게 된다. 신앙과 종교는 분명하게 다른 것인데도 신앙의 단체를 만드는 번역을 하면 구경에는 기어의 죄를 범하게 된다.

이 단에서 시공간을 초월하는 것은 이 경전을 정확하게 수지하여 알고 독송하고 진여의 지혜로 설하거나 아니면 사구게 등으로 설하여 사람들을 제도하는 곳이 바로 천인이나 아수라가 신성하게 여기는 불탑이나 종묘사직과 같은 곳(sa pṛthivī-pradeśaś(설하는 곳) caityabhūto(탑묘가 있는 곳) bhavet(되다) sa-deva(데바신)-mānuṣa(인간)-asurasya(아수라) lokasya(세계))이라고 하는 것이다. 그러므로 이 경전을 수지 독송하여 설할 수 있는 사람은 희유한 것이고 타인을 위해 설하고 제도한다면 부처나 '불제자'가 대승과 최상승으로 있는 곳이라고 하고 있다. 이 단에서 '불제자'는 아라한이고 시공을 초월한 대승이며 여래는 최상승이다.

구경(究竟)에는 정교(正敎)라고 하는 것은 대승이나 무위법

---

120) 범어 "śāstā viharaty(스승이 계신 곳, (구)則爲有佛 (현)大師所住)"

121) 범어 "anyatara-anyataro vā vijñaguru-sthānīyaḥ(지혜 있는 구루들이 있는 곳, (구)若尊重弟子 (현)或隨一一尊重處所 若諸有智同梵行者)"

122) 『金剛般若波羅蜜經』(T08, p.750), "復次須菩提, 隨說是經, 乃至四句偈等, 當知此處, 一切世間 天人阿修羅, 皆應供養, 如佛塔廟. 何況有人 盡能受持讀誦. 須菩提, 當知是人 成就最上 第一希有之法. 若是經典 所在之處, 則爲有佛, 若尊重弟子."

도 불법(佛法)의 바른 가르침을 벗어나서는 불가능하다고 하는 것이다. 육바라밀을 행할지라도 불법(佛法)을 벗어나면 정각과는 멀어지고 정각과 멀어지면 사도(邪道)가 되는 것이다. 그러므로 여래가 되려고 하면 불법(佛法)의 바른 가르침을 벗어나 수행한다고 하는 것은 있을 수 없다는 것을 강조하기에 정교(正教)를 존중한다고 이 단의 제목을 설정한 것일 것이다.

말법의 시대에는 부처나 여래라는 이름도 들을 수가 없다고 했던 선인들의 말이 뇌리를 스쳐지나가는 것이 과연 우연일까 하는 생각이 든다. 지금도 부처나 여래가 정확하게 무슨 뜻인지 모르는 사람들이 많은데 앞으로 오는 세월은 너무나 자명한 것이다. 여기에 자신의 명예와 이익만이 존재한다고 하면 이렇게 발달된 전쟁의 무기들 속에서 모두에게 종말을 고하는 것이 아니겠는가? 왜 인생을 살아가야 하는지도 모르기에 모두를 경쟁으로 몰아넣어 왜 경쟁을 해야 하는지도 모르며 죽어가야 하는 인생이 된다면 벌이 누구를 위하여 꿀을 모으는지 모르고 모으는 것과 무엇이 다르겠는가? 경쟁이 아닌 화합으로 발전된 성숙한 국민들이 되어 정치가 아닌 인정이 가득한 행복한 세상이 되려면 근본적으로 바른 가르침의 가치관이 있어야 하는 것이다. 정의와 공정이나 자유와 평화, 민주주의라는 말의 속뜻을 바르게 알아야 한다. 자유라는 말이 각자 자신만의 자유라는 말이 된다면 여러 모순이 된다. 어린아이가 마음대로 하는 것을 자유라고 하는 것과 최고의 자리에 있는 이가 마음대로 하는 것은 여러 가지의 부작용을 암시하고 있기 때문이다. 그러므로 바른 가르침이 반드시 필요한 것이다.

13. 금강반야바라밀을 수지하고 계승[123]

이 단은 불법을 수지(受持, 奉持)하는 것에 대하여 설하면서 이 경(經)의 제목을 설하고 있다. 이 경(經)의 제목인 '금강반야바라밀경'을 해석하면 '금강'은 앞에서 설명하였듯이 반야를 수식하는 것으로 진여이고 반야는 공(空)의 지혜를 말한다. '바라밀'은 번뇌 망념의 고해를 벗어나는 것이고 경(經)은 올바른 법을 설명하고 있다. 이것을 요약하면 "진여의 지혜로 육도윤회를 벗어나는 올바른 방법"을 설한 경전이라는 뜻이다. 그러므로 이 경전의 제목이 불법(佛法)을 수지하는 것이라고 이 단의 제목을 붙인 소명태자도 이런 생각이었을 것이다.

그때에 수보리가 부처님에게 말씀드렸다. 세존이시여, 이 경전의 이름을 무엇이라고 하고 우리들이 어떻게 봉지하여야 하겠습니까? 부처님이 수보리에게 말했다. 이 '경'의 이름은 금강반야바라밀경 이라고 하는 것[124]이니 그대들은 마땅히 봉지하여 실천해야 한다. 왜냐하면 수보리여, 부처님이 설한 '반야바

123) 『金剛經註』卷2(X24, p.547). ; 『銷釋金剛經科儀會要註解』卷4(X24, p.699). ; 『金剛經註解』卷2(X24, p.782).

124) 범본의 "prajñāpāramitā nāma-ayaṃ"를 '반야바라밀'이라고 이름 한다는 것인데 반야로 피안에 도달하는 것이므로 자신이 진여의 지혜로 육도윤회의 고해를 벗어나는 '경'이다. ; 『金剛般若經依天親菩薩論贊略釋秦本義記』卷上(T85, pp.117~118), "佛告須菩提是經名爲金剛般若波羅蜜以是名字汝當奉持, 第二答也. 金剛者喻也, 卽堅利寶, 般若者法也, 卽無分別智. 波羅蜜者名到彼岸, 顯此眞智極究竟故, 以是名字汝當奉持者, 以猶用也. 是由此也. 用此能詮之名詮彼所詮之理, 理爲義持名爲文, 持文義恭受總名爲奉持. 經, 所以者何 第三徵也. 徵經名義是何意也." ; 『金剛經註解』卷2(X24, p.782), "言金剛者, 堅利之物, 故借金爲喻. 般若者, 智慧也. 爲教衆生用智慧力, 照破諸法無不是空, 猶如金剛觸物卽碎, 故名般若也. 波羅蜜者, 到彼岸也. 心若清淨, 一切妄念不生, 能度生死苦海. 汝當奉持者, 只是奉持自心, 行住坐臥, 勿令分別人我是非也."

라밀'은 곧바로 진여의 지혜로 고해를 벗어난다는 생각을 하지 않고 실천해야 하는 '즉비반야바라밀'이기에 '반야바라밀'이라고 말한다.125) 수보리여, 여래가 목적을 가지고 집착하여 불법을 설한 적이 있느냐? 수보리가 부처님에게 말씀드렸다. 세존이시여, 여래께서 목적을 가지고 집착하여 설한 법이 한 번도 없습니다.126) 수보리여, 삼천대천세계에 있는 미진의 먼지와 같은 번뇌를 많다고 생각할 수 있느냐? 수보리가 대답했다. 세존이시여, 매우 많습니다. 수보리여, 모든 미진을 여래는 미진이라는 마음을 가지지 않고 미진번뇌의 본성이 청정한 '공'이라고 알기 때문에 미진이라고 하는 것이다. 여래가 설하는 세계는 중생의 망념이 다하여 없어진 세계를 '비세계'라고 하는 것이며 이것을 세계라고 말씀하시는 것은 번뇌 망념이 없다는 생각도 하지 않는 것을 세계라고 하는 것127)이기 때문입니다.

---

125) 『金剛能斷般若波羅蜜經』(T08, p.768), "若如是, 善實, 智慧彼岸到. 如來說, 彼如是非彼岸到. 彼故, 說名智慧彼岸到者." ; 『金剛般若經贊述』卷1(T33, p.139), "則非般若波羅蜜者 非一佛獨陳也." ; 『金剛般若經依天親菩薩論贊略釋秦本義記』卷上(T85, p.118), "經, 須菩提 佛說般若波羅蜜 卽非般若波羅蜜 第四釋也. 言佛說般若波羅蜜者, 謂觀照等眞實慧也. 卽非般若波羅蜜者, 謂非二乘等相似慧也." ; 『金剛經註』(X24, p.399), "此慧所照, 法無不空, 則非般若卽慧空也." ; 『金剛經註解』卷2(X24, p.783), "佛說般若波羅蜜者, 實相般若之堅, 觀照般若之利, 截煩惱源, 達涅槃岸. 卽非般若波羅蜜者, 既知法體元空, 本無妄念. 若無諸罣礙, 湛然清淨, 自在逍遙, 是名卽非般若波羅蜜也." ; '卽非'에 대한 설명은 논에 하였고 대승으로 번역해야 함.

126) 『金剛經註解』卷2(X24, p.783), "本心元淨, 諸法元空, 更有何法可說. 二乘之人執著人法是有, 卽有所說. 菩薩了悟人法皆空, 卽無所說. 是故經云, 若有人言如來有所說法, 卽爲謗佛." ; 『銷釋金剛經科儀會要註解』卷4(X24, p.700), "佛雖有說, 隨順俗諦, 故有是說. 若約眞諦, 實無所說, 是名眞說, 故云, 無所說也. 故下經云. 若有人言如來有所說法, 卽爲謗佛是也."

127) 『金剛般若經贊述』卷1(T33, p.139), "說世界者 謂以世界 喻財物施. 非世界是貪等因. 財施爲貪因但借世界爲喻故." ; 『金剛經解義』卷2(X24, p.524), "性中無塵勞, 卽是佛世界. 心中有塵勞, 卽是衆生世界. 了諸妄念空寂, 故云非世界. 證得如來法身, 普見塵刹, 應用無方, 是名世界." ; 『金剛經註解』卷2(X24, p.784), "非世界是名世界者. 若無妄念, 卽佛世界. 有妄念, 卽衆生世界. 前念清淨, 卽非世界. 後念不住清淨, 是名世界." ; 『金剛經註解鐵鋑錎』卷1(X24, p.857), "如來又說世界, 衆生妄念盡, 非世界. 妄念不盡, 是名世界." ; 『銷釋金剛經科儀會要註解』卷4(X24, p.700), "非微塵非世界

수보리여, 32상[128]을 구족한 사람을 보면 여래를 친견하였다고 생각할 수 있겠느냐? 세존이시여, 아닙니다. 32상으로는 여래를 친견할 수 없습니다. 왜냐하면 여래께서 말씀하시는 32상을 '비상'이라고 하신 것은 법신상을 말씀하시는 것이므로 '무상'을 32상이라고 말씀하시는 것[129]이기 때문입니다. 수보리여, 만약에 어느 선남자와 선여인이 있어서 항하사와 같은 마음으로 신명을 다하여 보시를 실천하는 사람[130]이 있다고 하고 만약에 또다시 어느 사람은 이 '경'을 정확하게 깨달아 알고 수지하며 사구게 등으로 사람들에게 정확하게 설법한다면 이런 복덕은 앞의 복덕보다도 매우 많다고 하겠다.[131]

者, 以非貪等煩惱, 塵界染因也. 是名微塵是名世界者, 乃是無記微塵世界也."

128) 『金剛般若波羅蜜經註解』(T33, p.232), "三十二相者, 應身相也. 非相者, 法身相也. 是名三十二相者, 應既卽法法全是應, 不妨說三十二相也. 言施寶之福, 縱能成佛身相, 但是應身, 不及持說功德能成法身也." ; 『金剛經註解』卷2(X24, p.785), "李文會曰. 三十二相者, 謂眼耳鼻舌身五根中, 具脩六波羅蜜, 謂布施持戒忍辱精進禪定智慧, 是也. 於意根中脩無住無爲, 是三十二相淸淨行也. 如來說三十二相, 卽是非相. 是名三十二相者, 此謂法身有名無相, 故云非相. 既悟非相, 卽見如來." ; 범본의 "na(아니다) dvātriṃśan(32가지의) mahāpuruṣa(성스러운)-lakṣaṇais(모습) Tathāgato(여래) 'rhan(아라한) samyaksambuddho(정등각) draṣṭavyaḥ(보다)."에서 32상으로 여래를 친견할 수 없다는 것을 말한다.

129) 『金剛經註解』卷2(X24, p.785), "三十二相者, 謂眼耳鼻舌身五根中, 具脩六波羅蜜, 謂布施持戒忍辱精進禪定智慧, 是也. 於意根中脩無住無爲, 是三十二相淸淨行也. 如來說三十二相, 卽是非相, 是名三十二相者, 此謂法身有名無相, 故云非相. 既悟非相, 卽見如來."

130) 『金剛經註解』卷2(X24, p.785), "譬如有人捨身命布施, 求無上菩提, 此謂住相布施也. 禪要經云. 若於外相求之, 雖經萬劫, 終不能得. 又教中經云. 若見有身可捨, 卽是不了蘊空."

131) 『金剛般若波羅蜜經』(T08, p.750), "爾時, 須菩提白佛言. 世尊, 當何名此經, 我等云何奉持. 佛告須菩提. 是經名爲, 金剛般若波羅蜜, 以是名字, 汝當奉持. 所以者何, 須菩提, 佛說般若波羅蜜, 則非般若波羅蜜(是名般若波羅蜜). 須菩提, 於意云何, 如來有所說法不. 須菩提 白佛言. 世尊, 如來無所說. 須菩提, 於意云何, 三千大千世界 所有微塵 是爲多不. 須菩提言. 甚多世尊. 須菩提, 諸微塵, 如來說非微塵, 是名微塵. 如來說世界, 非世界, 是名世界. 須菩提, 於意云何, 可以三十二相見如來不. 不也世尊. 不可以三十二相 得見如來. 何以故, 如來說三十二相, 卽是非相, 是名三十二相. 須菩提, 若有善男子善女人, 以恒河沙等 身命布施. 若復有人, 於此經中, 乃

'보시바라밀'을 행하는 것보다도 더 수승한 것은 이 경(經)의 뜻을 자기의 마음으로 정확하게 깨달아 무상의 도리를 체득하여 자기의 마음이 부처가 되는 것이다. 그리고 한발 더 나아가 이 경(經)이 있는 곳이 부처님이 있는 곳이라고 하고 있다. 그러므로 '금강반야바라밀'은 진여의 지혜로 고해를 벗어나는 것이므로 진여의 지혜로 고해를 벗어난다는 생각을 하지 않고 대승에서 최상승을 실천해야 한다. 그리고 여래가 삼천대천세계의 미진에 대하여 설한 것은 중생을 제도한다는 생각을 하지 않고 '금강반야바라밀'을 대승으로 설하기 때문이라고 하고 있다. 그리고 여래를 32상으로 보지 말고 각자 자신의 법신을 친견해야 한다고 설하고 있다. 보살로서 '보시바라밀'을 실천하더라도 몰종적의 '반야바라밀'을 행하여 아라한이 대승에서 최상승의 여래로 살아가기를 바라는 설법이다.

이 단에서 번역은 '금강반야바라밀'을 "지혜의 완성"[132]이나 "지혜로 피안에 건너간 상태"[133]라고 범어를 풀이하고 있다. 논자는 현장의 '능단금강반야바라밀경'이라는 입장에서 '능단'은 자신이 해야 하므로 "진여의 지혜로 육도윤회를 벗어나는 올바른 방법"이라고 하였다. 선학들이 피안(彼岸)에 도달한 것이라고 하는 것은 결과를 말하는 것이고, 피안에 도달하는 방법을 설한 경(經)이라고 번역한 것은 이 경(經)을 읽고 피안에 도달하기를 바라는 마음으로 한 것이다.

다시 반야를 강조하기 위하여 '금강반야바라밀경'이라는 이

至受持 四句偈等, 爲他人說, 其福甚多."

132) 이기영(1978), p.222. ; 각묵(1991), p.207. ; 성본(2012), p.147. ; 박지영(2019), p.190. ※ 출판연대별로 기록하였고 나머지 책에서는 '금강반야바라밀'을 그대로 사용함.

133) 현진(2021), p.212.

경(經)의 제목을 강조하고 있다. 반야를 금강반야가 되어야 한다고 하는 것은 지혜를 일반적인 지혜가 아닌 불법에 맞은 구체적인 지혜가 되어야 한다고 설하는 것이다. 불법에 맞는 지혜를 구족해야 깨달을 수 있고 여래가 될 수 있다. 그리고 실천법으로 '반야바라밀'을 강조하고 있는 것이다. 반야의 지혜를 구족하여 '반야바라밀'을 실천하는 것이 보살이 바른 깨달음을 얻고 대승으로 나아가는 첩경인 것이다. 이렇게 대승으로 나아가는 이들의 마음은 자신의 육신에 대한 집착을 내려놓고 더 열심히 진여의 지혜로 '육바라밀'을 실천해야 한다는 것을 말하고 있다.

14. 깨달아 일체의 상을 벗어나면 실상[134)]

이 단에서는 진여의 지혜를 실천하는 법으로 일체의 상(相)을 벗어나야 한다고 하고 있다. 공(空)으로 돈오하는 것이 진여의 지혜이고 적멸하게 되는 것이다. 앞의 내용에서 최상승으로 실천하는 방법을 자세하게 상(相)을 벗어나 '인욕바라밀'을 행하는 것을 '제일바라밀'이라고 설하고 있다.

이때에 수보리가 부처님께서 이 '경'에서 설하신 깊은 뜻을 정확하게 깨달아 알고는 너무 기뻐 울면서 부처님에게 말했다. 세존이시여, 희유한 일입니다. 부처님이 진여의 지혜로 살아가게 설해주시는 깊고 깊은 이 '경'의 뜻은 제가 지금까지 보고 들어 체득한 혜안으로는 아직까지 들어본 적이 없는 '경'입니다. 세존이시여, 만약에 어느 사람이 이 '경'의 가르침을 받고 마음으로 확신하여 마음이 청정하면 곧바로 일체상을 벗어난 실상을 바로 보게 되는 것이므로 마땅히 이 사람은 가장 희유한 공덕을 성취하게 되는 것입니다. 세존이시여, 여래께서 말씀하시는 청정한 실상이라고 하는 것은 곧바로 일체 망념을 벗어나 대상경계를 청정하게 진여의 지혜로 보는 '비상[법신상]'을 여래께서 말씀하시는 실상이라고 한 것[135)]입니다. 세존이시여, 제가 지금 이 '경'을 듣고 배워 깨달아 확신하고 수지하여 진여의 지혜로 생활하는 것은 어렵지 않습니다. 그러나

---

134) 『金剛經註』卷2(X24, p.549). ; 『金剛經註解』卷3(X24, p.785). ; 『金剛經如是經義』卷1(X25, p.690).

135) 『圓覺經夾頌集解講義』卷4(X10, p.290), "若見非相 卽見如來. 非相者, 非凡夫生死相, 非聲聞涅槃相, 非有非無相, 是名實相." ; 『銷釋金剛經科儀會要註解』卷4(X24, p.700), "卽是非相者, 是如來法身也." ; 『金剛經補註』卷1(X24, p.824), "凡所有相, 皆是虛妄, 是色身有相, 故言虛妄. 法身無相故言非相也. 若見諸相非相, 則見如來者, 言身虛妄, 卽是人空. 言非相者, 卽是法空. 若悟人法二空, 卽見自性. 盖如來者, 乃自性, 不屬去來也. 四大色身, 本由妄念而生, 去來不實"

만약에 당연히 미래에 불법을 모르는 시기에 중생들이 이런 말씀을 하시는 '경'의 뜻을 배워 깨달아 확신하고 수지하는 사람이 있으면 가장 희유한 깨달음을 체득하게 되는 것입니다. 왜냐하면 이런 사람은 '사상'없이 청정하게 생활하는 사람이기 때문입니다. 왜냐하면 이것은 여래께서 말씀하시는 '아상'은 '상'을 벗어난 '비상'이고 인상・중생상・수자상도 모두 '상'을 벗어난 '비상'이기 때문입니다.[136] 왜냐하면 일체의 모든 '상'을 벗어난 이들을 보고 모두 부처라고 하는 것[137]이기 때문입니다. 부처님께서 수보리에게 말했다. 진정으로 청정하게 진여의 지혜로 이렇게 하는 것이 맞다[如是如是]. 만약에 어느 사람이 이 '경'에서 설하는 내용을 듣고 깨달아 근심걱정으로 두려워하지 않고 놀라지 않으며 무서워하지 않게 되면 당연히 이 수행자는 진여의 지혜로 수행하는 아주 희유한 사람인 것이다. 왜냐하면 수보리여, 여래가 설한 '제일바라밀'은 '비제일바라밀'이라고 한 것을 '제일바라밀'이라고 한 것[138]이기 때문

---

136) 의역하면 "여래께서 말씀하시는 '아상'은 '오온'의 '상'을 '공'으로 보는 '상'을 말씀하시는 것이므로 인상·중생상·수자상도 모두 '공'으로 보는 '상'이기 때문입니다."라고 할 수 있다. 비상(非相)에 대한 번역을 "'상'이 아니다."라고 하면 '공'을 '석공'으로만 이해하는 것이 된다. ; 『銷釋金剛經科儀會要註解』卷5(X24, p.704), "此人無我人四相, 是人空也. 我相卽是非相, 是法空也. 離一切相, 卽名諸佛, 是空空也." ; 『金剛經會解了義』(X25, pp. 214~215), "此信心清淨的人, 四相俱無, 爲他信心清淨. 實相卽是非相, 五蘊本來空寂, 我相卽是非相."

137) 범본의 "tat kasya hetoḥ(왜냐하면) sarva(일체)-saṃjñā(상)-apagatā(벗어난, 초월하여 진여로 아는 것) hi(이기 때문에) Buddhā Bhagavantaḥ(제불 세존)."에서 번역하면 일체의 상을 벗어난 것이 여래이므로 진여의 지혜로 생활하는 것이 된다. ; 『金剛經解義』卷2(X24, p.525), "無此四相, 是名實相, 卽是佛心. 故曰離一切諸相, 則名諸佛." ; 『金剛經註解』卷3(X24, p.786), "離一切相卽名諸佛者, 此謂悟實相者更無等比, 當知是人不著二邊, 不處中道, 一切無住, 卽名爲佛. 又云離相清淨解悟三空, 契合實相, 究竟涅槃. 三空之義, 初卽人空, 次卽法空, 後卽空空. 三世如來同證此理, 故名爲佛."

138) 의역하면 "여래가 설한 진여의 지혜로 삼계를 벗어나는 것을 '제일바라밀'법문이라 하지만 곧 벗어난다는 것이 아니라 삼계가 청정하게 '아공·법공·구공'으로 되는 대승이므로 '비제일바라밀'법문이라 한 것이고 삼계를 벗어난다는 마음도 없으므로 진여의 지혜로 삼계를 벗어나는 최고의 법을 요달하였기에 최상승의 '제일바라밀'법문이라고 한다." ; 『金剛經註解』卷3(X24,

이다. 수보리여, '인욕바라밀'도 역시 인욕을 한다는 마음 없이 인욕을 하는 것을 '비인욕바라밀'이라고 한 것인데 여래께서 설하는 것은 인욕을 하게 하는 대상이 '공'이므로 '인욕바라밀'도 초월하여 아니라고 하는 것이므로 '인욕바라밀'을 실천한다는 생각도 없이 하는 것을 '인욕바라밀'이라고 하는 것이다.(是名忍辱波羅蜜)[139] 왜냐하면 수보리여, 비유하여 방편으로 말하면 지난날에 내가 가리왕에게 육신이 절단되어 죽는 고통을 당할 때[140]에 내가 '인욕바라밀'을 실천하고 있었기에 나는 '사상'이 없어 원한이 생기지 않았던 것이다. 왜냐하면 내가 사지가 마디마디 절단될 그때에 만약에 '사상'이 있었다면 성내고 원망하는 마음이 있었을 것이다. 수보리여, 또 과거의 오래전에도[過去於五百世] 인욕행을 하는 수행자인 선인[141]으로 살고 있었는데 그때에도 '사상'이 없었다. 그러므로 수보리여, 불법에 맞게 수행하고자 하는 보살은 일체의 '상'을 벗어나 '발아뇩다라삼먁삼보리심'의 원력을 세워 육진에 집착하는 마음 없는 청정한 무소주의 마음을 내야 하는 것이다. 그러므로 만약 마음에 육진경계를 집착하는 마음이 있다고 하면 곧 바로 육진경계를 '공'이라고 자각하여 집착하는 마음이 없는 마

---

p.787), "如來說第一波羅蜜者, 若悟非相, 卽達彼岸. 實相無二, 故名第一. 非第一波羅蜜者, 了悟人法俱空, 卽無生死可度, 亦無彼岸可到. 何處更有第一, 故云非第一也. 是名第一波羅蜜者, 悟一切法, 卽知諸法皆是假名."

139) 『金剛經註解』卷3(X24, p.787), "是名忍辱波羅蜜" 등에 의하여 첨가함.

140) 『金剛經註解』卷3(X24, p.788), "肇法師曰. 歌利王, 卽如來因緣中事也. 爾時菩薩得無我解, 故所以能忍也. 又曰. 五蘊身非有, 四大本來空. 將頭臨白刃, 一似斬春風. 若以諸大宗師言之. 卽是先說 有爲權敎, 後顯無爲實理. 若表法言之. <u>歌者, 卽是慧之別名. 利者, 刀也. 非謂世間之刀. 王者, 心也. 是用慧刀割截無明煩惱之身體也.</u> 應生嗔恨者, 謂色身與法身卽不同也. 當知割截之時, 卽不見有身相. 亦不見有我人衆生壽者四相. 何處更有嗔恨也. 華嚴經云. 譬如虛空, 於十方中 求不可得. 然非無虛空. 菩薩之心, 亦復如是."

141) 『佛本行集經』卷20(T03, p.745), "此仙人者, 必釋種子. 因此得名釋迦牟尼." ; 『菩薩本生鬘論』卷2(T03, p.338), "昔仙人者, 彌勒是也. 彼兔王者, 卽我身也." ; 『生經』卷1(T03, p.78), "佛告諸比丘. 爾時王者, 則吾身是. 四仙人者, 拘留秦佛, 拘那含文尼佛, 迦葉佛, 彌勒佛是也. 其梵志者, 調達是也."

음을 내야하는 것[142]이다. 그래서 부처님은 보살이 위대한 원력을 세워 진여의 지혜로 육진경계에 집착하는 마음 없이 '보시바라밀'을 실천해야 한다고 설법하는 것이다. 수보리여, 보살은 일체중생이 진여의 지혜로 생활하게끔 마땅히 이와 같이 '보시바라밀'을 실천해야 하는 것이다. 여래가 말하는 일체의 '상'은 '상'이라는 생각을 하지 않는 것을 '비상'이라 한 것이고 또 여래가 말하는 일체중생이라고 하는 것도 '즉비중생'이라는 것[143]이다. 수보리여, 여래는 진리를 설하는 사람이고, 진실을 설하는 사람이며, 진여를 설하는 사람이며, 거짓말을 하지 않는 사람이며, 다른 말을 하지 않는 사람이다. 수보리여, 여래가 일체만법을 진여의 지혜로 체득하였다고 하는 이 법은 언어문자를 벗어난 설법이므로 무실(無實, 空)이라고 설한 것이며, 지금 진여의 지혜로 생활하는 것을 설하고 있기 때문에 무허(無虛, 不空)라고 하는 것[144]이다. 수보리여, 만약에

---

142) 『金剛經疏』(T85, p.130), "經曰. 若心有住則爲非住者, 此示無住障也. 若心有住住前二境則爲非住不住菩提. 若有此心便成障也. 眞諦云. 若心有住者住三執也. 三執者, 一常見, 二斷見, 三有無見. 爲離常見故不令住法, 爲離斷見故不令住非法, 爲離有無見故卽令住中道. 前一破凡夫執分別性爲有. 次一破凡夫執依他性爲無. 後一破二乘執眞實性亦有亦無. 若不離此三執, 卽不與菩提相應故言非住也."

143) 의역하면 "여래가 말하는 일체의 '상'은 청정한 모든 '상'이라고 하는 것으로 곧바로 일체 망념을 벗어나 대상경계를 청정하게 진여의 지혜로 보는 '상'을 말하는 것이다. 또 여래가 말하는 일체중생이라고 하는 것도 곧바로 중생이라는 생각을 하지 않고 모두가 청정하게 진여의 지혜로 살아가는 (즉비중생을 말하는) 것이다." ; 『金剛般若經挾註』(T85, p.135), "一切諸相, 卽是非相(如來所說, 福德因果報應等, 一切諸相, 皆因衆生妄心起念爾, 於法性本空, 是故非相)又說. 一切衆生, 卽非衆生(若住相布施, 則見有施者受者, 今不住相, 則無我相人相, 生性空故, 卽非衆生)." ; 『銷釋金剛經科儀會要註解』卷5(X24, p.703), "一切諸相者, 卽是法境也. 卽是非相者, 顯法空也. 一切衆生者, 卽是人境也. 卽非衆生者, 顯人空也." ; 『金剛經決疑』(X25, p.65), "以如來說一切相, 皆是眞如, 說一切衆生卽是眞如. 所以前云. 若見諸相非相, 卽見如來. 故結示云諸相卽是非相, 衆生卽非衆生." ; 『金剛經音釋直解』(X25, p.174), "諸相是妄塵, 衆生是妄識, 俱無實體, 故佛說諸相非相, 衆生非生也." ; 『金剛經註正訛』(X25, p.347), "卽以如來之說證之. 一切人我諸相, 俱非眞實, 盡是空華, 故不應住. 又說一切衆生, 盡是假名, 不見佛性, 名爲衆生. 若離妄心, 見自性佛, 卽無衆生可得, 故不應住相布施."

보살이 마음속에 육진경계에 대한 집착을 가지고 보시를 하는 것을 비유하면 어느 사람이 어두운 곳에 들어가면 아무 것도 보지 못하는 것과 같다. 만약에 보살이 마음속에 육진경계에 대한 집착을 하지 않고 보시를 하는 것을 비유하여 설명하면 안목 있는 사람이 밝은 대낮에 온갖 실상의 색을 볼 수 있는 것과 같다.[145] 수보리여, 앞으로 오는 시절에 만약에 선남자와 선여인이 자신이 이 '경'을 정확하게 알고 수지하여 독송하고 타인에게 설하는 사람이 있으면 곧 여래가 되어 부처의 지혜로 모든 것을 아는 사람이며 모든 부처를 친견한 사람[146]이니 자신이 불지견을 체득한 것으로 무량하고 무변한 공덕을 모두 성취하게 되는 것이다.[147]

---

144) 『金剛般若疏』卷4(T33, p.119), "如來所得三菩提無實無虛者, 上破有見今破無見也. 明佛得三菩提無所得爲得." ; 『金剛經疏』(T85, p.123), "此法無實無虛者, 善分別相自心現, 知外性非性, 於法實無所得, 故名無實." ; 『金剛經疏』(T85, p.125), "須菩提. 如來所得, 阿耨多羅三藐三菩提, 於是中無實無虛者, 令住也. 於所得中, 離二障故, 法則無實. 不可得故, 智乃無虛." ; 『金剛經疏』(T85, p.131), "所以此法無實, 然言能示道離言不見道. 所以此法無虛言, 能示道故."

145) 『金剛經會解』卷2(X24, p.583), "日光明照者, 決定了知諸法無性也. 見種種色者, 悟一切法不生不滅也. 菩薩如是行不住施, 速成正覺得大涅槃(斷疑十)."

146) 『金剛經註解』卷3(X24, p.791), "悉知悉見是人成就功德者, 三世諸佛無不知, 見了悟之人. 故能成就無量無邊功德."

147) 『金剛般若波羅蜜經』(T08, p.750), "爾時, 須菩提 聞說是經, 深解義趣, 涕淚悲泣, 而白佛言. 希有世尊. 佛說如是 甚深經典, 我從昔來 所得慧眼, 未曾得聞 如是之經. 世尊, 若復有人 得聞是經, 信心清淨, 則生實相, 當知是人, 成就第一 希有功德. 世尊, 是實相者, 則是非相, 是故如來 說名實相. 世尊, 我今得聞 如是經典, 信解受持 不足爲難. 若當來世, 後五百歲, 其有衆生, 得聞是經, 信解受持, 是人則爲第一希有. 何以故, 此人無我相 人相 衆生相 壽者相. 所以者何, 我相卽是非相, 人相 衆生相 壽者相 卽是非相. 何以故, 離一切諸相, 則名諸佛. 佛告須菩提. 如是如是. 若復有人, 得聞是經, 不驚不怖不畏, 當知是人 甚爲希有. 何以故, 須菩提, 如來說第一波羅蜜, (卽)非第一波羅蜜, 是名第一波羅蜜. 須菩提, 忍辱波羅蜜, 如來說 非忍辱波羅蜜. 何以故, 須菩提, 如我昔爲歌利王 割截身體, 我於爾時, 無我相 無人相 無衆生相 無壽者相. 何以故, 我於往昔 節節支解時,若有我相 人相 衆生相 壽者相, 應生瞋恨. 須菩提, 又念過去於五百世 作忍辱仙人, 於爾所世, 無我相 無人相 無衆生相 無壽者相. 是故須菩提, 菩薩應離一切相, 發阿耨多羅三藐三菩提心, 不應住色生心, 不應住聲香味觸法生心, 應生無所住

이 부분에 대하여 논문148)에서 '무실무허'와 '실지실견'에 대하여 자세하게 설명하였으므로 책에서는 간략하게 하겠다. '實相'이 '非相'이라는 것도 아공(我空)과 법공(法空)이 되어 모두가 공공(空空)이 되어야 인욕을 한다는 사상(四相)이 없는 '인욕바라밀'을 행하는 것처럼 이 경(經)을 정확하게 안다는 것은 대상[지식]으로 알지 않아야 대승이 되는 것이다. 이 말 때문에 여래를 대상으로 안다고 하는 것이다. 대상으로 알지 않아야 하기 때문에 자신의 망념을 모두 요달하여 무량무변의 공덕을 성취한다고 하는 것이다. 그리고 자신의 본성을 친견하게 되므로 모든 것을 다 안다고 번역하는 것인데 대상으로 알기를 바라면 이루어질 수 없는 신앙에 떨어지게 된다.

"如來是眞語者 實語者 如語者 不誑語者 不異語者."149)의

心. 若心有住, 則爲非住. 是故佛說, 菩薩心不應住色布施. 須菩提, 菩薩爲利益 一切衆生, 應如是布施. 如來說 一切諸相, 卽是非相. 又說 一切衆生, 則非衆生. 須菩提, 如來是眞語者 實語者 如語者 不誑語者 不異語者. 須菩提, 如來所得法, 此法無實無虛. 須菩提, 若菩薩心住於法 而行布施, 如人入闇, 則無所見. 若菩薩心不住法 而行布施, 如人有目, 日光明照, 見種種色. 須菩提, 當來之世, 若有善男子 善女人, 能於此經 受持讀誦, 則爲如來以佛智慧, 悉知是人, 悉見是人, 皆得成就 無量無邊功德."

148) 서인성(2024), 「『금강경』과 선어록의 깨달음 연구」, 동국대 박사논문, pp.109~114.

149) 『金剛般若論』卷2(T25, p.763), "於中, 眞語者, 爲顯世諦相故. 實語者, 爲顯世諦修行有煩惱及淸淨相故. 於中, 實者, 此行煩惱, 此行淸淨故. 如語者, 爲第一義諦相故. 不異語者, 爲第一義諦修行 有煩惱及淸淨相故. 說此眞語等, 已於此中如言說性起執著, 爲遣此故." ; 『金剛般若經疏論纂要』卷2(T33, p.163), "眞語者, 說佛身大菩提法也, 是眞智故. 實語者, 說小乘四諦, 諦是實義. 如語者, 說大乘法有眞如 小乘無也. 不異語者, 說三世授記等事更無參差. 佛將此四語 不誑衆生, 是故秦譯 加不誑語. 二離執. ; 『金剛般若波羅蜜經註解』(T33, p.233), "眞語者, 說佛菩提也. 實語者, 說小乘法也. 如語者, 說大乘法也. 不異語者, 說授記事也. 不誑語者, 不誑衆生也." ; 『金剛般若波羅蜜經略疏』卷1(T33, p.246), "文云, 如來是眞語者, 不妄說佛菩提故. 實語者, 不妄說小乘苦諦等故. 如語者, 不妄說大乘法無我眞如故. 不異語者, 不妄說三世受記故." ; 범본에는 "Tathāgataḥ(여래는) satyavādī(實語者) tathāvādy(如語者) ananyathāvādī(不誑語者) Tathāgataḥ(여래

번역은 일반적으로 "여래는 진리를 설하는 사람이고, 진실을 설하는 사람이며, 진여를 설하는 사람이며, 거짓말을 하지 않는 사람이며, 다른 말을 하지 않는 사람이다."라고 하고 있다. 그런데 『금강반야론』에 의하여 "여래는 진실로 일체중생이 불성이 있다고 설하는 것이고, 또 여래는 실제로 육진경계가 모두 공(空)이므로 집착이 없어야 한다는 것[小乘苦諦]을 설하는 것이고, 또 여래는 일체만법이 모두 청정한 실상[大乘]이라고 설하는 것이고, 또 여래는 모든 중생이 진여의 지혜로 설하는 법문을 듣고 깨달아 해탈한다고 설하는 것이고, 또 여래는 일체만법이 모두 본래 공적하여 모두가 부처[最上乘]라고 설하는 것이다."라고 하고 있다. 왜냐하면 이 단에서 최상승의 부처는 자신이 되어야 한다는 것에 대한 개념을 "離一切諸相, 則名諸佛."이라고 명확하게 설명하고 있기 때문이다.

이 단의 중요한 내용은 이상(離相)으로 사상(四相)을 모두 벗어나야 적멸한 깨달음을 성취하게 되는 것이다. 그러므로 언어문자라는 상(相)을 벗어나야 진실한 실상이 드러나게 된다. 비유로 자신의 사지(四肢)에도 사상(四相)이 없어야 한다는 극단적인 표현을 하고 있고, 또 전생의 이야기를 하며 인욕수행자였다고 하는 것까지 한 것은 아주 근원적인 사견(四見)까지도 벗어나라고 한 비유이지 실제가 아니라는 사실을 간과(看過)하면 오히려 부작용이 더 크게 된다.

는) na vitatha-vādī(不異語者) Tathāgataḥ(여래는)"라고 하고 있다.

15. 경전을 수지 독송하면 공덕이 무량하고 무변[150]

이 경전의 법문을 듣고 신심을 일으키면 복덕이 수승하지만 이 경전을 사경(寫經)하여 다른 사람에게 주고 이 경전을 정확하게 깨달아 알고 수지하여 독송하며 타인에게 해설하면 무량한 공덕이 있다고 다음과 같이 설하고 있다.

> 수보리여, 만약에 선남자와 선여인이 오전에 항하사와 같은 마음으로 신명을 다하여 보시를 하고, 또 낮에 다시 항하사와 같은 마음으로 신명을 다하여 보시를 하고, 저녁에도 역시 항하사와 같은 마음으로 신명을 다하여 보시를 하되 무량 백 천만 억겁 동안 신명을 다하여 보시를 하는 사람이 있다[151]고 하고, 만약에 다시 어느 사람이 이 '경'의 가르침을 듣고 확신하여 불역(不逆)하는 청정한 마음이 생겨 진여의 지혜로 수행하면 그 복덕은 앞의 복덕만큼이나 수승한데 하물며 사경하여 다른 사람에게 주고 이 '경'을 정확하게 깨달아 알고 수지하여 독송하며 타인에게 해설하면 그 복덕은 무량한 것이다. 수보리여, 이 '경'을 서사하여 수지 독송하고 사람들을 위해 해설하는 공덕의 요점을 언어문자로 말하여 보면 이 '경'을 듣고 진여의 지혜로 생활하면 불가사의하고 무량하며 무변한 공덕이 있다는 것을 설한 것이다. 그러므로 여래는 대승의 수행을 하고자하는 수행자들을 위하여 이 '경'을 설한 것이고 또 최상승의 수행을 하고자하는 수행자들을 위하여 이 '경'을 설한 것이다. 만약에 어느 사람이 스스로 이 '경'을 듣고 정확하게 깨달

150) 『金剛經註』卷2(X24, p.552). ; 『銷釋金剛經科儀會要註解』卷5(X24, p.704). ; 『金剛經正解』卷1(X25, p.616).

151) 『金剛經音釋直解』(X25, p.174), "初日分者, 蚤也. 中日分者, 午也. 後日分者, 晚也. 恒沙等身布施者, 言了却相, 續塵沙妄念也. 一日三時立此萬行, 雖加三省之勤, 經塵劫之修, 若未能悟徹般若大義, 其福縱廣, 證道亦難也."

아 수지하고 진여의 지혜로 생활하며 독송하여 널리 사람들에게 해설할 수 있는 사람[152]이면 자신이 여래로서 실제로 자신의 망념(마음)을 모두 아는 사람이고 여래를 실제로 친견한 사람이기 때문에 설명할 수 없는 무량하며 무변한 불가사의한 공덕을 얻게 된다. 이와 같이 이 '경'을 듣고 정확하게 깨달아 수지하고 진여의 지혜로 생활하고 독송하며 널리 사람들에게 해설할 수 있는 대승과 최상승을 구족한 사람들은 여래가 설한 '아뇩다라삼먁삼보리'를 감당할 수 있는 능력을 가지게 되기 때문이다. 왜냐하면 수보리여, 만약에 소승의 법으로 수행하기를 좋아하는 이들은 무의식의 고정된 아견·인견·중생견·수자견에 대한 집착이 있으므로 이 '경'을 깨달아 수지하고 독송할 수 없고 사람들에게 해설하여도 알아듣게 할 수 없다.[153] 수보리여, 어디에서나 만약에 이 '경'을 듣고 정확하게

---

152) 『法華經大成』卷6(X32, p.471), "故知廣爲人說者, 必是多聞多慧人也." ; 『大寶積經論』卷1(T26, p.206), "經言以清淨心廣爲人說者, 以離慳妬嫉心故."

153) 『金剛般若波羅蜜經』(T08, p.750), "若樂小法者, 著我見人見衆生見壽者見, 則於此經, 不能聽受讀誦爲人解說." ; 玄奘奉 詔譯, 『大般若波羅蜜多經』卷577(T07, p.983), "何以故, 善現, 如是法門 非諸下劣 信解有情 所能聽聞. 非諸我見, 非諸有情見, 非諸命者見, 非諸士夫見, 非諸補特伽羅見, 非諸意生見, 非諸摩納婆見, 非諸作者見, 非諸受者見 所能聽聞. 此等若能受持讀誦, 究竟通利, 及廣爲他 宣說開示, 如理作意, 無有是處." ; 『金剛經疏』(T85, p.124), "不能聽受讀誦 爲人解說者, 謂二乘人, 則此經不能聽受, 及自讀誦. 三昧樂不樂言說故. 小乘者, 縱聞此經, 亦不得成佛, 得成佛敬一切皆應供養無擧." ; 이기영(1978), p.260. ; 각묵(1991), p.270. ; 범본에는 "tat kasya hetoḥ(왜냐하면) na hi śakyaṃ(참으로 해설하여도 알아듣지 못하게 되는 것) Subhūte(수보리여) 'yaṃ dharmaparyāyo(이 법문은) hīna-adhimuktikaiḥ sattvaiḥ ((구)樂小法者 (현)如是法門 非諸下劣信解, 낮은 확신[소승법이나 소법으로 의역함]으로 수행하는 중생들은, 이기영(1978), p.260.에는 '신해가 뒤떨어진 사람들은'이라고 번역하고 있다.) śrotuṃ(알아들을) na-ātma-dṛṣṭikair(아견이 있는 자) na sattvadṛṣṭikair(중생견이 있는 자) na jīva-dṛṣṭikair(수자견이 있는 자) na pudgala-dṛṣṭikaiḥ(인견이 있는 자들은). na-abodhisattva-pratijñaiḥ sattvaiḥ śakyam(대승보살의 원력을 세우지 않은 중생들은 할 수 없다) ayaṃ dharm a-paryāyaḥ(이 법문을) śrotuṃ vodgrahītuṃ vā(듣고 배워서) dhārayituṃ vā(수지) vācayituṃ vā(독송하고) paryavāptuṃ vā(이해할 수가). : ((구)不能聽受讀誦 爲人解說 (현)所能聽聞. 此等若能受持讀誦, 究竟

깨달아 수지하고 진여의 지혜로 생활하며 독송하여 널리 사람들에게 해설하는 그곳은 세간의 모든 천인이나 일반사람이나 아수라들이 공양을 올려도 되는 곳이다. 마땅히 이곳은 탑이 세워진 것이므로 모두가 공경할 수 있는 곳이고 예배를 하고 모든 꽃이나 향으로 그곳을 장식해도 되는 곳이다.154)

이 경전을 누구에게 설한 것이라는 것을 정확하게 하고 있는 부분이다. 즉 여래는 대승의 수행자나 최상승의 수행자를 위하여 이 경전을 설법하고 있다. 그리고 소승의 수행자는 사견(아견・인견・중생견・수자견, 무의식의 고정된 견해)에 대한 집착이 남아 있으므로 이 경(經)의 내용을 알아듣고 독송을 할 수 없다는 것이다. 또 만약에 소승의 수행자가 글자를 알고 설명을 한다고 하여도 이것을 듣고 보는 사람들이 알아듣지 못하게 된다고 경전에 기록하고 있다. 왜 소승의 수행자라고 하였는가하면 이 경(經)을 대승이나 최상승을 위하여 설하였다고 하고 있기 때문이다. 소승의 수행자는 무의식의 고정된 사

通利, 及廣爲他 宣說開示, 如理作意.) nedaṃ sthānaṃ vidyate(현無有是處, 이런 일은 있을 수 없다)."라고 하고 있다. 구마라집은 불능(不能)이라고 간결하게 번역하였지만 현장은 무유시처(無有是處)라고 번역하였다. 그리고 여기에서 saṃjñā를 상(相, 지식)이라고 하고 dṛṣṭi를 견(見, 무의식의 견)으로 번역하였다. 왜 무의식의 견이라고 하였는가하면 삼승이 가진 고정관념의 '견'이므로 '사상'에서 섬세하게 '사견'으로 한 것이라고 본다.

154) 『金剛般若波羅蜜經』(T08, p.750), "須菩提, 若有善男子善女人, 初日分 以恒河沙 等身布施, 中日分 復以恒河沙 等身布施, 後日分 亦以恒河沙 等身布施, 如是無量 百千萬億劫 以身布施. 若復有人, 聞此經典, 信心不逆, 其福勝彼, 何況書寫 受持讀誦 爲人解說. 須菩提, 以要言之, 是經有不可思議 不可稱量 無邊功德. 如來爲發大乘者說, 爲發最上乘者說. 若有人能 受持讀誦, 廣爲人說, 如來悉知是人, 悉見是人, 皆得成就不可量 不可稱 無有邊 不可思議功德. 如是人等, 則爲荷擔 如來阿耨多羅三藐三菩提. 何以故, 須菩提, 若樂小法者, 著我見 人見 衆生見 壽者見, 則於此經, 不能聽受讀誦 爲人解說. 須菩提, 在在處處, 若有此經, 一切世間天人阿修羅 所應供養. 當知此處, 則爲是塔, 皆應恭敬, 作禮圍繞, 以諸華香而散其處."

견(四見)이 있으므로 이 경(經)의 설명을 들어도 수지할 수 없고 성불할 수 없어서 공양할 근거를 모르는 것이다. 이것의 주안점은 사견(四見)에 있는데 무사상(無四相)이 되면 모든 것이 해결되는 것이다. 대승의 수행자는 '육바라밀'을 초월하여 실천하는 것이므로 사상(四相)이 없는 것이고 최상승은 몰종적의 여래로 살아가는 것을 말하는 것이다. 그래서 '실지실견'의 번역을 대승이나 최상승으로 하면 자신이 여래가 되는 것이므로 여래가 모두를 알고 여래가 본다고 번역하게 된다. 그러나 자신이 여래가 되지 않으면 소승으로 대상의 여래가 다 알고 다 보는 것으로 번역하게 된다. 그리고 세존은 대승이나 최상승의 수행자가 수지 독송하여 설법하는 곳이 불탑이 건립되는 것이고 공양을 하는 것이라고 설법하고 있다. 이것은 그 당시에도 소승의 수행자가 많았다는 것을 반증하는 것이 된다.

소승의 사견(四見)을 버려야 대승으로 나아가는 것으로 사지(四肢)나 전생(前生)이라는 고정관념에서 벗어나야 한다. 그리고 이 경(經)을 정확하게 대승으로 수지하여야 모두가 공경하는 것이 된다고 강조하고 있다. 소승을 혐오한다고 할 정도로 대승이나 최상승을 중요시한다고 설하는 것은 모두가 이 경(經)에서 어떻게 수행하여야 한다는 가치관을 고정시킨 것이 된다. 그러므로 모든 수행자들은 이것을 벗어나 수행하면 사도(邪道)나 소승(小乘)이 된다.

16. 마음이 청정하면 업장은 저절로 청정[155)]

이 단에서는 대승이나 최상승의 수행자가 이 경(經)을 익혀 진여의 지혜로 생활하며 설법을 하면 여래가 되는 것이지만 만약에 천대와 멸시를 받고 업신여김을 당하는 것에 대하여 설명하고 있다. 여래가 되면 불탑을 건립하는 것이고 모든 이의 공양을 받게 될 것인데 멸시와 천대를 당하는 것은 부당한 일이다. 그러나 그 당시에도 이런 설법을 한 것은 이 경(經)이 대승이나 최상승의 수행자가 아니면 받아들이기 어렵다고 간접적으로 설명하고 있는 것이다. 그래서 이전의 숙업 때문에 멸시를 받는다고 다음과 같이 설하고 있다.

또 다시 수보리여, 선남자와 선여인이 이 '경'을 듣고 정확하게 깨달아 수지하여 진여의 지혜로 생활하고 독송하며 널리 사람들에게 해설하는 사람이 만약에 사람들에게 업신여김[輕賤]을 당하는 것은, 이 사람이 진여의 지혜로 수행하기 이전에 죄업을 지었기 때문에 응당 삼악도에 떨어져 고통을 받을 것[156)]이지만, 지금 사람들에게 업신여김을 당하여도 '인욕바라밀'을 실천하기 때문에 이전의 죄업이 바로 소멸되고 마땅히 '아뇩다라삼먁삼보리'를 체득하게 되는 것이다. 수보리여, 내가 생각하여 보니 과거에 무량아승지겁[157)]과 같이 어두운 세월을

155) 『金剛經註』卷2(X24, p.553). ; 『金剛經補註』卷2(X24, p.836). ; 『金剛經正解』卷1(X25, p.617).

156) 『金剛經注解』(X25, p.744), "輕賤, 謂疾病貧窮諸衰相, 爲人所憎惡也. 惡道, 地獄餓鬼畜生也."

157) 『金剛經采微』卷2(X24, p.622), "我念過去等者, 此顯示威力故. 卽是福聚威力, 以彼所有福聚. 遠絕高勝故. 應知過阿僧祇者 更過前故. 不空過者, 常不離供養故, 阿僧祇. 此云無數劫. 具云劫波. 此云分別時節. 那由他者, 十億爲洛叉, 十洛叉爲俱胝, 十俱胝爲那由他." ; 『金剛經石注』(X25, p.598), "佛言. 我於無量無央數劫, 在然燈佛已前. 得遇八百萬億那由他諸佛出世, 盡

수행하면서 연등불이라는 청정한 진여의 지혜를 깨닫기 이전에도 항상 나태하지 않고 불법을 위배하지 않으면서 팔백사천만억 나유타의 모든 부처님들에게 모두 공양을 하고 잠시도 헛되이 시간을 보내지 않았다. 만약에 다시 어느 사람이 내가 입적하고 난 이후에 불법을 모르고 지식으로 사는 세상이 되었을 때[158]에 자신이 능히 이 '경'을 듣고 정확하게 깨달아 수지하여 진여의 지혜로 생활하고 독송하며 널리 사람들에게 해설하는 사람이 얻는 공덕은 내가 과거에 제불에게 공양한 공덕보다 백배보다 더 많고 천만 억 배보다 더 많아 어떠한 산수로도 헤아릴 수 없는 것이다. 수보리여, 만약에 선남자와 선여인이 이후 말세에 자신이 능히 이 '경'을 듣고 정확하게 깨달아 수지하여 진여의 지혜로 생활하고 독송하며 널리 사람들에게 해설하는 사람이 얻는 공덕을 내가 완전하게 모두 자세히 설명하는 것을 듣게 되면 근기가 아둔한 사람은 마음이 경솔하거나 혼란스러워하며 의심하고 믿지 않을 것[159]이다. 수보리여, 마땅히 이 '경'의 뜻을 알고 생활하는 것도 불가사의하지만 이 '경'의 과보[공덕]도 역시 불가사의하다는 것[160]을 잘 알

皆供奉, 而不敢怠. 承順而不敢違. 無有空過 一處而不供承之者, 是我歷事諸佛之多如此. 後有末世持經之人, 見自本性, 永離輪迴. 以是功德, 較量我供佛之功德, 雖百分, 百千萬億分, 乃至算數之多. 譬喻之廣, 皆不及持經功德之一分也."

158) 『金剛經音釋直解』(X25, p.175), "末世者, 末法之世也. 此經中功德, 佛不一一具說者, 道大難信, 恐人生疑, 起謗經之罪, 故不盡說也."; 『金剛經宗通』卷4(X25, p.25), "於後末世, 正法將滅之時."; '후말세'나 '정법이 쇠퇴할 때'라고 하는 것을 '불법을 모르고 지식으로 사는 세상'으로 부처라는 말도 사라지는 것을 말한다.

159) 『金剛經如是解』(X25, p.197), "具盡也. 我若盡說其功德. 人則狂亂狐疑不信. 以其極大, 不免驚怪. 無上醍醐, 翻成毒藥. 不可思議者, 心無所住, 豈容思, 無法可說, 豈容議. 思議有盡境, 不可思議, 無盡境也."; 『金剛經註講』卷1(X25, p.721), "或有人聞, 或有鈍根之人, 聞之起驚怖畏懼之心. 心卽狂亂, 狂焉而無定持, 乱焉而無定見. 狐疑不信, 展轉如狐之疑惑不信受, 盖不知此經 之妙故也. 具者盡也. 狐是獸名, 野犴其性多疑. 果者功有所成. 報者理有所驗. 非今生後世果報之說."

160) 의역하면 "이 '경'의 뜻을 올바르게 알고 깨달아 진여의 지혜로 생활하는 것도 불가사의하지만 이 '경'을 듣고 정확하게 깨달아 수지하고 진여의 지혜로 생활하며 독송하여 널리 사람들에게 해설하는 사람이 얻는 공덕도

아야 한다.161)

이전의 죄업으로 삼악도에 떨어져 고통을 받을 것이지만 지금 멸시(蔑視)와 수모(受侮)를 받아도 '인욕바라밀'을 실천하는 보살이기 때문에 죄업이 청정하게 되고 진여의 지혜로 살아가게 된다고 설하고 있다. 이것을 전생이나 다생의 숙업162)에 의하여 이생에 고통을 받는다고 번역하는 것은 '반야바라밀'의 뜻을 소승으로 번역한 것이다. 즉 '금강반야바라밀'을 대승이나 최상승이라고 한 것은 온갖 고해를 모두 벗어날 수 있기 때문이다. 여기에서도 대승이나 최상승으로 사람을 구분한 것은 탐진치를 벗어나서 수행하기 어려워 사상(四相)을 벗어나야 대승보살이 되고 여래가 된다고 한 것이다. 숙업과 형상이나 음성으로 사람을 차별하지 않고 진여의 지혜로 '바라밀'을 실천하면 공덕이 불가사의 하다고 설하고 있다. 즉 지금 바로 무사상(無四相)으로 '인욕바라밀'을 실천하기에 가리왕이 '할절신

역시 불가사의한 것이다." ; 『金剛經註』(X24, p.401), "須菩提, 當知是經義不可思議. 萬行淵深, 義能難測. 果報亦不可思議. 菩提妙果, 豈有心之所議." ; 『金剛經解義』卷2(X24, p.527), "是經義者, 卽無著無相行也. 云不可思議者, 讚歎無著無相行, 能成就阿耨多羅三藐三菩提." ; 『金剛經筆記』(X25, p.127), "當知是經義不可思議者, 如來爲發大乘人說, 爲發最上佛乘人說故. 果報亦不可思議者, 當得阿耨多羅三藐三菩提故."

161) 『金剛般若波羅蜜經』(T08, pp.750~751), "復次, 須菩提, 善男子 善女人, 受持讀誦此經, 若爲人輕賤, 是人先世罪業, 應墮惡道, 以今世人輕賤故, 先世罪業 則爲消滅, 當得阿耨多羅三藐三菩提. 須菩提, 我念過去 無量阿僧祇劫, 於然燈佛前, 得值八百四千萬億 那由他諸佛, 悉皆供養承事, 無空過者. 若復有人, 於後末世, 能受持讀誦此經, 所得功德, 於我所供養 諸佛功德, 百分不及一, 千萬億分 乃至算數譬喩 所不能及. 須菩提, 若善男子 善女人, 於後末世, 有受持讀誦此經, 所得功德, 我若具說者, 或有人聞, 心則狂亂, 狐疑不信. 須菩提. 當知是經義 不可思議, 果報亦不可思議."

162) 범본의 "paurva(이전에) janmikāny(생긴 일) aśubhāni(나쁜) karmāṇi(업)"를 한글로 '전생의 악업'이라고 번역하고 있고 한자로는 '先世罪業'이라고 하고 있다.

체'하여도 원한의 마음이 없게 되는 것이다. 그런데 전생에 의하여 이생에 고통을 받고 이생에 의하여 다음 생에 고통이나 복을 받는다고 하는 것은 숙채[163]사상을 초래하는 소승의 번역이 된다. 이 부분의 번역은 '반야바라밀'의 이해를 어떻게 하느냐하는 대승과 공(空)의 문제이므로 해야 한다는 생각도 하지 않고 실천하는 것을 말하다. 사족으로 원효가 말한 대승의 비유를 들어보면 오어사에서 혜공과 물고기를 먹고 살아있는 물고기를 만들어내느냐 죽은 물고기를 만들어내느냐는 문제이다. 고기를 먹는다는 것은 고기라는 중생을 제도하되 소승으로 만들어내느냐 대승으로 만들어내느냐를 말한 것이 본질인데 육식이라는 신통으로 설화를 만들어 많은 사람들을 미혹하게 한 것이 과연 올바른 교화의 방편이겠는가? 진실을 매도하여 변죽만 울리는 것은 무슨 이유일까? 진실에 조금만이라도 접근하게 한다면 지금 아니면 다음 생에라도 할 수 있겠지하는 자신도 해보지 못한 것을 타인에게 강요하는 것은 무슨 마음일까? 항상 진실을 바로 보는 안목이 필요한 것이다. 올바른 안목을 가지지 못하면서 막무가내로 말을 하면 구업을 짓는다는 것을 불자들은 잘 아는 내용이다. 그러므로 사도(邪道)들의 말은 귀 기울여 들을 필요가 없는 것이 된다.

과보를 받지 않는다고 하면 도덕적 해이로 인하여 무법천지가 될 수도 있는 문제이기에 숙채사상과 과보를 중요시하는 것이지만 여기에서는 소승을 벗어나 대승 이상이기에 "착한일도 하지 말라"는 의미를 이해하고도 남을 사람들이기에 '바라밀'만 행하면 모든 문제가 해결되는 것이다.

---

163) 『祖堂集』卷17(B25, p.626), "了卽業障本來空, 未了應須償宿債."

17. 구경에는 무사상(無四相)[164]

『금강경』에서 설하는 내용이 모두 무아상(無我相)으로 귀결된다고 하는 단이다. 2단에서도 부처로 살아가고자하는 원력을 세운보살이 진여의 지혜로 대승으로 살아가면서 생멸하는 마음을 어떻게 가져야 하는지를 '운하항복기심'이라고 물으니 진여의 지혜로 살아가야 한다고 하며 구경에는 무사상(無四相)이라고 하였듯이 여기에서도 다시 다음과 같이 설하고 있다.

> 이때에 수보리가 부처님에게 물었다. 세존이시여, 선남자와 선여인이 '발아뇩다라삼먁삼보리심'의 원력을 세운 보살로서 어떠한 사상을 가져야 하며 어떻게 그 마음을 굴복시켜야 합니까? 부처님이 수보리에게 말했다. 선남자와 선여인이 '발아뇩다라삼먁삼보리심'의 원력을 세운 보살이라면 마땅히 진여의 지혜로 살아가려는 마음을 다음과 같이 가져야 한다. 즉 내가 일체중생을 제도하여 열반적정의 경지에 들게 하였다고 하여도 실제로 내가 제도한 중생이 하나도 없다고 아는 몰종적의 마음이어야 한다.[165] 왜냐하면 수보리여, 만약에 원력을 세운 보살이 '사상'이 있다고 하면 보살이 아니기 때문이다. 어찌하여 그런가 하면 수보리여, 진실로 대승보살은 '무법'으로 '아뇩다라삼먁삼보리'의 원력을 세운보살이기 때문이다.[166] 수보리여,

164) 『金剛經註』卷2(X24, p.554). ; 『銷釋金剛經科儀會要註解』卷5(X24, p.708). ; 『金剛經註解』卷3(X24, p.796).

165) 『金剛般若經贊述』卷2(T33, p.144), "世親云此釋障不住道義也. 謂以無分別智 內證之時, 我法本空 都無所有. 不作我能 發心之念, 故言無有 有法發心之者也." ; 『銷釋金剛經科儀會要註解』卷5(X24, p.709), "而無有一衆生實滅度者, 卽常心也. 既具常心, 自無四相. 卽不顚倒心也. 何以故者佛自徵問, 以何意故 菩薩無有衆生可度者, 以離四相故也." ; 『金剛經註』卷2(X24, pp.554~555), "有法者 我人等四法是也. 不除四法 終不得菩提. 若言我發菩提心者亦是人我等法 人我等法是煩惱根本." ; 대승을 설함.

166) 『金剛經略疏』(X25, p.162), "菩薩所以無四相者何, 以體本空寂, 實無菩

여래가 연등불이 계신 곳에서 '아뇩다라삼먁삼보리'의 법을 얻은 것이 있는가? 세존이시여, 없습니다. 제가 부처님께서 지금까지 설하신 법문을 듣고 깨달아 아는 소견으로는 부처님께서 연등불이 계신 곳에서 '아뇩다라삼먁삼보리'의 법을 얻은 것이 없습니다. 부처님이 말했다. 맞다. 이와 같다. 수보리여, 여래는 진실로 '아뇩다라삼먁삼보리'의 법을 얻은 것이 없다. 수보리여, 만약에 여래가 '아뇩다라삼먁삼보리'의 법을 얻었다는 생각을 가진 적이 조금이라도 있다면 연등불이 나에게 그대는 앞으로 석가모니라는 부처가 될 것이라는 수기를 하지 않았을 것이다. 진실로 여래가 '아뇩다라삼먁삼보리'의 법을 얻은 것이 없기 때문에 연등불이 나에게 그대는 앞으로 석가모니라는 부처가 될 것이라고 수기한 것이다. 왜냐하면 여래가 체득한 법이라는 것은 제법을 올바르게 자각하여 진여의 지혜로 생활하는 것이기 때문이다.[167] 만약 어느 사람은 이것을 가지고 여래는 '아뇩다라삼먁삼보리'를 얻었다고 말한다. 하지만 수보리여, 진실로 부처는 '아뇩다라삼먁삼보리'의 법을 얻었다는 것이 없다. 수보리여, 여래가 '아뇩다라삼먁삼보리'를 체득하였다고 말하는 이 법은 언어문자를 벗어난 설법이므로 '무실'이라고 설한 것이며 지금 진여의 지혜로 생활하는 것을 설하고 있기 때문에 '무허'라고 하는 것이다. 그러므로 여래가 설하는 일체법이라고 하는 것이 모두가 불법이다. 수보리여, 여래가 말하는 일체법이라고 하는 것은 모든 법을 청정하게 '공'으로 알기 때

提之法. 又安有發菩提心之人哉. 卽此觀之, 亦知此經無四相, 非特是人空, 實兼法空也." ; 『金剛經闡說』卷2(X25, p.874), "實無有法發阿耨多羅三藐三菩提心者, 者字, 自明自性, 告人. 亦自明自性, 何法之有. 乃實指菩薩示之, 菩薩應除能所心也." ; 『金剛經心印疏』卷1(X25, p.828), "實無有法者, 言阿羅漢, 不過無煩惱不受生, 應受供, 以是義故, 名阿羅漢. 除此之外, 更無一法名阿羅漢也." ; 대승의 원력을 세운 보살은 조작된 마음 없는 '구공'의 무법으로 '아뇩다라삼먁삼보리'의 원력을 세운 아라한이나 대승보살이라고 할 수 있다.

167) 『金剛經補註』卷2(X24, p.837), "如來者, 卽眞如也. 眞如不離諸法, 凡夫心存取捨, 分別諸法, 所以濁亂, 不得自如. 佛心若大虛空, 卽一切諸法, 本來淸淨, 如中天杲日, 歷歷分明, 於諸法上, 都無取捨分別, 卽是諸法如義."

문에 일체법을 벗어났으므로 '즉비일체법'이라고 말한 것이고 이것을 일체법이라고 하는 것은 일체법을 자각하여 진여의 지혜로 생활하기 때문이다.[168] 수보리여, 비유하면 사람의 '인신'을 사람들이 아주 커서 장대하다고 하는 것과 같다.[169] 수보리가 대답했다. 세존이시여, 여래께서 말씀하시는 '인신'이 아주 커서 장대하다고 말씀하시는 것은 '인신'이 아니라 법신이 일체처에 두루 하기 때문에 '대신'이라고 하시는 것입니다. 수보리여, 대승보살이 일체중생을 제도하는 것도 역시 이와 같다. 만약에 내가 마땅히 무량한 중생을 제도하여 열반적정의 경지를 얻게 하였다고 한다면 곧바로 대승보살이라고 할 수 없기 때문이다. 왜냐하면 수보리여, 원력을 세운 대승보살은 진실로 '유법(무법)'의 마음으로 생활하는 것이 없기 때문이다.[170] 그러므로 부처님이 말하는 일체법은 모두가 '공'이므로 '사상'이 전혀 없다는 것을 말하는 것이다. 수보리여, 만약에 진여의 지혜로 생활하고자 하는 대승보살이 생각하기를 내가 마땅히 일체중생을 제도하여서 불국토를 장엄하겠다고 하면 대승보살이라고 할 수 없기 때문이다. 왜냐하면 여래가 설하는 불국토를 장엄한다고 하는 것은 장엄한다는 마음이 전혀 없이 각자의

168) 『宗鏡錄』卷3(T48, p.429), "一切法者, 卽非一切法, 云何非耶, 無生性故. 若無生卽無性." ; 『金剛經解義』卷2(X24, p.528), "能於諸法, 心無取舍, 亦無能所. 熾然建立一切法, 而心常空寂. 故知一切法皆是佛法. 恐迷者貪著, 一切法以爲佛法, 爲遣此病, 故言卽非一切法. 心無能所, 寂而常照, 定慧齊行, 體用一致, 是故名一切法." ; 『金剛經采微』卷2(X24, p.624), "如來說一切法, 全體是眞如故. 故云. 皆是佛法也. 所言一切法, 既同一眞如, 眞如清淨, 卽非色等一切法. 又法體不成就故, 爲安立第一義也. 是故名一切法者, 世諦卽萬法炳然, 未嘗改轉也."

169) 『金剛般若疏』卷4(T33, p.119), "次須菩提答云, 如來說人身長大者. 論云. 佛以眞如爲身. 二義故名大, 一者遍一切處, 二者具一切功德." ; 『金剛經註疏』卷3(X24, p.462), "此更寄喻以示體也. 譬如人身, 指法身也. 隱則稱如來藏, 顯則名法身. 出二障之表. 故言長. 周萬像之內, 故稱大." ; 『金剛經補註』卷2(X24, p.838), "色身有相, 爲非大身. 法身無相, 廣大無邊, 是名大身. 黃檗云. 虛空卽法身, 法身卽虛空, 是名大身也."

170) 『銷釋金剛經科儀會要註解』卷5(X24, p.710), "以菩薩實無有法可得, 心離四相, 而不見有一衆生可度, 達一切法, 悉皆空寂, 本來不生, 不見有生死, 不見有涅槃, 故云, 實無有法名爲菩薩也."

모든 중생심을 제도하는 것이므로 진여의 지혜로 초월하여 자각한 '즉비장엄'을 불국토를 장엄한다고 하는 것이기 때문이다.[171] 수보리여, 만약에 대승보살이 이와 같이 '무아법'을 통달하게 되면[172] 자신이 아공과 법공이라는 마음도 전혀 없는 생활을 하게 되는 것이므로 여래는 이렇게 하는 것을 진정한 (대승)보살이라고 말한다.[173]

---

171) 장엄(莊嚴): 불국토를 장엄한다고 하는 것은 자신의 마음을 불국토로 장엄하는 것이다. ;『金剛般若波羅蜜經破取著不壞假名論』卷2(T25, p.894), "卽非莊嚴者, 實義無生故. 是名莊嚴者, 俗諦言說故. 通達無我法 說名菩薩者, 離一切想因清淨故." ;『金剛般若經贊述』卷1(T33, p.138), "故言莊嚴佛土者, 謂內莊嚴也. 卽非莊嚴者 非外形相莊嚴也. 是名莊嚴者 是無相無取眞莊嚴也." ;『金剛般若經贊述』卷2(T33, p.147), "如來說莊嚴者 謂無相之莊嚴. 卽非莊嚴者 非有相之莊嚴. 是名莊嚴者 是眞實莊嚴也." ;『金剛經註解』卷2(X24, p.779), "莊嚴佛土者, 卽非莊嚴, 是名莊嚴者. 爲眞性中, 非有此莊嚴, 故此莊嚴." ;『金剛經註解』卷3(X24, p.800), "顏丙曰. 心常清淨, 不染世緣, 是爲莊嚴佛土也. 雖曰莊嚴, 不可作莊嚴相, 故曰卽非莊嚴. 但強名而已."

172)『金剛經註解』卷3(X24, p.800), "李文會曰. 通達無我法者, 於諸法相, 無所滯礙, 是名通達. 若作有所能解, 是名我相. 若作無所能解, 湛然清淨. 是名無我, 故云眞是菩薩."

173)『金剛般若波羅蜜經』(T08, p.751), "爾時, 須菩提白佛言. 世尊, 善男子善女人, 發阿耨多羅三藐三菩提心, 云何應住, 云何降伏其心. 佛告須菩提. 善男子 善女人, 發阿耨多羅三藐三菩提者, 當生如是心. 我應滅度一切衆生. 滅度一切衆生已, 而無有一衆生實滅度者. 何以故, 須菩提, 若菩薩有我相人相 衆生相 壽者相, 則非菩薩. 所以者何, 須菩提, 實無有法 發阿耨多羅三藐三菩提者. 須菩提, 於意云何, 如來於然燈佛所, 有法得阿耨多羅三藐三菩提不. 不也世尊. 如我解佛所說義, 佛於然燈佛所, 無有法得阿耨多羅三藐三菩提. 佛言. 如是如是. 須菩提, 實無有法 如來得阿耨多羅三藐三菩提. 須菩提, 若有法 如來得阿耨多羅三藐三菩提者, 然燈佛 則不與我受記. 汝於來世, 當得作佛, 號釋迦牟尼. 以實無有法 得阿耨多羅三藐三菩提, 是故然燈佛 與我受記, 作是言. 汝於來世, 當得作佛, 號釋迦牟尼. 何以故, 如來者, 卽諸法如義. 若有人言. 如來得阿耨多羅三藐三菩提. 須菩提, 實無有法, 佛得阿耨多羅三藐三菩提. 須菩提, 如來所得阿耨多羅三藐三菩提, 於是中無實無虛. 是故如來說, 一切法皆是佛法. 須菩提, 所言一切法者, 卽非一切法, 是故名一切法. 須菩提. 譬如人身長大. 須菩提言. 世尊, 如來說 人身長大, 則爲非大身, 是名大身. 須菩提, 菩薩亦如是. 若作是言. 我當滅度 無量衆生, 則不名菩薩. 何以故, 須菩提, 實無有法 名爲菩薩. 是故佛說, 一切法無我 無人 無衆生 無壽者. 須菩提, 若菩薩作是言, 我當莊嚴佛土, 是不名菩薩. 何以故, 如來說莊嚴佛土者, 卽非莊嚴, 是名莊嚴. 須菩提, 若菩薩通達無我法者, 如來說名眞是菩薩."

『금강경』에서 공(空)이라는 말을 사용하지는 않았지만 즉비(卽非)를 체공(體空)으로 설명하여 구공(俱空)을 설하고 있다. '무실무허'에서도 체공(體空)으로 설명하면 쉽게 여래가 얻은 '아뇩다라삼먁삼보리'에 대하여 다음과 같이 "언어문자를 벗어난 설법이므로 '무실(無實)'이라고 설한 것이며 지금 진여의 지혜로 생활하는 것을 설하고 있기 때문에 '무허(無虛)'라고 하는 것"이라는 설명이 된다. 그러나 앞에서 설명했듯이 '무실'을 "진실도 없다."라고 하고 '무허'를 "거짓도 없다."라고 '실허(實虛)'로 번역하기도 한다.

장엄에 대하여 각주에 설명하였지만 불국토를 장엄한다고 하는 것은 자신의 마음이 무상(無相)이고 무취(無取)가 되는 것을 장엄이라고 하고 있다. 그리고 진성(眞性)이 되어야 장엄이 되므로 마음이 청정하여 세속에 오염되지 않아 법신(法身)이 되어야 장엄한다고 설명하고 있다. 이 단의 제목을 '구경무아'라고 하였듯이 보살은 무아(無我)가 되어야 여래가 된다고 하며 사상(四相)의 중심은 무아(無我)이고 무아(無我)가 되면 사상(四相)은 저절로 무사상(無四相)이 된다고 설하고 있는 부분이다. 무사상(無四相)에 대하여 설명하였듯이 무아상(無我相)이 되면 나머지 상(相)들은 모두 없어지는 것이다. 그러므로 소명태자가 이 단의 제목을 '究竟無我分'이라고 만든 것이라고 생각된다.

『금강경』에서 다시 반복하여 설하는 것은 대승과 최상승의 실천법을 자세하게 설명하려고 하는 것일 것이다. 연등불이나 '아뇩다라삼먁삼보리'를 다시 설명하여 중생을 제도하는 법에 대하여 설명하고 있다. 이 모두가 견성(見性)하여 자신의 중생을 제도하는 것이 수기(受記)를 받는 것이고 법신으로 불국토를 장엄하는 것이다. 그리하여 중생심의 자신이라는 것도 사라지므로 대승의 무아(無我)가 된다고 설명하고 있다. "人身·大身·非大身"은 법신을 말하는 것으로 바로 앞에 일체법을 설명하고 있다. 일체법이란 '제법'이므로 '대신'이고 법신이므로 장대하여 일체처에 두루 하는 것이 된다.

연등불이라는 가상의 인물을 등장시킨 것도 전생이나 항하사를 비유한 것에서도 본질을 놓치면 자신의 얼굴을 잃어버리고 자신의 얼굴을 찾는 일이 벌어지는 것이다. 자신의 본성과 번뇌 망념이 무엇이라는 사실을 놓쳐버리면 자신이 지금 있는 자리가 없게 되는 것이다. 수많은 선인들이 자신을 놓치지 말라고 얼마나 많이 당부하였건만 지금의 현실은 자신들을 놓치고 다른 이들에게서 구하는 것은 말법의 시대라는 말을 확인시키고 있는 것이다. 너무 많은 강을 건너지 말았으면 하는 것이 간절한 마음이다.

18. 공으로 범성을 동등하게 관조[174)]

불법(佛法)에 맞게 살아가는 만법귀일(萬法歸一)의 안목을 구족하면 범부와 성인이 차별이 없는 오안(五眼)을 구족하게 된다고 다음과 같이 설하고 있다.

수보리여, 여래가 육안이 있다고 생각하느냐? 세존이시여, 여래는 육안이 있습니다. 수보리여, 여래가 천안이 있다고 생각하느냐? 세존이시여, 여래는 천안이 있습니다. 수보리여, 여래가 혜안이 있다고 생각하느냐? 세존이시여, 여래는 혜안이 있습니다. 수보리여, 여래가 법안이 있다고 생각하느냐? 세존이시여, 여래는 법안이 있습니다. 수보리여, 여래가 불안이 있다고 생각하느냐? 세존이시여, 여래는 불안이 있습니다.[175)] 수보리여, 부처님이 항하에 있는 모래에 대하여 설한 적이 있는가? 세존이시여, 여래께서 항하의 모래에 대하여 설한 적이 있습니다. 수보리여, 하나의 항하에 있는 모래 숫자만큼의 항하가 더 있어서 이 모든 강가의 모래숫자들 만큼의 불세계가 있다면 많다고 할 수 있지 않겠는가? 세존이시여, 아주 많은 불세계가 있겠습니다. 부처님이 수보리에게 말했다. 이와 같이

---

174) 『金剛經註』卷2(X24, p.557). ; 『銷釋金剛經科儀會要註解』卷6(X24, p.712). ; 『金剛經註解』卷3(X24, p.801).

175) 『金剛經解義』卷2(X24, p.529), "一切人盡有五眼, 爲迷所覆, 不能自見. 故佛教除却迷心, 卽五眼開明, 念念修行 般若波羅蜜法. 初除迷心, 名爲第一肉眼. 見一切衆生, 皆有佛性, 起憐愍心, 是名爲第二天眼. 癡心不生, 名爲第三慧眼. 著法心除, 名爲第四法眼. 細惑永盡, 圓明徧照, 名爲第五佛眼. 又云見色身中有法身, 名爲天眼. 見一切衆生, 各具般若性, 名爲慧眼. 見性明徹, 能所永除, 一切佛法, 本來自備, 名爲法眼. 見般若波羅蜜, 能生三世一切法, 名爲佛眼." ; 『金剛經會解了義』(X25, p.219), "欲言如來照見世人之心. 先以云何使其思. 化身觀見爲肉眼. 普照大千爲天眼. 智燭常明爲慧眼. 了諸法空爲法眼. 自性常覺, 憐念衆生, 爲佛眼. 佛教除却迷心, 卽五眼開. 慧眼以根本智, 照眞理故. 法眼 以後得智. 說法度人, 在佛總名佛眼. 古德云. 天眼通非礙, 肉眼礙非通, 法眼難(唯)觀俗, 慧眼了知(直緣)空, 佛眼如千日, 照異體還同."

많은 불국토중에 있는 중생들에게 생기는 모든 마음을 각자가 여래가 되면 모두가 자신의 모든 마음을 알게 되는 것이다. 왜냐하면 여래가 설하는 모든 마음이라고 하는 것은 모두 번뇌망념을 벗어난 '공'으로 된 마음인 '비심'으로 진여의 지혜로 자신이 아는 마음을 말하는 것이기 때문이다.[176] 왜냐하면 수보리여, 지나간 과거의 마음은 지나갔으므로 어디에 있는 것이 아니기 때문에 얻을 수 없고, 현재의 마음도 계속하여 변천하기 때문에 얻을 수가 없고, 미래의 마음은 아직 오지 않았으므로 얻을 수 없기[177] 때문이다.[178]

『금강경해의』권2에 오안(五眼)의 설명에 의하면, 오안(五眼)은 자신이 미혹하면 육신이 가진 육안(肉眼)으로 보는 것이므로 미혹을 제거해야 여래의 육안을 갖게 되는 것이고, 천안(天

---

176) 『金剛般若經贊述』卷2(T33, p.148), "如來說諸心住者謂虛妄心. 皆爲非心者謂非眞住心. 住四念處名眞住故, 住眞如理名眞住故, 是名爲心者謂是虛妄顚倒心也." ; 『金剛經補註』卷2(X24, p.839), "何以故 如來說諸心 皆爲非心 是名爲心. 覺妄之心, 卽是非心, 本無妄念, 不起妄心, 卽是自性本心, 故云, 是名爲心. 卽是菩薩心. 亦名涅槃心. 亦名大道心. 亦名佛心. 故臨濟云. 若一念心能解縛, 此是觀音三昧法." ; 『金剛經筆記』(X25, p.129), "何故悉知, 如來說諸心, 妄想性空, 故云非心. 眞如不滅, 故云是名爲心."

177) 『金剛般若波羅蜜經論』卷3(T25, p.792), "以過去未來故不可得, 現在心虛妄分別故不可得. 如是示彼心住顚倒, 諸識虛妄, 以無三世觀故." ; 『金剛經疏』(T85, p.126), "過去心已過, 未來心未到, 現在心不住." ; 『金剛經註』卷2(X24, p.557), "過去心不可得者, 前念妄心 瞥然已過, 追尋無有處所. 現在心不可得者, 眞心無相 憑何得見. 未來心不可得者, 本無可得, 習氣已盡, 更不復生. 了此三心 皆不可得, 是名爲佛."

178) 『金剛般若波羅蜜經』(T08, p.751), "須菩提, 於意云何, 如來有肉眼不. 如是世尊, 如來有肉眼. 須菩提, 於意云何, 如來有天眼不. 如是世尊, 如來有天眼. 須菩提, 於意云何, 如來有慧眼不. 如是世尊, 如來有慧眼. 須菩提, 於意云何, 如來有法眼不. 如是世尊, 如來有法眼. 須菩提, 於意云何, 如來有佛眼不. 如是世尊, 如來有佛眼. 須菩提, 於意云何, (如)恒河中所有沙, 佛說是沙不. 如是世尊, 如來說是沙. 須菩提, 於意云何, 如一恒河中所有沙, 有如是等恒河, 是諸恒河所有沙數佛世界, 如是寧爲多不. 甚多世尊. 佛告須菩提. 爾所國土中, 所有衆生, 若干種心, 如來悉知. 何以故, 如來說諸心, 皆爲非心, 是名爲心. 所以者何, 須菩提, 過去心不可得, 現在心不可得, 未來心不可得."

眼)은 천인의 눈으로 보는 것인데 일체중생을 자비심으로 불쌍하게 보아 모두에게 불성이 있다고 보아야 여래의 천안을 갖게 되는 것이고, 혜안(慧眼)은 자신이 진여의 지혜로 보는 안목을 가져야 여래의 혜안을 갖게 되는 것이고, 법안(法眼)은 불법으로 견성하여 능소에 대한 집착을 하지 않고 공(空)으로 보는 안목을 가져야 여래의 법안을 갖게 되는 것이고, 불안(佛眼)은 진여의 지혜로 일체법을 초월하여 보는 안목을 구족하여야 여래의 불안을 갖게 되는 것이라고 설하고 있다. 이것을 설하고 있는 이유는 각자가 여래가 되면 자신의 오안(五眼)을 구족하게 되는 것이므로 선남자와 선여인이 대승보살이 되는 것이기 때문에 타인을 제도한다는 마음이 남아 있다면 대승보살이 되지 않고 사상(四相)에 집착을 하게 되는 것이다. 그래서 마음에 대하여 과거·현재·미래의 삼세(三世)로 설하여 집착할 수 있는 마음은 없다는 것을 설하고 있다. 이것은 불교의 장점인 화쟁(和諍)도 이것으로 가능한 것이기에 용서도 가능한 것이고 앙굴라마도 부처님의 제자가 될 수 있었던 것이다.

진여의 지혜로 살아가는 법은 자신이 능소(能所)를 청정하게 보는 오안(五眼)의 안목을 구족해야 하는 것이다. 각자가 여래가 되는 것을 강조하는 것이므로 자신이 설하지만 자신이 집착을 갖지 말아야 하는데 내가 누구를 구제하여 준다는 사상이 있으면 대승보살이 되지 못하는 것이다.

"如來說諸心, 皆爲非心, 是名爲心"의 범본과 번역[179]을 보

---

179) 범본에 의하면 "citta-dhārā(마음의 흐름) citta-dhāreti(마음이라는 것을) Subhūte a-dhāraiṣā(마음의 흐름이 아니라고 한 것을) Tathāgatena bhāṣitās(여래가 설하신 것은). tenocyate(그렇기 때문에) citta-dhāreti (마음의 흐름이라고 한 것이다).(㉮如來說諸心, 皆爲非心, 是名爲心. ㉻善現 心流注心流注者 如來說非流注 是故如來 說名心流注心流注)" ; 『金剛

면 “여래가 설하는 모든 마음이라고 하는 것은 모두 번뇌 망념을 벗어난 공(空)으로 된 마음인 비심(非心)이고 진여의 지혜로 자신이 아는 마음을 말하는 것”이라고 하였는데 ‘非心’을 “마음이 아니다.”라고 하는 이것은 중생심의 마음이 없는 공(空)으로 전환된 불심의 마음을 말한다. 그러므로 중생심은 항하사와 같이 많다고 하더라도 모두가 탐진치의 마음이므로 허망하여 불심(佛心)이 아니다. 여래는 자신의 중생심과 불심을 모두 알고 삼세에 집착하지 않는 마음으로 초월하여 대승의 생활을 해야 한다고 설하고 있다.

다시 설명하면 자신이 여래(如來)가 되는 것을 말하는 것이므로 자신의 마음은 여래의 마음이다. 여래의 마음은 여래가 되어야 아는 것이므로 여래의 마음은 중생심의 마음은 아닌 것이다. 중생심의 마음이 아니기에 여래의 마음을 비심(非心)이라는 말을 사용한 것이다. 그런데도 마음이 아니라는 소승(小乘)이하의 생각으로 이해하려고 하면 불능(不能)이라는 말을 이해해야 하는 것이다. 그래서 삼세(三世)의 마음으로 이해하기를 바라는 자비심으로 삼세의 마음으로는 불가득(不可得)이라고 설하고 있는 것이다.

經註解』卷3(X24, p.802), “覺妄之心, 卽是非心, 本無妄念. 不起妄心卽是自性本心, 故云是名爲心, 卽是菩薩心, 亦名涅槃心, 亦名大道心, 亦名佛心.” ; 대한불교조계종 교육원(2009), p.68.

19. 무상(無相)으로 제도(濟度)[180]

'보시바라밀'에 대하여 다시 강조하고 있는 단으로 철저하게 '보시바라밀'을 실천했다는 마음도 가지지 않아야 한다고 다음과 같이 설하고 있다.

수보리여, 어떻게 생각하느냐? 만약에 어느 사람[181]이 삼천대천세계에 가득 찬 칠보로 보시를 행하면[182] 이 사람이 이렇게 보시한 인연으로 복덕을 많이 얻지 않겠는가? 세존이시여, 맞습니다. 이 사람은 이와 같이 보시한 인연으로 많은 복덕을 얻을 것입니다. 수보리여, 만약에 이 사람의 복덕이 보시를 실천했다는 마음이 조금이라도 실제로 남아 있다고 하면 여래가 많은 복덕을 얻을 것이라고 설하지 않았을 것이다. 이 복덕은 보시를 한다는 마음도 없이 보시를 하기 때문에 여래는 이 사람이 많은 복덕을 얻는 것[183]이라고 설하는 것이다.[184]

---

180) 『金剛經註』卷3(X24, p.558). ; 『金剛經註解』卷4(X24, p.803). ; 『金剛經如是經義』卷2(X25, p.698).

181) 범본에는 "yaḥ kaścit(만약, 어떤) kulaputro vā(선남자) kuladuhitā vemaṃ(선여인)㉠若有人 ㉡若善男子或善女人"이라고 하고 있다.

182) 범본의 "Tathāgatebhyo'rhadbhyaḥ samyaksambuddhebhyo dānaṃ dadyāt.㉠以用布施 ㉡奉施如來應正等覺"에서 현장은 보시를 하는 대상을 명확하게 여래·응공·정등각에게 하라고 하고 있다. 그러므로 '보시바라밀'인 것이다.

183) 『金剛經易解』卷2(X25, p.924), "以福德無故, 如來說得福德多. 緣以寶施福德於心地工夫, 毫無寔濟, 是以如來僅謂之得福多也. 然福報雖多, 終有窮竭, 則區區享受. 又何足云. 佛盖勉以勤修出世功德, 毋徒種世間福德也." ; 『金剛經註解』卷4(X24, p.804), "若能施之人, 以佛智爲本, 脩布施行, 悉皆離相. 不見福爲實有, 卽非顚倒, 如來說此人福德甚多" ; 『金剛經註解』卷4(X24, p.804), "李文會曰. 凡夫住相, 布施七寶, 希求福利, 此是妄心, 所得福德, 不足爲多. 不如淨妙 無住之福 無得之德, 同於虛空, 無有邊際."

184) 『金剛般若波羅蜜經』(T08, p.751), "須菩提, 於意云何. 若有人滿三千大千世界七寶 以用布施, 是人以是因緣, 得福多不. 如是世尊. 此人以是因緣, 得福甚多. 須菩提, 若福德有實, 如來不說 得福德多. 以福德無故, 如來說得福德多."

수행하는 보살에게 이와 같이 다시 강조하여 설하는 이유는 무사상(無四相)으로 무주상(無住相)의 '보시바라밀'을 해야 한다고 하는 것이다. 그리고 미세한 번뇌도 없어야 여래로 살아갈 수 있다고 하고 있다. 이 부분은 최상승법을 설하는 것으로 무상(無相)으로 무주(無住)를 실천[185]하는 공덕을 설하고 있는데 대승에서 최상승이 되어야 한다는 것을 설하고 있다. 그래서 경문에는 보시라고 하였는데 '보시바라밀'이라고 해야 보살이 대승보살로 더 나아가는 것이기 때문이다.

'보시바라밀'이란 보시를 한다는 마음도 없이 보시를 행하는 것을 말하는 것으로 『금강경』 14단에 의하면 "보살이 '반야바라밀다'를 행하는데 집착 없이 무상(無相)의 보시를 하면 눈이 있는 사람이 대낮에 무엇을 보는 것과 같은데 어찌 보지 못하겠는가?"[186]라고 하고 있다. '바라밀'을 행한다는 마음 없이 행하는 대승보살이 '보시바라밀'을 실천한다는 생각도 없이 실천하는 대승에서 최상승인 몰종적의 여래가 되어야 하기 때문이다.

'以福德無故'의 번역에서 "보시를 한다는 마음도 없이 보시를 하기 때문"을 대승이라고 하였는데 "복덕이 없기 때문"[187]

185) 『金剛經註解』卷3(X24, p.791), "僧若訥曰. 無相布施, 心不住法, 則見眞如, 如人有目, 日光明照, 了一切境."

186) 『金剛般若波羅蜜經』(T08, p.750), "若菩薩心不住法而行布施, 如人有目, 日光明照, 見種種色." ; 『金剛經解義』卷2(X24, p.526), "若菩薩常行般若波羅蜜多 無著無相行, 如人有目, 處於皎日之中 何所不見也." ; 『金剛經解義』卷2(X24, p.526), "施一切法, 心有住著, 則不了三輪體空, 如盲者處暗, 無所曉了. 華嚴經云. 聲聞在如來會中聞法, 如盲如聾, 爲住諸法相故也."

187) 이기영(1978), p.305. ; 무비(1994), p.219. ; 대한불교조계종 교육원(2009), p.69. ; 지안(2010), p.209. ; 김호귀(2011a), p.248. ; 김진무(2018), p.283. ; 김강유 외2명(2021), p.292. ; 현진(2021), p.350.

이나 "복덕이 본래 실체가 없기 때문"188)이나 "공덕의 무더기가 아니다."189)라고 번역하고 있다. 이 부분은 8단의 복덕성과 같은 부분인데도 이렇게 번역하면 바로 다음에 나오는 구절인 '如來說得福德多'라는 말과 모순이 되는 것이어서 성문[삼승]은 '盲聾'이므로 연결하기 어렵다고 하는 것이다.

소승과 대승의 보살을 정확하게 구분하지 않으면 '육바라밀'을 실천하는 사람을 대승이나 소승이라고 판단할 수 없게 된다. '육바라밀'을 실천하되 '육바라밀'을 실천한다는 생각 없이 '육바라밀'을 아주 잘 실천해야 대승이다. 조금이라도 자신이 한다는 사견(四見)이 존재한다면 소승인 것이다. 그래서 원효의 "착한 일도 하지 말라"는 의미를 되새겨야 하는 것이다. 조작이 조금도 없는 진실한 삶을 살아가기를 바라는 진정한 한 도인이 되어야 여래가 되는 것이라고 최상승을 설하고 있다.

---

188) 박지영(2019), p.309.
189) 각묵(1991), p.348.

20. 여래를 친견[190]

여래를 친견하는 것은 형상으로 보는 것이 아니고 견성(見性)해야 하는 것이다. 견성(見性)은 여래의 불성(佛性)이 자신의 자성(自性)과 동등하다고 확신하는 것을 말한다. 구경에 여래의 불성이라는 것은 공(空)을 말하는 것인데 여래의 상호를 보고 여래를 친견하는 것에 대하여 다음과 같이 설하고 있다.

> 수보리여, 32상[191]의 모습을 완벽하게 색신으로 구족한 사람을 보면 부처를 친견한다고 할 수 있느냐? 세존이시여, 아닙니다. 완벽하게 색신을 구족한 사람을 보았다고 하여 여래를 친견하였다고 할 수는 없습니다. 왜냐하면 여래께서 색신을 구족하였다고 설하신 것은 '즉비구족색신'을 구족한 색신으로 설하는 것[192]이기 때문입니다. 수보리여, 여래를 완벽하게 색신

---

190) 『金剛經註』卷3(X24, p.558). ; 『銷釋金剛經科儀會要註解』卷6(X24, p.716). ; 『金剛經正解』卷2(X25, p.620).

191) 범본의 "lakṣaṇa(특징)-sampadā(32인상) Tathāgato(여래) draṣṭavyaḥ(보다)"에서 32상의 특징을 가진 사람을 여래라고 볼 수 있겠느냐고 세존이 묻고 있는 것이다.

192) 의역하면, "여래께서 설하시는 색신을 구족한 사람이라고 하는 것은 속제로 중생들을 위하여 방편으로 설하신 것이고, 여래의 색신은 중생심이 없는 진제의 모습을 구족하였기에 색신을 초월해야하는 것이므로 '즉비구족색신'이라고 한 것이며 여래가 색신을 벗어나지 않고 지금도 불법을 설하기 때문에 '구족색신'이라 하신 것입니다." ; 『金剛經解義』卷2(X24, p.529), "佛可以具足色身相見不, 三十二相卽非具足色身, 內具三十二淨行, 是名具足色身. 淨行者, 卽六波羅蜜是也. 於五根中修六波羅蜜, 於意根中定慧雙修, 是名具足色身. 徒愛如來三十二相, 內不行三十二淨行, 卽非具足色身. 不愛如來色相, 能自持清淨行, 亦得名 具足色身也." ; 『銷釋金剛經科儀會要註解』卷6(X24, p.717), " 如來說具足色身者, 乃爲衆生現身說法. 故云. 具足色身, 卽俗諦也. 卽非具足色身者, 以如來法身, 故非色身可見. 故云. 卽非具足色身, 卽眞諦也. 是名具足色身者, 以法身未甞離色身, 卽俗也. 以色身未曾離法身, 卽眞也. 以眞俗併顯, 卽爲中道. 故云. 是名具足色身也." ; 『金剛經註講』卷2(X25, pp.725~726), "如來說具足色身. 盖如來說具足色身, 乃血肉之軀非法身. 則縱横無礙, 自在自由, 念念無非般若. 卽非

의 상을 구족한 사람을 본다고 하여 여래를 친견한다고 할 수 있겠느냐? 세존이시여, 아닙니다. 여래를 친견한다고 하는 것은 완벽하게 색신의 상을 구족한 사람을 본다고 하여도 구족한 모습으로는 여래를 친견할 수 없습니다. 왜냐하면 여래께서 지금 모든 '상'을 구족한 모습이 모든 '상'을 구족한 여래의 모습을 초월한 '즉비구족'이라 한 것을 여래는 모든 '상'을 구족한 여래라고 한다고[193] 하신 것이기 때문입니다.[194]

여래[195]는 색신(色身)으로는 친견할 수 없고 삼신(三身)을 체득하여 실천해야 하는 것이고 진여의 지혜로 살아가는 모든

具足色身是名具足色身. 豈八十種好所能囿耶, 色身中有妙色身存焉. 方名具足色身."

193) 범본에는 "lakṣaṇa-sampat(32상80종호를 구족한 것) Tathāgatena bhāṣitā (여래라고 설한 것), alakṣaṇa-sampadeṣā(32상80종호를 구족한 것이 아니라고) Tathāgatena bhāṣitā(이렇게 여래가 설하였다) tenocyate (그래서) lakṣaṇa-sampad iti(32상80종호를 구족한 것이라고 한 것이다). ㊀如來說諸相具足, 卽非具足, 是名諸相具足. ㊁諸相具足諸相具足者 如來說爲非相具足 是故如來說名諸相具足諸相具足"이라고 하고 있다. ; 여래께서 지금 모든 '상'을 구족한 모습으로 중생들을 위하여 방편설법을 하시고 있기 때문에 모든 '상'을 구족한 여래라고 하신 것이고, 모든 '상'을 구족한 색신의 모습만으로는 여래의 법신을 친견할 수 없기 때문에 여래를 모든 '상'을 구족한 모습을 가진 사람[전륜성왕]이 아니라고 한 것이고, 또 다시 지금 모든 상을 구족하였다고 하는 것은 여래가 색신의 모습으로 불법을 설하고 있기 때문이다. 즉 이것은 32상의 구족한 형상이 있어야 여래가 된다는 것이 아니라는 것을 설하고 있다. 대승의 '즉비'.

194) 『金剛般若波羅蜜經』(T08, p.751), "須菩提, 於意云何, 佛可以具足色身見不. 不也世尊. 如來 不應以具足色身見. 何以故, 如來說具足色身, 卽非具足色身, 是名具足色身. 須菩提, 於意云何, 如來可以具足諸相見不. 不也世尊. 如來不應以具足諸相見. 何以故, 如來說諸相具足, 卽非具足, 是名諸相具足."

195) 『金剛經解義』卷2(X24, p.529), "如來者, 卽無相法身是也. 非肉眼所見, 慧眼乃能見之, 慧眼未明具足, 生我人等相. 以觀三十二相爲如來者, 卽不名爲具足也. 慧眼明徹, 我人等相不生, 正智光明常照, 是名諸相具足. 三毒未泯, 言見如來眞身者, 固無此理. 縱能見者, 祇是化身, 非眞實無相之法身也." ; 『金剛經註解』卷4(X24, p.804), "佛, 覺也. 覺性如虛空, 不應以具足色身見, 唯見性人, 方知卽非色身, 如夫子毋我, 顏子坐忘是也. 自性如來, 不應以具足諸相見, 性尚不可得. 又何有諸相, 故以卽非之說爲掃除之."

사람이 부처라는 것을 강조하고 있는 부분이다. 전륜성왕의 모습을 한 사람만이 여래가 아니라고 설하고 있다. 자신의 모습으로 당당하게 설명하면서도 누구나 지금의 색신으로 진여의 지혜로 살아가면 여래가 된다고 하고 있는 부분이다.

이런 이유는 즉비(即非)의 문제이며 형상에 대하여는 사람마다 각자의 특성이 있기 때문에 석가모니라는 한 사람에 비교하면 안 되기 때문이다. 선천적인 모습을 가지고 비교하면 평등하지 않아서 석가모니가 설한 진정한 불법의 의미가 없게 된다. 그래서 이 단에서 이렇게 설명하였는데 즉 소승은 석가모니라는 모습으로 진실한 여래를 친견한다는 것은 불가능하다. 가령 석가모니가 지금 다시 와서 이곳에 있다고 하여도 여래를 볼 수 없는 것이다. 부처와 여래는 삼신으로 친견할 수 있으므로 진여의 지혜가 여래의 본성이고 진여의 지혜로 살아가는 사람이 최상승의 여래라고 여래 십호[196]에서 말하고 있다. 여래를 형상이나 음성으로 구하지 말라고 이 경(經)에서도 계속 강조하고 있는 것은 누구나 평등하다는 것을 설하는 것이다. 그런데 여래가 되려고 32상을 구족해야 한다고 알고 수행하면 여래는 멀리 있게 된다. 그래서 각자가 견성한 소승에서 점수하여 훈습한 후에 대승으로 진여의 지혜로 살아가면

---

196) 여래십호: 여래(如來, tathāgata), 응공(應供, arhat)·정등각자(正等覺者, 正遍知, samyaksambuddha)·명행족(明行足)·선서(善逝, sugata)·세간해(世間解, lokavid)·무상사(無上士, anuttara)·조어장부(調御丈夫, puruṣa-damya-sārathi)·천인사(天人師, śāstādeva manu)·불(佛, buddha)·세존(世尊, bhagavat, 婆伽婆·薄伽梵·薄阿梵·婆伽梵·婆伽伴). 이 이외에도 부처나 여래를 말하는 것으로는 대사(大師)·도사(導師)·대선(大仙)·일체지·태양·목우·사자·진인·조사무의도인 등으로 비유하여 설명한다. 그리고 석가는 Sākya와 muni라는 샤카족의 성자라는 석가모니를 말한다. 성은 고타마(Gautama, 瞿曇)이고 이름은 싯다르타(Siddhārtha, 悉達多)로 바른 깨달음을 이룬 후에 붓다(buddha)라고 하고 여래라 하며 십호로 말한다.

최상승의 여래가 된다고 설하고 있다.

여기에서 아주 중요한 사실은 자유와 평등을 강조하고 있다는 것이다. 누구나 부처가 될 수 있기에 평등한 것이고 누구에게 부처가 되라고 강요하지 않기에 자유가 있는 것이다. 그러면서도 인간의 바른 삶을 제시하고 있으며 탐진치 오욕락의 허망함을 역으로 알려주고 있다. 비심(非心)이라는 중생심의 끝이 어디로 가는지를 분명하게 설하고 있다. 그러므로 모든 사람들이 행복하고 화합하기를 바라는 마음이기에 종교(宗教)라고 말해도 좋은 것이다. 형상을 초월하고 자신이 가진 지식의 상(相)들을 무상(無相)이 되어야 한다는 것을 이색(離色)이상(離相)이라고 설하고 있다. 결국은 자신의 무사상(無四相)의 연장선에서 사견(四見)없이 더 적극적으로 인생을 잘 살아가기를 바라는 것이 된다. 조금만 엉뚱한 생각을 하면 심병(心病)이 생길 수 있으므로 대승이상에게만 이렇게 이 경(經)을 설한 것이라고 생각된다. 만약에 소승에게 설하였다면 부작용이 더 많았을 것이다. 그러므로 소승은 '불능청수독송위인해설'이라고 한 것이라고 생각된다. 그런데도 소승들이 더 설쳐서 이 대승경을 해설하고 설명하며 자신들을 나타내려고 하고 있으니 심각한 사회문제가 있는 것은 분명한 것이다. 겸손과 타인들을 위한 자비를 실천하는 대승의 성자들이 많이 출현해야 이런 부작용을 잡을 수 있을 것이라고 생각한다.

21. 여래의 설법은 무아(無我)의 청정한 설법[197)]

여래가 설한 법은 무아(無我)의 설법이므로 목적의식을 가지고 설법하는 것이 아니다. 그런데도 설법을 하지 않는 것처럼 소승들은 번역하여 "설할 만한 법이 없는 것이므로 설법"[198)]이라고 하거나 "법 설할 것이 가히 없는 것"[199)]이라고 하고 있다. 그러나 무아(無我)의 설법을 하는 것이므로 진여의 지혜로 법을 설하여야 한다고 다음과 같이 설하고 있는 것이다.

> 수보리여, 그대는 여래가 마땅히 중생을 제도한다는 조작된 생각을 가지고 설법을 한다고 생각을 하여서는 안 된다.[200)] 왜냐하면 만약에 어느 사람이 여래가 중생을 제도하기 위하여 설법을 한다고 말을 한다면 이것은 곧바로 부처님을 비방하는 말을 하는 것이고 내가 설한 뜻을 깨닫지 못했기 때문이다. 수보리여, 설법이라고 하는 것은 '아상'없이 청정하게 불법을 설하는 것이므로 진여의 지혜로 설하는 것을 설법을 한다고 하는 것[201)]이다. 이때에 혜명 수보리[202)]가 부처님에게 말했다.

---

197) 『金剛經註』卷3(X24, p.558). ; 『金剛經解義』卷2(X24, p.529). ; 『金剛經會解了義』(X25, p.220).

198) 김월운(1994), p.193. ; 대한불교조계종 교육원(2009), p.72. ; 지안(2010), p.227.

199) 무비(1994), p.228. ; 김강유 외2명(2021), p.301.

200) 『金剛經解義』卷2(X24, p.529), "凡夫說法, 心有所得. 故告須菩提, 如來說法, 心無所得. 凡夫作能解心說, 如來語嘿皆如. 所發言辭, 如響應聲, 任用無心. 不同凡夫作生滅心說. 若言如來說法, 心有生滅者, 卽爲謗佛." ; 『金剛經正解』卷2(X25, p.621), "如來有心作此念頭, 我當有所說法, 以開示於人, 汝切莫作是念. 此何以故, 設若有人, 言如來有所說法, 則是淺見寡識, 滯在言辭之末, 違背眞空妙諦, 卽爲謗佛. 不能解會, 我所說之義故也." ; 범본에 의하면 "api nu(진실로) Tathāgatasyaivaṃ bhavati:(여래가 이런 생각을 하겠는가) mayā(자신이 스스로) dharmo(법을) deśita iti(가르쳤다고 하다)." 라고 하고 있다.

201) 범본에 의하면 "na-asti(없기 때문이다) sa kaścid dharmo(그 어떤 법) yo dharma-deśanā(법의 가르침이라는) nāmopala-bhyate(인정할 만한

세존이시여, 앞으로 어느 중생이 여래께서 설하신 이 말씀을 듣고 깨달아 신심을 내겠습니까? 부처님이 말했다. 수보리여, 그들이 불법을 듣고 깨달으면 중생을 벗어난 것이고 깨닫지 못하면 중생인 것이다. 왜냐하면 수보리여, 범부는 중생을 중생이라고 말하지만 여래가 말하는 중생은 깨달아 중생이라는 생각을 초월한 '비중생'을 중생이라고 말한 것[203]이다.[204]

여래가 되어 대상경계를 보면 모두가 부처의 경계이지만 범부가 진여의 지혜로 살아가지 못하면서 대상경계를 보면 모두

명칭도). ; (구)無法可說, 是名說法 (현)無法可得 故名說法"이라고 하고 있다. ; 『金剛般若經贊述』卷2(T33, p.149), "無法可說者, 謂眞理中無有少法可說也." ; 『銷釋金剛經科儀會要註解』卷6(X24, p.719), "無法可說者, 以稱理而言, 卽眞諦也." ; 『金剛經音釋直解』(X25, p.177), "維摩經云. 法無衆生, 離衆生垢, 故法無有我, 離我垢, 故法無壽命. 離生死, 故法無有人前後際斷, 故離此諸緣. 何法可說, 故此眞空法體, 無法可說, 是名爲說也."

202) 『法華經義記』卷5(T33, p.632), "第一所以 言慧命須菩提者, 凡有二種解. 一者言昔日未解 開三顯一 同歸之理, 愚癡之人心相續爲命. 今日既得解權實之宗, 慧心相續爲命. 若爾亦應言 慧命迦旃延 乃至慧命目犍連. 所以單道須菩提者, 此則互擧爲論. 二者須菩提解空第一, 空慧爲命."

203) 『金剛經纂要刊定記』卷6(T33, p.220), "此上經文 魏譯則有, 秦本則無, 既二論皆釋此文, 後人添入亦無所失, 況有冥報之緣, 宜亦可信." ; 『金剛經註解』卷4(X24, p.805), "佛言彼非衆生者, 皆具眞一之性, 與佛同源, 故曰非衆生."; 『金剛經註解』卷4(X24, p.806), "若不信佛法, 卽著凡夫見, 非不衆生. 若起此二見者, 是不了中道也. 須是令教凡聖皆盡, 不住兩頭, 方是眞正見解, 故云衆生衆生者, 如來說非衆生, 是名衆生也." ; 『金剛經略疏』(X25, p.163), "此六十二言, 原出魏本, 秦本所無. 今考二論, 皆有釋文, 故亦添入, 此疑如來說法, 是無所說, 無說之法, 衆生豈能信乎." ; 범본에는 "sattvāḥ sattvā iti Subhūte sarve te Subhūte a-sattvās(非衆生) Tathāgatena bhāṣitāḥ(如來說) tenocyante(그래서 말하기를) sattvā iti(是名衆生). (구)衆生 衆生者, 如來說非衆生, 是名衆生. (현)善現 一切有情者 如來說非有情故 名一切有情."

204) 『金剛般若波羅蜜經』(T08, p.751), "須菩提, 汝勿謂如來作是念. 我當有所說法, 莫作是念. 何以故, 若人言, 如來有所說法, 卽爲謗佛, 不能解我所說故. 須菩提, 說法者, 無法可說, 是名說法. 爾時, 慧命須菩提 白佛言. 世尊, 頗有衆生, 於未來世, 聞說是法, 生信心不. 佛言. 須菩提, 彼非衆生, 非不衆生. 何以故, 須菩提, 衆生 衆生者, 如來說非衆生, 是名衆生." ; 각주183)참조. 밑줄 그은 62자에 대하여는 대한불교조계종 교육원(2009), p.72 참조. ; 성본(2012), pp.293~293 참조.

가 범부의 경계가 된다. 그러나 중생이 이것을 자각하면 바로 부처로 살아갈 수 있다는 것을 강조하고 있는 부분이다. 즉 아상(我相)없이 청정하게 올바르게 불법(佛法)을 진여의 지혜로 설한다는 것을 깨달으면 중생을 벗어나게 된다. 그래서 여래와 범부는 중생을 중생이라고 말하지만 여래가 말하는 중생은 아상(我相)없이 청정하게 올바르게 불법(佛法)을 진여의 지혜로 설한다는 것을 깨달아 중생이라는 생각을 초월한 비(非)중생을 말하는 것이다. 이처럼 중생도 자각하면 바로 부처가 된다고 하는 것을 아는 입장에서 여래는 중생을 중생이 아니라고 하는 것이므로 부처가 된다. 중요한 사실은 지금 바로 이곳에서 중생이 자신의 마음을 자각하여 불법(佛法)으로 바로 알면 부처가 된다는 것[205]이다. 그러므로 중생이지만 자각만 하면 되는 것이므로 중생이라는 생각을 하지 않고 진여의 지혜로 생활하면 부처가 되므로 이름을 중생이라고 여래는 설하고 있다. 예측하여 설한 것이라고 하지만 여기에서 미래세라는 말을 사용한 것처럼 중생이 자각만 하면 부처가 되기 때문에 중생은 중생이 아니고[비중생] 이름만 중생이라는 언어문자에 불과하다고 하는 것은 최상승의 번역인데 논자만 모르는 것인가 하는 의심이 생긴다. 이 내용을 이전에 출간한 책에는 "중생이 아니고 중생 아닌 것도 아니다."라고 번역하였는데 그러면 결국은 중생도 아니고 중생이 아닌 것을 이름만 임시방편으로 붙였다.[206]라고 번역한 성본의 번역이 된다. 결국 중생이라는 명칭에 떨어진 것이지만 중생의 본질을 자각하면 중생이 부처

205) 『金剛經音釋直解』(X25, p.177), "衆生雖妄, 亦依眞有, 乃生佛同原 惟隔迷悟. 但去執情, 衆生卽佛矣. 故華嚴論云. 一切衆生, 本來成佛."
206) 성본(2012), p.285.

가 되는 것이라는 '衆生卽佛'이나 '煩惱卽菩提'라는 대승을 말하고 있다. 그러므로 조금만 생각하면 이들의 번역에 대한 이해를 할 수도 있지만 잘못하면 "중생이 아니면 부처"라고 할 수도 있고 "중생이 아닌 것도 아니라고"하면 부정의 부정이니 중생이 되는 것이 아니겠는가? 이렇게 번역하면 대승이나 최상승의 사람이 아니면 오해할 여지가 많다.

"일체중생(一切衆生) 본래성불(本來成佛)"이라는 것은 부처나 중생의 근원은 동등하다는 것을 자각하여 실천하면 된다는 것을 설법을 하되 설법한다는 생각 없이 불법(佛法)에 맞는 설법을 해야 한다고 하는 것이다. 이것은 자신의 조작된 마음이 없는 것이므로 무아(無我)의 설법을 비설(非說)이라고 한 것이지 설법을 하지 않는 것이 아니다. 중생심의 마음을 버린 정(情)이 없는 마음을 '去執情'이라고 설하고 있다.

22. 자성을 자각하여 진여의 지혜를 체득[207)]

유법(무법)을 얻었다고 하는 것은 '아뇩다라삼먁삼보리'의 법을 바르게 깨달았다고 하는 것이다. 그러나 이것을 얻었다고 하거나 깨달았다고 하는 생각이 전혀 없이 생활하는 것을 말하므로 진여의 지혜로 생활하는 것이라고 다음과 같이 설하고 있다.

> 수보리가 부처님에게 말했다. 세존이시여, 부처님이 '아뇩다라삼먁삼보리'를 체득하신 것을 무소득이라고 하신 것[208)]이 맞습니까? 부처님이 대답했다. 여시하고 여시하다. 수보리여, 내가 '아뇩다라삼먁삼보리'를 체득하였지만 무상의 깨달음을 얻었다는 생각이 조금도 없는 것을 '아뇩다라삼먁삼보리'를 체득한 것[209)]이라고 말한다.[210)]

---

207) 『金剛經註』卷3(X24, p.559). ; 『金剛經註解』卷4(X24, p.806). ; 『金剛經正解』卷2(X25, p.621).

208) 의역을 하면 "자성과 경계가 '공'이라는 사실을 자각하여 진여의 지혜로 생활하는 것이 무소득이라는 것입니까?" ; 『金剛經解義』卷2(X24, p.530), "須菩提言, 所得心盡, 卽是菩提. 佛言如是如是. 我於菩提實無希求心, 亦無所得心, 以如是故, 得名阿耨多羅三藐三菩提." ; 『金剛經彙纂』卷2(X25, p.798), "須菩提 因佛說身相空 法相空 衆生相空, 因悟如來之得菩提, 爲得而無得, 故擧以問."

209) 『金剛經註解』卷4(X24, p.806), "阿耨多羅三藐三菩提. 無有少法可得者, 謂性中無有少法可得, 無有所得. 則蕩然空空, 是不可以形相求, 不可以言說求也. 但說名爲無上正等正覺而已." ; 『金剛經宗通』卷6(X25, pp.33~34), "無有少法可得者, 卽菩提處也. 無有少法可證菩提, 卽無有少法能過之者, 故名無上. 此以無法爲正覺也." ; 『金剛般若疏』卷1(X25, p.164), "此承上文言 無有少法可得者, 以是法平等. 在凡不減, 在聖不增. 無有高下, 故無得與不得. 但證此平等之法, 是名爲無上菩提也." ; 범본에는 "aṇur api(미진만큼도) tatra(거기) dharmo(법도) na saṃvidyate(존재하지 않으며) nopalab hyate(체득했다는 것이 없는 것). (구)我於阿耨多羅三藐三菩提 乃至無有少法可得 (현)於中少法無有無得"

210) 『金剛般若波羅蜜經』(T08, p.751), "須菩提 白佛言. 世尊, 佛得阿耨多羅三藐三菩提, 爲無所得耶. (佛言) 如是如是. 須菩提, 我於阿耨多羅三藐三

여기에서 중요한 것은 '無所得'과 '無有少法可得'으로 '무소득'은 '무소유'와 같은 뜻으로 소유한다는 마음 없이 진여의 지혜를 실천하는 것을 말한다. 그리고 '무유소법가득'에서 유소법(有少法)도 없는 무법(無法)을 체득했다는 것으로 '아뇩다라삼먁삼보리'의 법을 얻었다고 한 것이다. 그러므로 '무소득'은 '능득(能得)'으로 자신이 체득해야 하는 것이 된다. 즉 '아뇩다라삼먁삼보리'는 '능득'해야 하는 것이므로 '무소득'이 되어야 한다. 이와 같은 진여의 지혜를 체득하므로 '정변지'라고 하고 이렇게 생활하므로 여래라고 하는 것이다. 즉 깨달았다는 생각을 하지 않고 진여의 지혜를 체득한 것을 '아뇩다라삼먁삼보리'의 법(유법)을 얻었다고 하는 것이다.

'아뇩다라삼먁삼보리'에 대하여 설명을 하였지만 다시하면 '무상정등정각'이라는 말이므로 바른 깨달음이라는 반야를 말하는 것이다. 대승의 반야이므로 깨달았다는 생각도 없이 깨달은 반야이므로 진여의 지혜를 체득한 것을 말한다. 진여의 지혜이므로 대승의 '반야바라밀'이 되어야 이 경(經)을 대승에게 설한 것과 같은 뜻이 된다. 소승과 범부에게 설하였다면 이 경(經)은 반야를 얻어야 하고 만법(萬法)이나 제법(諸法), 일체법(一切法)이 고정된 법이 그러므로 될 것이다. 대승이므로 무법가득(無法可得)이라고 소명태자도 분명하게 말할 수 있었을 것이다.

菩提 乃至無有少法可得, 是名阿耨多羅三藐三菩提."

23. 무사상으로 무루법을 실천[211)]

'아뇩다라삼먁삼보리'를 최고의 깨달음이라고 하는데 일반적으로 깨달음은 견성(見性)을 말한다. 견성은 자신의 본성을 공(空)이라고 체득한 것이다. 그러므로 자신의 본성을 불성이라고 체득한 것을 견성이라 하므로 다른 관점에서 보면 진여의 지혜를 말하는 것이 '아뇩다라삼막삼보리'이며 '무상정등정각'이 견성이라고 설명하였다. 그 다음은 견성이후에 점수하여 성불하는 것을 진여의 지혜로 무루의 생활을 한다고 다음과 같이 설하고 있다.

> 또다시 수보리여, 이 불법인 '아뇩다라삼먁삼보리'는 성자나 범부나 지위고하에 상관없이 평등하여 누구나 실천하면 되는 것이다. '사상'에 집착 없이 일체의 선법을 청정하게 알고 수행하는 수행자를 '아뇩다라삼먁삼보리'를 체득했다고 하는 것이다. 수보리여, 여래가 설하는 선법이라고 하는 것은 선법을 초월해야 하는 것이므로 '즉비선법'이라고 한 것을 다시 선법[212)]이라고 한다.[213)]

---

211) 『金剛經註』卷3(X24, p.559). ; 『銷釋金剛經科儀會要註解』卷7(X24, p.723).

212) 이 부분을 번역하면 "수보리여, 선법이라고 하는 것은 만법을 '공'으로 실천하는 것을 선법이라 하는 것이고, 여래가 '즉비선법'이라 한 것은 진여의 지혜로 생활한다는 것을 초월해야 하는 것이며(대승), 다시 선법이라고 하는 것은 진여의 지혜로 생활한다는 마음도 없이 무루의 실천을 하기 때문에 선법(최상승)이라고 한다." ; 『金剛般若波羅蜜經略疏』卷2(T33, p.249), "初善法者, 是有漏善法, 非無漏淨善法. 後善法者 是無漏善法. 非有漏善法, 故名善法也." ; 『金剛經解義』卷2(X24, p.530), "修一切善法者, 於一切法, 無有染著, 對一切境, 不動不搖, 於出世法. 不貪不著不愛, 於一切處常行方便, 隨順衆生, 使之歡喜信服, 爲說正法. 令悟菩提, 如是始名修行, 故言修一切善法." ; 『銷釋金剛經科儀會要註解』卷7(X24, p.724), "所言善法者, 牒上修一切善法, 卽俗諦也. 如來說卽非善法者, 佛欲遣去執著善法之跡, 卽眞諦也. 是名善法者, 以眞俗無礙卽菩提無漏之法, 乃中道也." ; 『金剛經注解』

진여의 지혜로 무루의 생활을 하려면 반드시 무사상(無四相)이 되어야 한다고 하는 것이다. 여기에서 선법(善法)은 만법(萬法)이 공(空)이라는 사실을 체득하여 점수하는 것을 '만연구절'이라고 하며 이렇게 하는 것을 성(性)의 해탈(解脫)이라고 하고 있다. 그러므로 선법을 '즉비선법'이라고 공(空)이란 말 대신에 대승의 즉비(即非)라고 하였으며 공(空)이 되었으므로 다시 최상승의 선법(善法)이 된다고 여래는 설하고 있다. 이것을 진여의 지혜로 최상승의 생활을 한다고 하는 것이다. 그러므로 이렇게 하는 것을 '아뇩다라삼먁삼보리'라고 하는 것이다.

'아뇩다라삼먁삼보리'가 '무상정등정각'이고 견성이라는 것은 식심견성(識心見性)이라는 말과 '즉심자성'이라는 말에서 견성(見性)이다. 한글로는 깨달음이라는 언어 때문에 깨달으면 여래가 되어야 한다고 이해를 하고 있다. 이것은 견성하고 성불해야 한다는 것을 합쳐서 견성하면 바로 성불이라는 성급한 생각을 하기에 밤송이를 까지도 않고 먹으려고 한다고 하는 것이다. 견성하여 정각을 이루고 소승으로 '돈오점수'하여 모든 것이 훈습이 되어야 대승의 돈오돈수를 하게 되는 것이다. 대승이 되어야 아라한이 되고 보살마하살로서 무주의 실천을 하는 최상승의 여래가 되는 것을 성불이라고 한다. 그런데 이런 과정을 거치지도 않고 너무 급하게 하면 마음만 이루려고

(X25, p.747), "是法, 指眞性而言, 平等, 佛與衆生無高下也. 修一切善法, 謂常行方便, 隨順衆生而爲說法, 令悟眞性也."

213) 『金剛般若波羅蜜經』(T08, p.751), "復次, 須菩提, 是法平等, 無有高下, 是名阿耨多羅三藐三菩提. 以無我, 無人, 無衆生, 無壽者, 修一切善法, 則得阿耨多羅三藐三菩提. 須菩提, 所言善法者, 如來說(卽)非善法, 是名善法."

지식으로 아는 소승이 된다. 그러므로 범부와 소승, 대승, 최상승이라는 언어를 알아야 다시 소승이라는 심병(心病)에 떨어지지 않게 되는 것이다.

번역에서 선법(善法, kuśalā dharma)을 "능숙한 법, 착한 법, 좋은 법, 선근 공덕이 되는 선법, 선(善)의 법, 무심히 행할 때에 선법, 훌륭한 깨달음, 해탈로 나아가기에 적절하고도 좋은 법"214)등으로 번역하고 있다. 그런데 왜 선법을 만법이라고 하였는가하면 자각하여야 자신의 법이고 본성의 법이 되어야 공덕을 실천할 수 있고 무사상(無四相)이 되기 때문이다. 그래서 자신의 법은 만법이고 선법은 공(空)의 만법이 되어야 하는 것이다. 불교의 불법(佛法)은 자신의 본성을 벗어나지 않는다. 그러므로 이 경(經)을 설한 것도 대승이나 최상승에게 설한 것이라고 분명하게 강조하고 있는 것이다.

214) 각묵(1991), p.366.(능숙한 법) ; 김진무·류화송(2018), p.286.(착한 법) ; 무비(1994), 『금강경 강의』, p.242.(무심히 행할 때에 선법) ; 김강유 외 2명(2021), p.310.(좋은 법) ; 백용성 저·김호귀 풀이(2019), p.289.(착한 법) ; 성본(2012), p.303.(선근 공덕이 되는 법) ; 이기영(1978), p.316.(선(善)의 법) ; 전광진(2020), p.130.(훌륭한 깨달음) ; 지안(2010), p.248.(착한 법) ; 현진(2021), p.376.(해탈로 나아가기에 적절하고도 좋은 법)

24. 반야바라밀은 비교하는 것이 아니다[215]

복덕과 공덕을 정확하게 알아야 하는 것이며 '보시바라밀'을 실천하더라도 무루의 실천을 해야 하기에 이 경(經)의 뜻을 수지하여야 한다고 다음과 같이 설하고 있다.

> 수보리여, 만약에 삼천대천세계에 있는 모든 수미산에 가득 찬 칠보를 가지고 어느 사람이 '보시바라밀'을 행한다고 하고, 또 만약에 어느 사람은 이 '반야바라밀경'이나 사구게 등을 정확하게 깨달아 수지하고 독송하며 다른 사람에게 정확하게 해설하여 깨닫게 한다면 이것은 앞의 복덕보다 백배나 백 천만억 배 보다도 더 많아 숫자로 셀 수 없을 정도로 수승[216]한 것이다.[217]

복과 지혜를 양으로 비교하는 것은 불가능한데 이와 같이 설하면 만약에 어느 사람이 경전으로 몇 마디 설법하는 지혜는 크고 보시는 적은 것으로 오인하기 쉬운데 여기에서 비유하는 것은 '보시바라밀'과 '지혜바라밀'을 설하는 것이므로 서로 비교하는 것은 불가능한 것이다.

보시를 하되 '무사상'으로 '보시바라밀'을 실천해야 하는 것을 설하고 있다.[218] 그리고 경전이나 사구게를 수지하고 독송

---

215) 『金剛經註』卷3(X24, p.560). ; 『銷釋金剛經科儀會要註解』卷7(X24, p.725). ; 『金剛經註解』卷4(X24, p.808).

216) 『金剛經註』(X24, p.403), "聚寶有盡, 妙解無窮也." ; 『金剛經筆記』(X25, p.130), "此校量持經福德之文. 若大千界須彌七寶持用布施, 是有漏因. 其福尚寡. 持說此經, 一四句偈, 是無漏因, 功德無量."

217) 『金剛般若波羅蜜經』(T08, pp.751~752), "須菩提, 若三千大千世界中所有諸須彌山王, 如是等七寶聚, 有人持用布施. 若人以此般若波羅蜜經, 乃至四句偈等, 受持讀誦, 爲他人說, 於前福德 百分不及一, 百千萬億分, 乃至算數譬喻 所不能及."

하거나 사람들에게 설하는 것[219]도 자신이 수미산만큼 많은 지혜를 구족하여야 하는 것이라고 하면 쉽게 할 수 있는 것이 아니다. 그래서 '보시바라밀'과 '지혜바라밀'을 정확하게 알고 소승에서 대승으로 전환하여 실천하면 불자로서 부처님의 은혜를 갚게 되는 것이다.

여기에서 중요한 것은 대승과 최상승의 근본적인 사상인 무루의 실천을 해야 공덕이 된다는 것은 8단의 복덕성을 말한다. '사구게'를 수지했다고 하는 것은 『금강경』에서 말하는 대승의 보살이 되었다는 것이며 여래의 입장에서 설해야 한다는 것을 설하고 있다. 『금강경』을 설하려고 하면 최소한 대승보살의 지위가 되어야 '바라밀'을 실천하는 것이므로 공덕이 되려면 여래나 아라한, 보살마하살, 대비구가 되어야 한다.

사족을 달면 범부나 소승들이 이 경(經)에 대하여 약간만 안다고 하여 다른 사람들에게 알려주면 공덕이 있을 것이라는 생각을 하여 알려주어도 아무런 공덕이 없는 것이다. 양무제와 달마의 무공덕(無功德)과 같다. 그러므로 자신도 할 수 없는 것을 타인에게 알려준들 무슨 이익이 있겠는가? 외도(外道)의 사람들이 무조건 자기네들의 단체로 끌어다가 숫자만 널리면 공덕이 있을 것이라는 생각은 꿀벌이 꿀을 모으지만 왜 꿀을 모으는지 모르고 일생을 꿀만 모으다가 가는 꿀벌과 무엇이 다르겠는가? 정신을 차려야 한다. 꿀벌의 수명은 얼마가지 못하는 것이다.

---

218) 범본에는 "Tathāgatebhyo'rhadbhyaḥ samyaksambuddhebhyo dānaṃ dadyāt."라고 여래와 아라한, 정등정각에게 보시하기에 '보시바라밀'이라고 하였다. 8·19단 참조요.

219) 범본에는 "catuṣpādikām api gāthām udgṛhya(사구게를 가지고) parebhyo(남을 위해) desáyed(가르친다면)."이라고 하고 있다.

25. 구경(究竟)의 제도(濟度)는 자신이 한다220)

여래가 제도한다고 하는 것은 『금강경』을 수지하게 하는 것이고 수지하는 것은 자신들이 반야의 지혜를 수지하는 것이다. 그러므로 설법이나 보시를 하여도 무사상(無四相)으로 해야 하고 최소한 사구게 라도 정확하게 수지해야 한다고 하고 있다. 그러므로 제도한다고 하여도 구경에는 자신이 자신을 제도해야 한다[衆生自度]고 하는 것이다. 즉 생멸이 있으면 범부라고 하고 생멸이 없으면 범부가 아닌 것이다. 이 말은 제도한다는 생각이 조금이라도 남아 있으면 범부가 된다고 다음과 같이 설하고 있다.

> 수보리여, 어떻게 생각하느냐? 그대들은 여래가 중생을 제도한다는 조작된 마음을 가지고 중생을 제도한다는 생각을 해서는 안 된다.221) 수보리여, 왜 그런 생각을 하면 안 되는가 하면 여래는 실제로 마음속에 중생이라는 생각이 조금도 없이 제도하는 것을 여래가 중생을 제도한다고 하는 것이다. 만약에 여래가 중생이라는 생각을 가지고 중생을 제도한다면 여래가 '사상'을 가지고 있는 것이 된다. 수보리여, 여래가 설하는 '아상'이 있다고 하는 것은 중생심을 가진 내가 있다는 것을 초월한 '즉비유아'로 자성이 청정한 불성을 가진 '아상'이 있다는 것222)이지만 범부들은 모두 자신의 중생심인 '아상'이 실제로

---

220) 『金剛經註』卷3(X24, p.560). ; 『金剛經補註』卷2(X24, p.842). ; 『金剛經正解』卷2(X25, p.622).

221) 범본에 "mayā(내가, 여래가) sattvāh(중생들을) parimocitā(해탈시켰다.) iti(라는)"이라고 하는 "api nu(진실로) Tathāgatasyaivaṃ(여래에게 이러한) bhavati(생각이)."생기겠는가라고 하고 있다. ; 『金剛經決疑』(X25, pp.68~69), "所云生佛平等, 平等則無佛無衆生. 何言我當度衆生耶, 衆生人也. 我度衆生則有我矣." ; 여래는 중생과 부처라는 조작된 마음이 전혀 없이 최상승의 제도를 하는 것이다.

있다고 생각한다. 수보리여, 여래가 말하는 범부는 자신이 진여의 지혜를 체득하고 자각하여 살아가면 곧바로 범성을 벗어나게 되므로 여래는 '즉비범부'를 범부라고 설하는 것이다.223)

범부라고 하는 것은 '반야바라밀'을 깨닫지 못한 것이라서 지혜가 없는 것을 말한다. '반야바라밀'을 깨달으면 '번뇌즉보리'가 되어 범부가 깨닫게 되어 소승이 되는 것이다. 그리고 『금강경』을 『능단금강반야바라밀경』이라고 한 것은 대승으로 자신의 아상(我相)을 자신이 초월하여[則非] 능소(能所)가 없어야 하는 것이다. 즉 끊어야 할 것이 있거나 끊는다는 생각이 있으면 아상(我相)이 있다는 것을 말하는 것이다. 그렇지만 『금강경』에서 아상(我相)을 초월한 자성이 청정한 최상승의 여래가 있는 것을 말한다.

범부들은 실제로 오온(五蘊)의 아상(我相)이 영원히 존재한다고 알지만 '반야바라밀'을 깨달으면 범부가 여래가 된다고 말하는 것이다. 그러므로 여래는 범부가 바로 진여의 지혜를 체득하여 초월하여 살아가면 범부가 아니고[즉비범부] 아상(我相)이 없는 여래이므로 범부라고 한다고 설하고 있다. 이 말은 범부의 입장에서 보면 모두가 범부가 되겠지만 여래의 입장에서 보면 범부가 이 자리에서 '반야바라밀'을 자각만하면 범부

222) 『金剛經解義』卷2(X24, p.530), "如來說有我者 是自性清淨, 常樂我淨之我. 不同凡夫貪嗔無明虛妄不實之我. 故言凡夫之人, 以爲有我. 有我人者, 卽是凡夫. 我人不生, 卽非凡夫. 心有生滅, 卽是凡夫. 心無生滅, 卽非凡夫. 不悟般若波羅蜜多, 卽是凡夫. 若悟般若波羅蜜多, 卽非凡夫. 心有能所, 卽是凡夫. 心無能所, 卽非凡夫."

223) 『金剛般若波羅蜜經』(T08, p.752), "須菩提, 於意云何. 汝等勿謂如來作是念, 我當度衆生. 須菩提, 莫作是念, 何以故, 實無有衆生 如來度者. 若有衆生 如來度者, 如來則有我, 人, 衆生, 壽者. 須菩提, 如來說. 有我者, 則非有我, 而凡夫之人 以爲有我. 須菩提, 凡夫者, 如來說則非凡夫."

가 여래가 된다고 설하는 것이므로 범부를 여래라고 하는 것[224]이다.

다른 번역을 보면 범본의 "na-asti(없기 때문이다) Subhūte (수보리여) kaścit(어떤) sattvo(중생도) yas(즉) Tathāgatena (여래에 의하여) parimo-ocitaḥ(제도되었다)(㉠何以故, 實無有衆生 如來度者 ㉡善現 無少有情 如來度者)"를 "여래가 제도한 중생이 실제로 없기 때문이다."[225]라고 번역하고 있다. 이렇게 번역하면 여래가 제도하지 않았다라고 오해할 수도 있다. 진실로 여래는 몰종적의 '반야바라밀'을 실천하는 최상승의 사람이므로 제도한다는 생각을 하지 않고 많은 중생을 제도하는 것이다. 그래서 바로 다음구절에 무사상(無四相)으로 제도한다고 반복하여 설하고 있다. 그리고 여래는 부처나 범부중생이라는 생각도 하지 않고 제도한다고 하는 것은 모든 사람들을 평등하게 아는 최상승의 자비심 때문이다.

대승이라는 말을 계속 반복해서 설하고 있는 경(經)이다. 즉 중생을 제도한다는 생각 없이 중생을 제도하기에 화무소화(化無所化)라고 하는 대승이 되어야 한다는 것을 설하고 있다.

---

224) 『金剛經疏』(T85, p.127), "凡夫者, 如來說則非凡夫者, 是佛眞智也." ; 『梁朝傅大士頌金剛經』(T85, p.7), "凡夫者 如來說 則非凡夫, 是名凡夫." ; 『金剛經註疏』卷3(X24, p.464), "須菩提, 凡夫者, 如來說 則非凡夫, 不得聖法 名曰凡夫. 凡夫者, 執我之物耳. 凡夫無者, 我亦無也." ; 『紫柏尊者全集』卷19(X73, p.310), "一朝知本具, 衆生卽如來." ; '則非'로 대승과 최상승의 여래를 설하고 있다.

225) 대한불교조계종 교육원(2009), p.76.

26. 법신은 상(相)으로 구하는 것이 아니다[226)]

여래는 비상(非相)의 법신(法身)이므로 형상이나 음성으로 구하려고 하면 사도(邪道)라고 하고 있다. 여기에서 대승의 수행자에게 사도(邪道)를 말하는 것은 소승의 수행자가 생기는 것을 방지하기 위한 것이다. 왜냐하면 소승의 수행을 초월한 대승의 수행자도 자만하거나 나태하지 않기를 바라는 마음으로 '32상'만으로는 여래가 아니라고 설하고 있다.

> 수보리여, 32상을 원만하게 갖춘 사람을 보았다고 여래를 친견하였다고 할 수 있겠느냐? 수보리가 대답했다. 예, 맞습니다. 32상의 모습으로도 여래를 친견할 수 있습니다. 부처님께서 수보리에게 말했다. 만약에 32상을 구족한 것을 여래라고 한다면 전륜성왕도 여래가 되겠구나? 수보리가 부처님에게 말했다. 세존이시여, 제가 부처님께서 말씀하신 것을 듣고 보니 32상만으로는 여래를 친견할 수 없겠습니다. 이때에 세존께서 게송으로 말씀하셨다. 만약에 여래를 형상으로 찾으려고 하거나, 묘한 음성으로 여래를 찾으려고 하면, 이 사람은 잘못된 수행을 하는 것이고, 여래를 친견할 수 없는 것[227)]이다.[228)]

---

226) 『金剛經註』卷3(X24, p.561). ; 『銷釋金剛經科儀會要註解』卷7(X24, p.730). ; 『金剛經正解』卷2(X25, p.622).

227) 菩提流支 譯, 『金剛般若波羅蜜經』(T08, p.756), "若以色見我, 以音聲求我, 是人行邪道, 不能見如來. 彼如來妙體, 卽法身諸佛, 法體不可見, 彼識不能知" ; 留支 詔譯, 『金剛般若波羅蜜經』(T08, p.761), "若以色見我, 以音聲求我, 是人行邪道, 不應得見我. 由法應見佛, 調御法爲身, 此法非識境, 法如深難見." ; 三藏眞諦 譯, 『金剛般若波羅蜜經』(T08, p.766), "若以色見我, 以音聲求我, 是人行邪道, 不應得見我. 由法應見佛, 調御法爲身, 此法非識境, 法如深難見." ; 『大般若波羅蜜多經』卷577(T07, p.985), "諸以色觀我, 以音聲尋我, 彼生履邪斷, 不能當見我. 應觀佛法性, 卽導師法身, 法性非所識, 故彼不能了" ; 玄奘 譯, 『能斷金剛般若波羅蜜多經』(K05, p.1008), "諸以色觀我 以音聲尋我 彼生履邪断 不能當見我 應觀佛法性 卽導師法身 法性非所識 故彼不能了"

여기에서 수보리가 32상을 구족한 것을 여래라고 처음에는 대답하고 그 다음에는 아니라고 하고 있다. 이것을 'draṣṭavyaḥ(보여지다)'를 관(觀)이나 견(見)으로 번역한 것에서 찾으려고 하는 것과 수보리의 오답을 유도하기 위한 것이라고 소승의 입장에서 추측하고 있다. 그러나 구마라집의 입장에서 볼 때 수보리의 앞의 대답은 대승에서 범부를 여래라고 볼 때에 한 대답이고 두 번째 대답은 여래가 32상의 모습만 구족[전륜성왕]하여도 여래라고 하겠느냐고 묻는 대답에서 모습만으로는 여래가 아니라고 한 것이다. 구마라집은 석가여래를 32상을 구족한 여래로 알고 긍정한 것이다. 현장은 범본을 있는 그대로 번역하였다고 할 수 있다. 그러므로 여래가 수보리의 대답을 유도한 것이라고 보기 보다는 대승의 입장에서 대답하고 교화의 방편이라고 보는 것[229]이 합당할 것이다.

부처가 32상을 구족하였다고 하여도 불법(佛法)에 맞게 살아가지 못하면 부처가 아닌 것이고 또 아무리 언변(言辯)이 좋아도 언행(言行)이 일치하지 못하고 마음이 삼매가 되지 않으면 범부인 것이다. 자신이 진여의 지혜로 살아가지 못하면서 언변과 형상으로 부처와 비슷하든지 같게 한다고 하여도 부처와는 거리가 멀게 된다고 하고 있다. 그러므로 본성은 평등하여 앞

---

228) 『金剛般若波羅蜜經』(T08, p.752), "須菩提, 於意云何, 可以三十二相觀如來不. 須菩提言. 如是如是. 以三十二相觀如來. 佛言 須菩提. 若以三十二相 觀如來者, 轉輪聖王 則是如來. 須菩提 白佛言. 世尊, 如我解佛所說義, 不應以三十二相 觀如來. 爾時, 世尊而說偈言. 若以色見我, 以音聲求我, 是人行邪道, 不能見如來."

229) 범본에는 "subhūte āha: no hīdaṃ Bhagavān, yathā-ahaṃ Bhagavato bhāṣitasya-artham ājānāmi na lakṣaṇa-sampadā Tathāgato draṣṭavyaḥ. (구)須菩提言. 如是如是. 以三十二相觀如來. (현)善現答言 如我解佛所說義者 不應以諸相具足 觀於如來"라고 하고 있다. 수보리의 상반된 대답을 (구)와(현)은 기록하고 있다.

에 설명하였듯이 범부가 여래가 되어도 얼굴을 바꾸지 않는다고 하는 것[230]은 누구나 여래가 될 수 있다는 것을 말하고 있다.

여기의 세 번째 게송에서 현장이 말하는 게송의 후구인 여래는 법신이라고 하는 것에 대하여 알아보면 『대반야바라밀다경』과 『능단금강반야바라밀다경』에 “색으로 여래를 관하려고 하고 소리로 여래를 찾는다면 그는 삿된 단견에 빠진 것이니 여래를 친견하지 못하네. 마땅히 부처의 법성을 관하여 자각하면 도사가 법신이니 법성이 의식의 대상이라는 것을 깨달아 초월하면 요달하지 못하는 것이 아니네.(※법성을 대상으로 알려고 하면 그는 요달하지 못하네.)”[231]라고 하고 있다.

다른 본에 의하면 “만약에 여래를 형상으로 찾으려고 하거나, 묘한 음성으로 여래를 찾으려고 하면, 이 사람은 잘못된 수행을 하는 것이고 여래를 친견할 수 없게 된다.”라고 하며 뒤의 구절은 “여래의 미묘한 본체를 친견하려고 하면 법신이 제불이라는 것을 자각하여야 하고 법체를 눈으로 보려고 하면 친견할 수 없으며 지식으로는 깨달아 알 수 있는 것이 아니네

---

230) 『少室六門』(T48, p.372), “蛇化爲龍, 不改其鱗, 凡變爲聖, 不改其面.” ; 『景德傳燈錄』卷28(T51, p.441), “如蛇化爲龍不改其鱗, 衆生迴心作佛不改其面, 性本清淨不待修成.”

231) 玄奘, 『大般若波羅蜜多經』卷577(T07, p.985), “諸以色觀我, 以音聲尋我, 彼生履邪斷, 不能當見我. 應觀佛法性, 即導師法身, 法性非所識, 故彼不能了.” ; 『能斷金剛般若波羅蜜多經』(K05, p.1008), “諸以色觀我 以音聲尋我 彼生履邪断 不能當見我 應觀佛法性 即導師法身 法性非所識 故彼不能了.” ; 범본에는 “ye māṃ rūpeṇa ca adrākṣur(若以色見我) ye māṃ ghoṣena ca anvayuḥ(以音聲求我) mithyā prahāṇa prasṛtā(是人行邪道) na māṃ drakṣyant te janāḥ(不能見如來) dharmato Buddhā draṣṭavyā(應觀佛法性) dharnakāyā hi nāyakāḥ(即導師法身) dharmatā ca na vijñeyā(法性非所識) na sā śakyā vijānituṃ(故彼不能了).”라고 하고 있다. ; ※ 二頌闕一(應觀佛法性, … 故彼不能了.)

(彼如來妙體, 卽法身諸佛, 法體不可見, 彼識不能知.).”라고 하고 또 “법성으로 부처를 친견하려고 하면 조어장부는 법성을 자신으로 하니 이 법성은 지식의 대상경계를 초월하여야 하므로 지식으로는 법성을 친견하기는 어렵네(由法應見佛, 調御法爲身, 此法非識境, 法如深難見.).”라는 부분이 구마라집의 본에는 없다. 이것은 성상(性相)이나 체용(體用)의 입장에서 성(性)이나 체(體)를 빼고 번역한 것이다.

현장의 본에 의하면 상(相)과 비상(非相)에 대하여 “제상(諸相)을 구족하여도 모두 허망한 것이고 비상(非相)을 구족하면 모두가 허망하지 않은 것이므로 상(相)과 비상(非相)을 여시(如是)하게 깨달아 알면 여래를 지금 관조하여 직접 친견하게 되는 것”232)이라고 하고 있다. 그러면 상(相)을 비상(非相)으로 보아야 하는 것이므로 상(相)을 공(空)으로 보아야 한다고 하는 내용이다. 공(空)을 사용하지 않았지만 비상(非相)을 사용하여 설명하고 있다.

232) 『大般若波羅蜜多經』卷577(T07, p.980), “乃至諸相具足皆是虛妄, 乃至非相具足皆非虛妄, 如是以相非相 應觀如來.”

27. 진여의 지혜로 살아가면 만법이 청정하다[233)]

앞단에서 상(相)을 비상(非相)이라고 해야 한다고 하였기에 이제는 보살이 단멸상에 떨어지는 것을 방지하기 위하여 불공(不空)의 실천법을 설하고 있다. 범어의 "lakṣaṇa-sampadā"를 "32상이나 어떤 특징을 갖춘 자, 32가지 대인상을 구족한 것, 성스러운 상, 어떤 특징을 갖춘 자, 32가지 감지새갖춰짐"[234)]등으로 번역하는데 이런 모습만 구족하였다고 여래의 '아뇩다라삼먁삼보리'를 얻는 것이 아니라고 하고 있다.

> 수보리여, 그대는 여래가 32상을 완벽하게 갖추었기 때문에 '아뇩다라삼먁삼보리'를 체득한 것이 아닐까라고 생각하지 않는가?[235)] 수보리여, 여래가 32상을 완벽하게 갖추었다고 '아뇩다라삼먁삼보리'를 체득한 것이 아닐까라는 생각은 하지 말아야 한다. 수보리여, 그대가 만약에 이와 같이 생각한다면 '아뇩다라삼먁삼보리'를 발심한 보살이 제법을 단멸상이라고 알고 설한다고 할 수 있는 것[236)]이 되므로 그렇게 생각하지 말아야

---

233) 『金剛經註』卷3(X24, p.561). ; 『金剛經註解』卷4(X24, p.811). ; 『金剛經補註』卷2(X24, p.843).

234) 이기영(1978), p.322. ; 각묵(1991), p.378. ; 전재성(2003), p.231. ; 박지명(2019), p.340. ; 현진(2021), p.392.

235) 이 부분의 번역은 범본과 현장본에 의함. "lakṣaṇa-sampadā(32상) Tathāgatena(여래에 의하여) anuttarā(무상) samyaksambodhir(정등정각을) abhisambuddhā(완벽하게 깨달은 것이 아닌가)?" ; (구)汝若作是念, 如來不以具足相故, 得阿耨多羅三藐三菩提. (현)於汝意云何 如來應正等覺以諸相具足 現證無上正等覺耶

236) 『金剛經補註』卷2(X24, p.843), "如來不以具足相故者, 佛恐須菩提落斷滅見, 是故令離兩邊. 然性含萬法, 本自具足. 應用徧知, 一卽一切, 一切卽一, 去來自由, 無所罣礙. 此法上至諸佛, 下至含識, 本無欠少, 是名具足相也." ; 『金剛經註解』卷4(X24, p.811), "於法不說斷滅相者, 見性之人, 自當窮究此理. 若人空心靜坐, 百無所思, 以爲究竟, 卽著空相, 斷滅諸法." ; 『金剛經法眼註疏』卷2(X25, p.673), "疏. 由上誡尊者切切辭云. 汝莫作小乘

한다. 왜냐하면 '발아뇩다라삼먁삼보리심'의 발심을 한 대승의 보살마하살은 제법을 단멸상이라고 알고 설하고 생활하지 않기 때문[237]이다.[238]

단멸상은 제법이 단멸한다고 생각하는 편견인데 제법을 상견이나 단견으로 아는 소승의 견해를 모두 초월하여야 진여의 지혜로 알게 된다고 하고 있다. 상견과 단견을 사람의 죽음과 연결시켜 죽어도 영원하다는 상견과 죽으면 아무 것도 없다는 단견으로 결합시켜서 미래와 지금의 생활을 충실하게 하지 못하게 하는 공병(空病, 心病)이 생기게 하면 오히려 잘못이다. 불교를 공부하거나 불법으로 수행하는 이들은 제법이라는 말의 뜻을 잘 알겠지만 만법을 외부에 있는 육진경계라고만 아는 경우가 있는데 육진(六塵)이 있으려고 하면 육근(六根)이 없이 육진(六塵)만 있을 수 없다. 그러므로 육근(六根)으로 육진(六塵)을 인식하여 아는 육식(六識)이 일체가 되어야만 인연에 의한 법이 만들어지기 때문이다. 인연법에 의한 제법은 만법에 의한 것이므로 이 제법을 범부나 소승이 단견이나 상견으로 보며 허무주의에 떨어지지 말라는 것이다. 그런데도 『금

斷滅見念. 汝若作是念發阿耨多羅三藐三菩提心者, 豈非說諸法斷滅相, 則墮外道見也. 蓋大乘所修福德之因福德之果, 但離取著之相. 故又誡云莫起小乘斷滅見之念耳." ; 소승의 견해를 타파하기 위하여 설함.

237) 범본에는 "tat kasya hetoḥ(왜냐하면) na bodhisattva-yāna-samprasthitaiḥ(보살승에 굳건히 나아가는 자, (구)發阿耨多羅三藐三菩提心者 (현)諸有發趣菩薩乘者) kasyacid(무슨) dharmasya(법의) vināśaḥ(소멸) prajñapto(선언하다) nocchedaḥ(단멸도 없기 때문이다). (구)於法不說斷滅相 (현)終不施設少法 若壞若斷"이라고 하고 있다.

238) 『金剛般若波羅蜜經』(T08, p.752), "須菩提, 汝若作是念, 如來不以具足相故, 得阿耨多羅三藐三菩提. 須菩提, 莫作是念, 如來不以具足相故, 得阿耨多羅三藐三菩提. 須菩提, (汝)若作是念. 發阿耨多羅三藐三菩提者, 說諸法斷滅相, 莫作是念. 何以故, 發阿耨多羅三藐三菩提心者, 於法不說斷滅相."

강경』에서 말하는 의미와는 다르게 외도와 범부나 소승들이 생명이 죽고 나서 영원불멸하는 아견(我見)의 영혼이 있어서 언젠가는 다시 부활한다는 마음을 가지고 제법을 이해하려고 하면 해결하기 어려울 것이다.

다시 불공(不空)을 설하는 것은 여래의 말을 이해하지 못하는 이들이 아직도 형상만 구족해야한다는 견해를 타파하기 위하여 이와 같이 설하는 것이다. 그러므로 진여의 지혜로 생활하는 보살을 『금강경주해』에 "於法不說斷滅相者, 見性之人, 自當窮究此理."[239]라고 하며 견성한 사람이라 하는 것은 보살이 무멸(無滅)하는 불법의 도리를 깨달아 단멸상에 떨어지지 않고 대승으로 불공(不空)을 실천하는 것을 말한다. 이 부분은 사람의 형상으로 사람을 차별하지 말아야 한다는 '천상천하유아독존'을 설하고 있다.

239) 『金剛經註解』卷4(X24, p.811), "於法不說斷滅相者, 見性之人, 自當窮究此理. 若人空心靜坐, 百無所思, 以爲究竟, 卽著空相, 斷滅諸法."

28. 보살은 공덕을 실천한다[240)]

'불수불탐'이라고 제목을 붙인 것은 대승보살은 항상 지족(知足)하여 만족하므로 더 탐하지 않아 받을 필요가 없다고 하는 것이다. 보시를 하여도 번뇌 망념으로 오염되지 않아 집착이 없으므로 마음이 허공과 같아서 무아(無我)의 '보시바라밀'을 하여 탐욕이 전혀 없다고 설하고 있다.

수보리여, 만약에 어느 보살이 항하사만큼 많은 세계에 가득 찬 칠보로 '보시바라밀'을 행했다고 하고, 또 만약에 다시 어느 보살은 일체법에서 '무아'를 깨달아 무생법인[241)]을 체득하여 '보시바라밀'을 실천한다고 하면 이 보살이 앞의 보살이 실천한 공덕보다 수승하다. 수보리여, 모든 보살들은 복덕을 받기위하여 하는 것이 아니기 때문이다.[242)] 수보리가 부처님에게

---

240) 『金剛經註』卷3(X24, p.562). ; 『銷釋金剛經科儀會要註解』卷8(X24, p.734). ; 『金剛經註解』卷4(X24, p.812).

241) 『金剛般若經贊述』卷2(T33, p.152), "此第二以福校量也. 謂因了達二我空故而得於忍. 其福過彼所施功德也. 得成忍者, 忍有三種. 一者本性無生忍, 謂觀遍計所執人法二相 本無體故. 二者自然無生忍, 觀依他假因緣非自然生故. 三者惑苦無生忍, 觀於眞如惑苦本不生故." ; 『金剛般若波羅蜜經註解』(T33, p.237), "故云若有人知一切法無我得成於忍. 無我者, 無人法二執也. 忍卽無生法忍, 初住菩薩所證也. 旣得無生法忍, 則與彼住相行施者不同. 故云勝前菩薩所得福德. 言不受福德者, 不受有漏福報也. 善現又疑. 旣不受福報, 云何能獲無生法忍. 須知有漏果報則不應受. 無漏果報則受而不取, 取謂取著. 故云菩薩所作福德不應貪著也." ; 『金剛經註解』卷4(X24, p.812), "知一切法無我者, 一切萬法本來不生. 本來無我相, 所得功德, 卽非七寶布施等福所能比也. 得成於忍者, 旣知人法無我, 則二執不生, 成無生忍. 此乃勝前七寶布施菩薩, 夫萬法本來無性." ; 범본의 "kṣāntiṃ(인가결정, 인내) pratilabhate(성취하다)."를 인욕이라고 번역하고 있는데 일체법에서 무아를 체득하는 것이므로 인욕보다는 '무아'의 불법을 체득한 인가이므로 '무생법인'이 바른 뜻이다.

242) 의역을 하면, "왜냐하면 수보리여, 이와 같이 모든 보살들은 '보시바라밀'을 실천하므로 유루나 무루의 복덕을 받기위하여 '보시바라밀'을 실천하는 것이 아니기 때문"이라고 할 수 있다.

> 말했다. 세존이시여, 어찌하여 보살은 복덕을 받기위하여 하는 것이 아닙니까? 수보리여, 보살은 복덕을 짓지만 탐착이 없으므로 복덕을 받기위하여 하는 것이 아니라는 것이다.[243)]

보시를 하되 무아(無我)의 '보시바라밀'을 해야 한다고 한 것은 대승보살이 무생법인(無生法忍)을 이룬 것이기에 '보시바라밀'을 실천한다는 생각도 하지 않고 행하는 것이다. 그러므로 일체법에서 무아(無我)를 깨닫는다고 하는 것이다. 즉 무아법을 깨닫는 것은 보살이 조작된 마음 없이 구공(俱空)의 마음으로 생활하는 대승보살이기 때문이다. 이것은 17단에 나오는 내용으로 일체법에서 보살은 모두가 공(空)이므로 사상(四相)이 전혀 없어야 진정한 대승보살이 되는 것이라고 설하고 있다. 대승보살이 무아법을 통달하면 진여의 지혜로 청정하게 생활하게 되는 것이므로 구경에는 아공・법공・구공이라는 마음이 전혀 없는 몰종적인 최상승의 여래로 생활을 하게 되는 것이다. 그래서 무아법을 통달한 사람을 진정한 대승보살이라고 말한다고 하는 것처럼 무생법인(無生法忍)을 이루고 아공・법공이므로 무아(無我)가 되는 것이라고 『금강경주해』에 "得成於忍者, 既知人法無我, 則二執不生, 成無生忍."이라고 설명하고 있다. 대승보살이 '보시바라밀'을 실천하는 것은 진정한 보살의 만법에는 본래부터 무성(無性)이기 때문이다. 그러므로 아무리 많은 칠보로 보시를 하더라도 대승보살이 되어 보살도를 행해야 한다고 여래가 설하는 것은 지극히 청정한 세상인 불

243) 『金剛般若波羅蜜經』(T08, p.752), "須菩提, 若菩薩 以滿恒河沙等世界七寶(持用)布施. 若復有人 知一切法無我, 得成於忍, 此菩薩 勝前菩薩 所得功德. 須菩提, 以諸菩薩 不受福德故. 須菩提 白佛言. 世尊, 云何菩薩不受福德. 須菩提, 菩薩所作福德, 不應貪著, 是故說不受福德."

국토를 건설하고자 하는 여래의 자비심이다. 누구나 대승보살에서 여래가 되어야 하는 이유를 이와 같이 설하고 있다. 중생이 보살이고 여래인 것을 이 자리에서 자각하면 누구나 동일하다고 최상승으로 세존이 설하고 있다. 그런데 지식이나 기술만 있으면 항상 위에서 군림하고자 하는 범부가 탐진치를 제거하지 않고 이 경(經)을 아무리 독송한들 무슨 이익이 있겠는가? 그러므로 이 경(經)은 진정한 보살을 위한 경전으로 대승이나 최상승의 보살을 위한 경(經)이라고 하는 것이다. 그래서 이것은 대승보살이 이 경(經)을 수지하고 독송하면 칠보로 보시한 복덕보다도 수승하다고 하는 것이다.

그런데도 범부와 소승이 이 경(經)을 수지하고 독송하여 사람들에게 설명해준다고 하면서 "여래는 이 사람을 다 알고 다 보아 이 사람이 무한한 공덕이 있다."고 번역하고 있다. 이것은 여래를 전지전능한 사람으로 만드는 것이다. 이렇게 생각하면서 수지하고 독송하며 사람들에게 설법한다고 하면 대승보살이 아니다. 왜냐하면 자신을 나타내기 위한 아상(我相)이 가득한 범부가 된다고 이 경(經)에서 여래는 항상 설하고 있기 때문이다. 아상(我相)을 가지고 수지 독송하고 사람들에게 설법을 한다고 하면 이 경(經)의 내용과 위배되는 것이다. 여기의 번역에서도 "得成於忍"을 "인욕을 성취한다."라고 번역하고 있는데[244] 그러면 보시를 한다고 하는 것에서 무아(無我)라는 것을 알아 인욕을 해야 한다고 하는 것은 억지로 하는 것이 된다. 소승이 '인욕바라밀'을 해야 한다고 번역을 하여도 사견(四見)이 있어 조작하는 것이 된다. 그러므로 무생법인[245]

244) 각묵(1991), p.391. ; 백용성 저·김호귀 풀이(2019), p.311. ; 지안(2010), p.287.

을 성취하여 견성하고 대승의 무성(無性)이 되어야 무사상(無四相)의 진정한 여래로 태어난다.

이 경(經)의 마지막부분에 까지도 대승이 되어야 한다는 것을 강조하기 위하여 대승의 마음은 불수(不受)가 되어야 지족(知足)한다고 삼계를 벗어나기를 바라고 있다. 그래서 출세하여야 복덕에 대한 탐착이 없으므로 무루의 과보를 받기에 불탐(不貪)이라는 말을 하고 있다. 삼계에서 출세하여 대승으로 나아가지 않으면 이 경(經)을 독송할 수도 사람들에게 해설할 수도 없다는 것은 아주 충격적인 말이다. 그러므로 몇 번이나 이 경(經)을 듣고 놀라지 않고 받아들인다면 희유(希有)하다고 하는 것이다. 이 말은 이 경(經)의 본질적인 뜻을 깨달았다는 것이므로 '제일이욕아라한'이 되어야 한다는 것을 말한다.

245) 김호귀(2007), p.171. ; 김호귀(2017a), p.411. ; 성본(2012), p.345.

29. 보살이 진여의 지혜를 실천하면 여래[246]

여래라는 언어를 설명하면서 여래의 종적을 사위의에 맞게 생활하는 것이라고 하면서도 여래라는 말도 못하게 한다. 이 말은 누구나 여래이지만 무사상(無四相)의 여래가 되어야 한다는 것이고 이름이라는 한 글자도 용납하지 않는 철저한 무소유(無所有)로 최상승의 청빈한 여래를 탄생하게 하는 것이다.

> 수보리여, 만약에 어느 사람이 여래가 행주좌와[247] 한다고 말하면 이 사람은 내가 말한 진여의 지혜로 생활하는 여래의 의미를 알지 못한다. 왜냐하면 여래는 어디에서 온 것이 아니고 어디로 가는 것이 아니므로 자신이 진여의 지혜로 생활하면 누구나 여래가 되는 것이다.[248]

여래가 오고 간다든지 앉고 눕는다고 하면 여래를 형상으로 보는 것이 된다. 석가모니가 여래로서 설법을 하지만 철저한 최상승의 무소유를 실천하고 있다. 자신이 여래이지만 자신의 존재를 나타내려는 마음이 전혀 없다는 것을 강조하기 때문에 지금까지 모든 사람의 존경을 받는 최상승의 성자이다. 여기에서 진성(眞性)을 말하는 것은 공(空)이나 색상(色相)에 떨어지지 말기를 바라는 것이다. 그러므로 사위의를 갖춘 사람을 여

---

246) 『金剛經註』卷3(X24, p.562). ; 『銷釋金剛經科儀會要註解』卷8(X24, pp. 736~737). ; 『金剛經註解』卷4(X24,

247) 범본에는 “Tathāgato(여래) gacchati vā(가거나) āgacchati vā(오거나), tiṣṭhati vā(서거나, 행하거나) niṣīdati vā(앉거나) śayyāṃ vā(머물거나) kalpayati(눕거나).”라고 하고 있다. ㉠如來若去若來若住若坐若臥

248) 『金剛般若波羅蜜經』(T08, p.752), “須菩提, 若有人言, 如來若來若去, 若坐若臥, 是人不解我所說義. 何以故, 如來者, 無所從來, 亦無所去, 故名如來.”

래라고 하는 것[249]이고 어디에나 걸림 없이 진여의 지혜로 생활하면 누구나 여래라는 것을 설하고 있는 부분이다. 여래를 법신・보신・화신으로 설명하는 것은 이 삼신이 한 사람의 여래가 되어 생활하면 진정으로 청빈한 최상승의 여래가 탄생하게 된다고 설하고 있다.

사위의에 맡게 생활하는 여래를 행주좌와(行住坐臥)한다고 하는 것이지만 여래가 이렇게 생활해야 한다는 마음을 가지면 의심즉차(擬心即差)나 동념즉괴(動念卽乖)라고 하는 것이 된다. 그러므로 사위의가 적정해야 한다고 하는 것이기에 방편으로 부동(不動)의 여래법신을 설하고 있다.

---

249) 『金剛經正解』卷2(X25, pp.623~624), “須菩提 若有人言(至) 亦無所去故名如來. 註. 此分三言如來, 皆謂眞性也. 眞性無相, 若以四威儀形容之, 是人不解 佛所說 如來之義理也. 故名如來者, 言無去無來, 乃是如來之實義, 名曰如來者, 以是故也. … 若顯現而成四威儀, … 豈可執是而言如來哉. 夫無所從來, 則非有, 亦無所去, 則非無. 有無之見破盡, 至是而色見聲求, 諸法滅之疑, 徹底消釋矣.”

30. 진제(眞諦)의 본성에서는 항상 청정[250]

미진(微塵)을 설명하면서 일합상(一合相)을 말하고 있다. 『금강경보주』에 "미진(微塵)은 망념(妄念)을 말하고 세계는 자신을 말한다."라고 하고 있다. 여기에 자신의 진성(眞性)은 이런 미진(微塵)을 초월한 것이다. 그러므로 진성은 허공에 편만해 있고 오고 가는 것이 없는 것을 진리라고 하고 여래가 색신을 구족한 것을 상(相)이라고 하는 것이다. 이것은 자성이 진공(眞空)이라는 것을 말하는 것이고 외부로는 진공(眞空)을 구비하여 합한 것이 하나가 되어야 한다고 일합상이라고 하는 것이다.

수보리여, 만약에 선남자와 선여인이 삼천대천세계를 파쇄하여 미진[251]으로 만들면 이 '미진'들은 아주 많지 않겠는가? 수보리가 대답했다. 세존이시여, 아주 많겠습니다. 왜냐하면 만약에 이 '미진'들이 실제로 존재하여 아주 많다면 부처님은 미진들이라고 말씀하시지 않았을 것입니다. 왜 그런가 하면 부처님이 '미진'들이라고 말씀하신 것은 곧 '미진'들을 초월하여 벗어난 것이므로 '즉비미진'이라고 하신 것을 '미진'들이라고 말씀하신 것[252]이기 때문입니다. 세존이시여, 여래께서 설하신

---

250) 『金剛經註』卷3(X24, p.562). ; 『金剛經註解』卷4(X24, p.813). ; 『金剛經補註』卷2(X24, p.844).

251) 『金剛經補註』卷2(X24, p.844), "微塵者, 妄念也. 世界者, 身之別名也. 微塵是因, 世界是果. 微塵世界者, 謂因果也. 然自己眞性, 非因非果. 能與六道衆生爲因果也. 謂自性是因, 六道是果. … 若欲除滅世界, 覺悟人法俱空. 了無一法可得. 湛然清淨, 不被諸境所轉, 皆由於自己也."

252) 범본에는 "paramāṇu(微塵)-saṃcayas(衆) Tathāgatena bhāṣitaḥ(佛說), a-saṃcayaḥ(非微塵衆) sa Tathāgatena bhāṣitaḥ(如來說). tenocyate(是名) paramāṇu-saṃcaya(微塵衆) iti. ㉮佛說微塵衆, 則非微塵衆, 是名微塵衆. ㉻如來說極微聚 卽爲非聚 故名極微聚"라고 하고 있다. ; 의역하면 "부처님이 미진들이라고 말씀하신 것은 곧 중생들의 망념이 많은

삼천대천세계는 세계를 초월한 '즉비세계'이므로 다시 세계라고 하신 것입니다.[253] 왜냐하면 만약에 세계가 실제로 있다고 하는 것은 일합상[254]으로 존재하는 것을 말씀하시는 것입니다. 여래께서 말씀하시는 일합상은 일합상을 초월했기 때문에 '즉비일합상'이라고 한 것이고 청정한 진여의 지혜로 생활하는 것을 일합상이라고 말씀하시는 것입니다.[255] 수보리여, 일합상이

것을 비유한 것이며, 부처님은 망념을 모두 자각하여 정념이 되기 때문에 미진들을 초월하여 벗어난 것이므로 대승의 '즉비미진'이라고 말한 것이고, 또 항상 청정한 진여의 지혜로 자각하여 법신을 증득해서 진망이 없이 생활하므로 최상승의 미진들이라 말씀하신 것입니다." ; 『金剛經解義』卷1(X25, p.889), "微塵者, 八萬四千塵勞也. 世界者, 衆生世界也. 三千大千世界所有微塵, 所謂衆生無邊, 煩惱無盡也. 能修般若無相無著之行, 了妄念塵勞, 卽淸淨法性, 故云卽非微塵. 了妄卽眞, 眞妄俱泯, 故云是名微塵. 性無塵勞, 卽佛世界, 性有塵勞, 卽衆生世界. 了諸妄念, 湛然空寂, 故云卽非世界, 證得法身, 普見塵刹, 應用無方, 故云是名世界."

253) 의역하면 "여래께서 설하는 삼천대천세계는 미진으로 만들어진 세계를 망념을 초월하여 공적한 대승의 '즉비세계'라고 한 것이며 청정한 진여의 지혜를 체득하여 실천하면 최상승의 세계가 존재하는 것입니다." ; 『金剛經石注』(X25, p.605), "如來所說三千大千世界, 皆由妄塵積聚而成, 劫數盡時亦有變壞, 此所以虛幻不實, 卽非世界, 是名世界也. 何以謂之非世界, 若以世界爲實有者, 必是本來眞性, 自無始以來, 常住不滅, 以此眞實之性, 在於世界中, 打成一片, 有而不滯於迹, 無而不淪於虛."

254) 『金剛經纂要刊定記』卷7(T33, p.224), "經是名一合相者, 約俗諦說有. 明在次文, 妄執有. 經意云. 此一合相無體可說, 但爲凡夫妄生貪著." ; 『銷釋金剛經科儀會要註解』卷8(X24, p.739), "如來說一合相者, 以界塵法應, 皆具足名相, 卽俗諦也. 則非一合相者, 以界塵法應, 雖具名相, 其性本空, 卽眞諦也. 是名一合相者, 以法身, 能一能異, 非一非異, 圓融無礙, 卽中諦也." ; 『金剛經筆記』(X25, p.131), "下明合塵爲界界元無, 以世界性空, 元無一相. 則法身無一相. 下破和合相. 若世界實有, 則是微塵聚爲一和合相. 既說三千, 則非一合. 以第一義中無實體故, 是名一合相者, 世俗諦故." ; 범본의 "piṇḍa-grāha"를 ㉮는 一合相 ㉾은 一合執 진제는 聚一執 의정은 聚執으로 하였다. 이기영(1978), p.342.(전일체(全一體)), 각묵(1991), p.40 7.(한 덩어리로 뭉쳐진 것), 전재성(2003), p.241, 358.(대상적 실체에 대한 집착)이라고 하고 있다.

255) 범본에는 "piṇḍa-grāhaś(一合相) Tathāgatena bhāṣitaḥ(如來說), agrāhah(非一合相) sa Tathāhatena bhāṣitaḥ(如來說) tenocyate(是名) piṇḍa-grāha iti. ㉮如來說一合相, 則非一合相, 是名一合相. ㉾如來說一合執卽爲非執 故名一合執"라고 하고 있다. ; 의역하면 "여래께서 말씀하시는 일합상은 망념 없이 진여의 지혜로 생활하면 망념의 '상'은 존재하지 않는 대승의 '즉비일합상'이고, 또 항상 청정한 진여의 지혜로 생활하기 때문에

라고 하는 것은 언어문자로 설명하기는 어려운 것인데 단지 범부들이 이와 같이 모든 '상'에 집착을 하는 것일 뿐이다.256)

망념의 세계는 범부의 세계이나 망념을 자신이 돈오하면 여래의 세계가 펼쳐진다. 그러므로 망념은 마음에서 나오는 것이고 이 마음은 자신에게서 나오는 것이므로 '미진세계'를 인과법에 비유하여 설하는 것이다. 그러나 간혹 이것을 실제로 분석하는 경우에 '미진'이나 세계라는 말을 일합상이라고 집착하여 모든 '미진'을 찾아서 '원자'나 '전자'아니면 '미립자'등으로 모든 것을 규명하여 다시 합쳐서 부활하고자 하는 사람들을 질책하고 있다. 쉽게 말하면 물을 분해하여 산소와 수소가 되면 물의 본질은 사라진 것처럼 석공(析空)으로 깨달아 알려고 하면 결국은 자신의 자성도 잃게 되는 것이다.

그러므로 『중아함경』권60과 『전유경』에 독화살을 비유한 것257)처럼 먼저 자신의 자성을 알고 진여의 지혜로 생활하면서 청정한 세계를 건립하는 것이 가장 중요한 것이다. 이것을 하고 나서 '천상천하유아독존'으로 생활하면 탐욕을 벗어난 극락세계가 되는 것이다. 사족을 달면 망념이 일어나면 삼천대천세계의 모든 것을 다 알고자 하지만 망념의 성(性)이 공(空)이라는 사실을 자각하여 구공(俱空)이 되면 무소주(無所住)라는 것

최상승의 일합상이라고 말씀하시는 것 입니다."

256) 『金剛般若波羅蜜經』(T08, p.752), "須菩提, 若善男子, 善女人, 以三千大千世界 碎爲微塵, 於意云何, 是微塵衆 寧爲多不. (須菩提言.) 甚多世尊. 何以故, 若是微塵衆實有者, 佛則不說 是微塵衆. 所以者何, 佛說微塵衆, 則非微塵衆, 是名微塵衆. 世尊, 如來所說 三千大千世界, 則非世界, 是名世界. 何以故, 若世界實有者, 則是一合相. 如來說一合相, 則非一合相, 是名一合相. 須菩提, 一合相者, 則是不可說, 但凡夫之人 貪著其事."

257) 『中阿含經』卷60(T01, pp.804~805). ; 『箭喻經』(T01, pp.917~918).

을 깨닫게 된다.

번역에 대하여 설명하면 "佛說微塵衆, 則非微塵衆, 是名微塵衆."의 번역에서도 즉비(即非)의 문제이며 미진(微塵)을 "티끌 · 먼지 · 원자덩이 · 지극히 미세한 것 · 먼지 · 가루"[258]등으로 번역하고 있다. 이런 미진이 중생의 망념이라는 사실을 비유하여 설명한 것이기에 망념이라는 사실을 자각하면 망념은 사라질 것이므로 정념이 존재하게 된다. 정념도 망념도 결국에는 자신이 공(空)이라는 사실을 알면 일합상이라는 말도 사라지게 된다.

이것을 비유하여 미진세계(微塵世界)라고 설명하고 있다는 사실을 알고 대승으로 번역하여 수지 독송하면 될 것이다. 또 사족을 달면 '원자'에서 '전자'나 '미립자'등으로 더 파고 나가면 결국은 이것이 소승의 석공(析空)이라는 사실을 알아야 한다. 그래서 사의법[259]의 요의경에 의지해야 대승의 체공(體空)으로 실천하게 된다고 하는 것이다.

---

258) 이기영(1978), p.328.(원자의 집합체와 같이 가루) ; 각묵(1991), p.401.(원자덩이와 같은 그러한 형태의 가루) ; 무비(1994), p.270.(작은 먼지) ; 전재성(2003), p.239.(아주 미세한 원자크기의 집합이라고 불리는 티끌) ; 대한불교조계종 교육원(2009), p.84.(티끌) ; 지안(2010), p.303.(티끌) ; 김호귀(2011a), p.270.(작은 먼지) ; 김진무·류화송(2018), p.329.(티끌) ; 성본(2012), p.357.(미세한 티끌) ; 백용성 저·김호귀 풀이(2019), p.319.(미진) ; 박지명(2019), p.358.(원자처럼 가는 먼지) ; 전광진(2020), p.154.(먼지) ; 현진(2021), p.426.(미세한 티끌) ; 김강유 외2명(2021), p.310.(가루)

259) 『大般涅槃經』卷6(T12, p.401), "是諸比丘當依四法, 何等爲四. 依法不依人, 依義不依語, 依智不依識, 依了義經不依不了義經. 如是四法, 應當證知非四種人. 佛言. 善男子, 依法者, 卽是如來大般涅槃, 一切佛法卽是法性, 是法性者卽是如來, 是故如來常住不變."

31. 보살이 정견으로 생활하면 망념은 없다260)

지견(知見)이 생기지 않는 것은 정견(正見)으로 살아가는 것이다. 그러므로 사견(四見)에 대하여 『금강경회해요의』에 의하면 "여래가 설한 아견(我見)은 일체중생이 모두 불성(佛性)이 있다는 것을 깨달은 것을 아견(我見)이라고 하는 것으로 정견(正見)으로 살아간다고 하는 것을 말한다. 그리고 여래는 일체중생이 모두 무루(無漏)의 지성(智性)을 본래 구족하고 있다는 것을 자각한 것을 인견(人見)이라고 하고 있는데 이 마음을 부처261)라고 하기도 한다. 그리고 여래가 설한 중생견(衆生見)은 일체중생이 본래부터 번뇌가 없다는 것을 자각한 것을 중생견이라고 하고 있다. 여래는 일체중생이 자신의 본성도 근본적으로 불생불멸이라는 것을 자각한 것을 수자견(壽者見)이라고 하고 있다."262) 이것은 앞의 사상(四相)과도 연관된다.

> 수보리여, 만약에 어느 사람이 말하기를 부처가 '사견'이 있다는 것을 설했다고 한다면 수보리여, 이 사람은 내가 설한 불법의 뜻을 깨달아 안 사람이라고 할 수 있겠는가? 세존이시여, 아닙니다. 이 사람은 여래께서 설한 불법에 대하여 깨달아 알지 못한 것입니다. 왜냐하면 세존이 설하신 '사견'은 '견'을 초월하여 '즉비사견'이므로 이것을 '사견'이라고 설하신 것263)입

---

260) 『金剛經註』卷3(X24, p.563). ; 『銷釋金剛經科儀會要註解』卷8(X24, p.741). ; 『金剛經註解』卷4(X24, p.815).

261) 『禪源諸詮集都序』卷1(T48, p.399), "若頓悟自心本來清淨, 元無煩惱. 無漏智性本自具足, 此心卽佛. 畢竟無異, 依此而修者, 是最上乘禪, 亦名如來清淨禪, 亦名一行三昧, 亦名眞如三昧, 此是一切三昧根本."

262) 『金剛經會解了義』(X25, p.224), "如來說一切衆生, 皆有佛性, 是眞我見. 說一切衆生, 無漏智性, 本自具足, 是人見. 說一切衆生, 本無煩惱, 是名衆生見. 說一切衆生, 性本不生不滅, 是名壽者見."

니다. 수보리여, '발아뇩다라삼먁삼보리심'의 원력을 세운 보살이나 수행자는 일체법을 항상 진여의 지혜로 보고 알며 확신하여 생활해야 법상이 생기지 않게 되는 것이다. 수보리여, 소위 말하는 법상이라는 것을 여래가 설하는 것은 '즉비법상'이라고 한 것[264]이므로 법상이라고 한 것이다.[265]

---

263) 의역하면 "세존이 설하신 소승의 '사견'은 탐진치를 벗어난 본성이 '공'이므로 대승의 '즉비사견'은 망견이 없는 진견이고 다시 최상승의 '사견'이라고 설하신 것은 법성이 청정한 진여의 지혜로 생활하는 것입니다." ; 『金剛經略疏』(X25, p.165), "凡夫之人貪著其事者, 皆由於我, 法起妄執也. 今除我執, 謂若人言如來說我人等見者, 是人不解佛所說義. 何者, 以我人等見, 本自空寂, 當體如如, 故云非我人等見. 但隨俗假稱是名我人等見也." ; 『金剛經註講』卷2(X25, p.731), "執有執無, 皆是妄見. 卽非我見人見衆生見壽者見之眞見也." ; 『金剛經如是解』(X25, p.204), "若於自心無求無得, 湛然常住, 是清淨我見. 若見自性本自具足, 是清淨人見, 於自心中無煩惱可斷, 是清淨衆生見, 自性無變無異, 不生不滅, 是清淨壽者見." ; 『金剛經破空論』(X25, p.147), "智者應知四見離, 說有非有解實義." ; 『金剛經註講』卷2(X25, p.731), "是名我見人見衆者見壽者見, 惟不執於有, 不執於無, 有而非有, 無而非無, 不墮常見, 不墮斷見, 自得法性圓融, 湛然常淨, 是名我見人見衆生見壽者見也. 是我所說, 未能覺悟深解之, 是人不解如來所說義耳." ; 범본에는 "ātma-dṛṣṭis(我見) Tathāgatena bhāṣitā(世尊說), a-dṛṣṭiḥ(非我見) sā Tathāgatena bhāṣitā(如來所說) tenocyata(是名) ātma-dṛṣṭir(我見) iti. (구)世尊說我見, 人見, 衆生見, 壽者見, 卽非我見, 人見, 衆生見, 壽者見, 是名我見, 人見, 衆生見, 壽者見. (현)如來所說我見有情見命者見士夫見補特伽羅見意生見摩納婆見作者見受者見 卽爲非見 故名我見乃至受者見"라고 하고 있다.

264) 법상(法相): 법상이 아닌 것이 아니고 진제의 대승을 '즉비법상'이라 한다. ; a-saṃjñā(비법상)의 번역을 보면, 이기영(1978), p.346.(생각이 아니다) ; 각묵(1991), p.416.(산냐가 아니다) ; 무비(1994), 『금강경 강의』, p.275.(법상이 아니다) ; 전재성(2003), p.244.(지각이 아닌 것) ; 대한불교조계종 교육원(2009), p.86.(법이라는 관념이 아니다) ; 김호귀(2011a), p.296.(법상이 아니다) ; 김진무·류화송(2018), p.331.(법상이 아니다) ; 성본(2012), p.364.(분별심이라는 고정된 것이 있는 것이 아니다) ; 백용성 저·김호귀 풀이(2019), p.324.(법상은 아니다) ; 박지명(2019), p.370.(법상이 아니고) ; 전광진(2020), p.162.(실체라 여기는 망상이 아니라) ; 현진(2021), p.440.(법상이 아니라) ; 김강유 외2명(2021), p.342.(법상이 아닐 새)등으로 번역하고 있다. ; 범본에는 "dharma-saṃjñā((구)法相) dharma-saṃjñeti((현)法想者) Subhūte((구)須菩提 (현)善現) a-saṃjñaisā(非法相) Tathāgatena bhāṣitā(如來說) tenocyate(그래서) dharma-saṃjñeti((현)法想). (구)須菩提. 所言法相者, 如來說卽非法相, 是名法相. (현)善現 法想法想者 如來說爲非想 是故如來說名法想法想"라고 하고 있다. ; 『金剛經采微』卷2(X24, p.630), "如來說卽非法相者, 第一義諦, 指事卽理, 無所分別, 此顯示不共義也." ; 『銷釋金剛經科儀會要註解』卷8 (X24, p.742), "謂所言法相者, 知見信解, 皆是法相, 既有法相數量之名, 卽屬俗諦也.

대승보살은 사견(四見)이나 사상(四相)이 없어야 하는 것이므로 다시 법상(法相)에 대하여 설하고 있다. 법은 일체법이나 제법(諸法)을 말하는 것이므로 자신의 의식으로 알고 있는 것을 불법에 맞게 깨달아 공(空)이라고 아는 것이 진제(眞諦)이므로 대승을 '즉비법상'이라고 하고 있다. 그리고 다시 여래가 법상(法相)이라고 한 것은 진여의 지혜로 최상승법을 실천하기 때문이다.

인견(人見)을 『선원제전집도서』에는 "자신의 마음이 본래청정하다는 사실을 돈오(頓悟)하면 번뇌 망념은 본래 없기 때문에 무루의 지성(智性)을 본래 구족하고 있다는 것을 자각하면 이 마음을 부처라고 하고 있다. 그리고 이 마음으로 수행하는 것을 최상승선[266]으로 수행한다고 하고 일행삼매"[267]라고 하고 있다. 즉 인상(人相)을 무인상(無人相)이라고 자각하면 부처가 되는 것은 생명의 소중함을 다시 일깨우는 것으로 '천상천하유하독존'의 평등성을 강조하고 있는 것이다. 여래가 이렇게 설하는 것은 이 경(經)의 마지막에 까지도 자비심을 놓지 않고 있다는 사실이 모든 인류가 지금까지도 존경하고 있는 이유일 것이다.

如來說卽非法相者, 以三方便中, 無分別之心. 故云. 卽非法相, 卽眞諦也. 是名法相者, 以三方便中, 分別心空, 入無分別之理, 非俗非眞, 離性離相. 故云. 是名法相, 卽中道諦也."

265) 『金剛般若波羅蜜經』(T08, p.752), "須菩提, 若人言, 佛說我見, 人見, 衆生見, 壽者見, 須菩提, 於意云何, 是人解我所說義不. (不也)世尊. 是人不解 如來所說義. 何以故, 世尊說我見, 人見, 衆生見, 壽者見, 卽非我見, 人見, 衆生見, 壽者見, 是名我見, 人見, 衆生見, 壽者見. 須菩提, 發阿耨多羅三藐三菩提心者, 於一切法, 應如是知, 如是見, 如是信解, 不生法相. 須菩提, 所言法相者, 如來說卽非法相, 是名法相."

266) 정유진(2004b), pp.97~104.

267) 『禪源諸詮集都序』卷1(T48, p.399), 재인용.

여기에서 사견(四見)이라는 말도 하지 못하게 하고 있다. 그러므로 여래가 사견(四見)이나 사상(四相)이라는 법상(法相)이 전혀 없다는 것을 다시 강조하는 것은 누구나 최상승의 청빈한 여래가 되어야 한다는 것을 설하기 위함일 것이다. 즉 이것은 최상승의 여래가 되는 법을 설하고 있는 것이다.

32. 화신불은 진상이라는 생각까지도 초월[268)]

『금강경』에서 처음으로 설법하는 화신불은 진상(眞相)이라는 자신의 모습을 초월한 석가모니의 진신(眞身)을 말한다고 볼 수 있다. 그렇지만 여기에서 화신불은 보살이 '발아뇩다라삼먁삼보리심'을 실천하여 화신불이 된 것이다. 『금강반야바라밀경론』에 의하면 화신불은 오고 가는 것이고 여래는 항상 부동(不動)이라고 하는 것[269)]처럼 '보시바라밀'을 무위법으로 실천해야 하는 것이다.

> 수보리여, 만약에 어느 사람이 무량 아승지의 세계에 가득 찬 칠보를 가지고 '보시바라밀'을 행한다고 하고, 또 만약에 어느 선남자와 선여인이 보살심을 내어 이 '경'을 수지하고 사구게 등을 정확하게 깨달아 수지하고 독송하며 다른 사람에게 정확하게 해설하여 깨닫게 한다면 이것은 이전의 복덕보다 수승하다. 어떻게 정확하게 깨달아 알고 사람들에게 연설해야 하는가 하면 일체법에 대한 '법상'이 없어야 하고 '여여'한 진여의 지혜로 부동의 경지에서 청정하게 설해야 한다.[270)] 왜냐하

---

268) 『金剛經註』卷3(X24, p.564), "一念發心獲福 亦爾應身化物 豈得已哉 眞佛流通 於事畢矣 故受之以 應化非身分. 新注二十六 斷化身說法無福疑 此疑從二十五 疑中而來." ; 『金剛經註解』卷4(X24, p.815), "應現設化, 亦非眞實." ; 『金剛經補註』卷2(X24, p.845), "應現設化, 一切有爲, 俱非眞實. 頌曰. 世界僧祇轉法輪, 微塵刹土微塵身, 誰家底事婆心切, 鑪鞴門開煆夢人."

269) 『金剛般若波羅蜜經論』卷3(T25, p.795), "去來化身佛, 如來常不動, 於是法界處, 非一亦不異. 此明不去不來義故, 如經. 何以故, 如來者, 無所至去無所從來故. 此義云何, 若如來有去來差別, 卽不得言常如是住. 常如是住者, 不變不異故."

270) 범본에는 "kathaṃ ca saṃprakāśayet(㉠구云何爲人演說 ㉠현云何爲他宣說開示) yathā na prakāśayet tenocyate saṃprakāśayed iti.(㉠구不取於相如如不動 ㉠현如不爲他宣說開示 故名爲他宣說開示): ㉠구云何爲人演說. 不取於相, 如如不動. ㉠현云何爲他宣說開示 如不爲他宣說開示 故名爲他宣說

> 면 일체의 유위법은 모두가 꿈이나 환상과 같고 물거품이나 영상과 같고 그리고 풀잎의 이슬이나 번갯불과 같다고 알고 육진경계를 진여의 지혜로 항상 청정하게 관조해야 한다. 부처님이 이 '경'을 설하여 마치니 장로 수보리와 모든 비구와 비구니 그리고 우바새와 우바이 그리고 일체의 세간에 있는 천상의 사람이나 일반사람과 아수라들이 부처의 설법을 듣고 모두가 환희하여 수지하고 진여의 지혜로 생활하게 되었다.[271]

『금강경』의 네 번째 게송으로 "일체의 유위법은 모두가 꿈이나 환상과 같고 물거품이나 그림자와 같고 그리고 풀잎의 이슬이나 번갯불과 같다고 알고 육진 경계를 진여의 지혜로 항상 청정하게 관조해야 한다."라고 유위법은 허망하다는 것을 알아야 한다고 하고 있다. 이 부분은 현장과 의정이나 보리유지가 번역하고 있는 것과 약간의 차이가 있는데 현장만 '일체 유위법'을 '제화합소위'[272]라고 하고 있다. 즉 유위법은 지식의 화합으로 이루어진 것들을 말한다. 그 다음의 구절에서 구마라집은 '여몽환포영'과 '여로역여전'으로 번역하고 다른 이들은 '여성예등환'과 '노포몽전운'으로 번역하였는데 구마라집은 '성예등운'을 '영(影)'으로 번역하여 현장의 '구유궐삼(九喩闕三)'

開示"라고 하고 있다.

271) 『金剛般若波羅蜜經』(T08, p.752), "須菩提, 若有人 以滿無量 阿僧祇世界 七寶持用布施. 若有善男子, 善女人, 發菩薩(提)心者, 持於此經, 乃至四句偈等, 受持讀誦, 爲人演說, 其福勝彼. 云何 爲人演說. 不取於相, 如如不動. 何以故, 一切有爲法, 如夢幻泡影, 如露亦如電, 應作如是觀. 佛說是經已, 長老須菩提 及諸比丘, 比丘尼, 優婆塞, 優婆夷, 一切世間天, 人, 阿修羅, 聞佛所說, 皆大歡喜, 信受奉行."

272) 玄奘, 『大般若波羅蜜多經』卷577(T07, p.985), "諸和合所爲, 如星翳燈幻, 露泡夢電雲, 應作如是觀." ; 義淨, 『佛說能斷金剛般若波羅蜜多經』(T08, p.775), "一切有爲法, 如星翳燈幻, 露泡夢電雲, 應作如是觀." ; 菩提流支, 『金剛般若波羅蜜經』(T08, p.757), "一切有爲法, 如星翳燈幻, 露泡夢電雲, 應作如是觀."

이라는 비판을 받고 있는 것이다. 이것은 한역에서 별빛과 어둠(아지랑이)은 별이 멀리 가물거리며 보이는 것이나 등불과 구름으로 범어인 “Tārakā timiraṃ dīpo abhraṃ ca”를 번역한 것이다. 범어를 번역하는 과정에 약간의 차이는 있지만 의미는 비슷하다.[273] ‘보시바라밀’을 실천하는 대승보살보다 무위법을 실천하여 ‘아뇩다라삼먁삼보리심’을 발한 진정한 최상승의 보살이 여래로 살아가는 것이다. 마지막으로 『능단금강반야바라밀경』을 설하여 마쳤다라고 하는 것은 능히 자신이 번뇌 망념을 끊어 반야의 지혜[진여의 지혜]로 육도윤회를 뛰어넘어 살아가는 바른 방법을 설해 마쳤다라고 하는 것이다.

『금강경』에서 선남자와 선여인이 ‘발아뇩다라삼먁삼보리심’을 발하면 정각을 이룬 보살이 되는 것이다. 그리고 보살이 보살마하살이 되는 것을 자신이 했다는 마음 없이 행하는 것을 ‘대승정종분’에서 구분하고 있다. 여기에서 소승과 대승의 차이는 자신이 보살도를 행해야 하는 것과 보살도를 행한다는 마음 없이 행하는 것의 차이이다. 17단의 대승보살에 대하여 무아법(無我法)을 통달해야 진정한 보살이라고 하는 것도 보살마하살의 마음이 무성(無性)이기 때문이라고 하고 있다. 그리고 9단에서 아라한이 아라한이라는 마음을 가지지 않고 아라한도를 실천하는 사람이라고 한 것이 바로 보살마하살과 같은 대승의 마음을 말하고 있다. 그러므로 소승과 대승의 구별은 이와 같은 것이다. 여래에 대하여 이 경(經)의 14단에 “離一切

273) 『金剛般若波羅蜜經』(T08, p.752), “一切有爲法, 如夢幻泡影, 如露亦如電, 應作如是觀.” : 一切有爲法如夢幻泡影如露亦如電應作如是觀(Tārakā(星), timiraṃ(翳), dīpo(燈), māyā(幻), avaśyāya(露), budbudaṃ(泡), svapnaṃ ca(夢), vidyud(電), abhraṃ ca(雲), evaṃ draṣṭavyaṃ(應作如是觀) saṃskṛtaṃ.) ; ※ 九喻闕三(星翳燈)夢幻泡影露電

諸相, 則名諸佛."이라하며 여래의 설법은 "如來是眞語者 實語者 如語者 不誑語者 不異語者"라고하고 있다. 그리고 『금강반야바라밀경주해』와 『금강반야바라밀경약소』에 의하면 '實語者'를 "說小乘四諦, 諦是實義."라고 하고 또 '如語者'를 '說大乘法有眞如'라고 하고 '不異語者'를 '不妄說三世受記'라고 하고 있다. 이것은 29단의 여래는 몰종적을 실천하는 사람이지만 최상승에 대하여 알아듣지 못하므로 이와 같이 자세하게 설명하고 있다. 『금강경』에서 선남자 선여인이 '아뇩다라삼먁삼보리'에 의하여 보살이 되고 보살이 자성(自性)을 수지하여 실천하는 보살마하살이 되는 것을 아라한이라고 하고 있다. 그러므로 소승을 수다원·사다함·아나함이라고 한 것이고 대승을 보살마하살과 아라한이라고 한 것이다. 그리고 사상(四相)에서 무아상(無我相)이 되어야 보살마하살이라고 3단에서 설하고 있고 일체의 상(相)을 모두 벗어나 몰종적의 생활을 하는 것을 현신(現身)의 여래라고 하고 있다.

번역의 문제점은 앞에서 지적하였듯이 '아뜨만'을 인정하여 번역을 하면 이 경(經)이 소승의 경(經)으로 전락되고 지혜와 지식을 구분하지 못하면 깨닫지 못하여 보살이 되지 못한다. 그러면 대비구가 아니므로 이 경(經)의 설법이 대승과 최상승을 위하여 하는 것이기에 바로 모순이 된다. 그러므로 몇 가지의 사상만 정리하여도 모두가 정각을 이루는 선경(禪經)이 된다.

부록

II. 신묘장구대다라니 역주

한글요약

이 역주는 천수경의 핵심인 '신묘장구대다라니'를 역주하여 견성하고 선수행하는 법을 해설한 것이다. 이 다라니를 해석하여야 하는 것에 대하여 의견이 분분하지만 이것을 현장이 말한 '오종불번'이라고 하여 번역하지 않으면 이해하지 못하고 독송수행만 하게 된다. 그러므로 해석하여 바르게 이해하고 견성하여 독송하면 바른 수행을 하고 해탈하게 된다. 만약에 범부가 석가모니처럼 수행을 하면 최소한 6년이라는 수행을 해야 하지만 견성하여 삼승으로 수행하면 이 다라니를 한번 듣고도 바로 관세음보살이 될 수 있다. 그래서 '신묘장구대다라니'를 번역하여 독송하고 선수행을 해야 한다. 견성하는 방법으로 '옴'이라는 자각의 문(門)을 시작으로 수행하여 육근과 육진이 공(空)이 되어야 한다. 그리하여 육식이 공(空)이라는 것을 자각하는 것이 견성이다. 만뜨라의 근원적인 언어인 '옴'을 사용하여 자각하는 것이 선수행을 시작하는 문(門)이다. 이 문을 통하여 견성하고 삼독을 삼학으로 전환하는 청경관세음보살이 되어 불퇴전의 팔지보살로서 진여의 지혜로 살아가면 해탈하는 것이다. 견성하지 못하고 수행하는 것은 무모한 것이고 또 무수겁을 수행했으므로 "언젠가 해탈하겠지"라는 막연한 생각으로 불사(不死)라는 영혼설에 떨어지면 바른 수행자라고 할 수 없다. 그래서 견성하고 '신묘장구대다라니'를 독송수행 하면 해탈하게 된다. 불교의 수행은 견성하고 삼승으로서 점수하여 자신의 법계가 청정해져서 대승으로 나아가 구경에는 여래로 살아가기를 발원하며 보살도를 실천하여 돈오돈수하고 성불하여 생활하게 되는 것이다.

1. 서론

『천수경』은 한국불교에서 의식과 수행에서 중요한 위치를 차지하고 있다. 『천수경』의 핵심인 '신묘장구대다라니'를 독송하며 염불삼매[1]를 이루는 방편으로 사용하고 있다. 그래서 '신묘장구대다라니'를 선(禪)의 입장에서 역주하여 정확한내용이 무엇인지를 파악하여 보겠다. '오종불번'이라 하여 번역하지 않는 것[2]은 현장이 살던 시대의 것이고 지금은 진언이나 다라니를 교학으로 해석한 책[3]과 논문[4] 등이 있다. 그러나 바른 해석을 하지 않고 밀교의 수행이라 하여 독송하며 깨닫고자 하는 것은 만뜨라 요가수행법이 되어 불가능한 것이며 오히려 힌두교의 신(神)을 찬양하는 것이 된다. 그러므로 만뜨라 요가 수행[5], 염불, 기도, 독송, 염송 등을 하는 것은 돈오[6]한 이후

---

1) 염불삼매라는 것은 염불하는 자신의 자성이 부처와 동등한 불성(佛性)인 공(空)이 되는 것이며 이것을 견성이라고 한다. ; 이성운(2009), 「현행천수경의 구조와 의미」, 『선문화연구』7, 한국불교선리연구원, p.225. 에 의하면 "천수주는 염불삼매를 닦는 의궤적 성격"이라고 하고 있다.

2) 『翻譯名義集』(T54, p.1055), "唐奘法師論五種不翻. 一祕密故, 如陀羅尼. 二含多義故, 如薄伽梵具六義. 三此無故, 如閻浮樹, 中夏實無此木. 四順古故, 如阿耨菩提, 非不可翻, 而摩騰以來常存梵音. 五生善故, 如般若尊重智慧輕淺. 而七迷之作, 乃謂釋迦牟尼此名能仁, 能仁之義位卑周孔. 阿耨菩提, 名正遍知, 此土老子之教先有, 無上正真之道 無以爲異. 菩提薩埵, 名大道心衆生, 其名下劣, 皆掩而不翻."

3) 신묘장구대다라니를 해석한 책으로 출판년도순으로 보면 윤오연(1990), 『천수경』, 솔바람, pp.133~153. ; 무비(1992), 『천수경』, 불일출판사, pp. 93~112. ; 임동근(2003), 『신묘장구대다라니 강해』, 솔바람, pp.23~201. ; 전재성(2003), 『천수다라니와 붓다의 가르침』, 한국빠알리성전협회, pp. 33~181. ; 한정섭(2008), 『천수경강의』, 불교대학교재편찬위원회, pp.106~150. ; 정각(1996), 『천수경 연구』, 운주사, pp.191~243. ; 이평래(201 1), 『천수천안우리님』, 해조음, pp.57~64. ; 양지(2014), 『관세음보살이 되는 천수경』, 맑은소리맑은나라, pp.87~168. ; 박지명.이서경(2017), 『범어신묘장구대다라니』, 하남출판사, pp.20~84. 등이 있다.

4) 안병홍(2017), 「신묘장구대다라니 해설」, 『한국교수불자연합학회지』23, 사단법인한국교수불자연합회, pp.86~103. 참조. 안변홍은 기존 단행본의 내용을 토대로 한글 번역한 것.

에 해야 올바른 방향으로 수행하는 것이다. 만약에 자성을 견성(見性)하지 못하고 만뜨라 수행을 하여 깨닫고자 한다면 올바른 선각자인 스승을 만나서 수행해야 한다. 정확한 수행법을 모르고 수행을 한다면 많은 세월과 힘을 낭비할 수 있다. 그래서 스승의 중요성을 강조한 것이고 바른 수행법을 제시한 것이다.

그러나 올바른 스승을 만나지 못한 일반인이었던 석가모니도 6년 고행(苦行)을 하고 나서 기존의 수행을 포기하고 정각(正覺)을 이룬 것이다. 이것이 불교가 탄생한 중요한 일이다. 왜냐하면 기존의 수행은 구경에 '비상비비상처천'에 도달하는 수행이었기 때문이다. 그런데 관세음보살은 초지보살에서 『천수경』의 '신묘장구대다라니'를 한번 듣고 팔지 보살이 된 것이

5) 김준표(2012), 「진언수행(신묘장구대다라니)의 심신치유 효과에 관한 사례 연구」, 동국대 석사, pp.6~8. 만뜨라 수행으로 심신의 치료 사례를 연구한 것.

6) 돈오(頓悟): 『頓悟入道要門論』(X63, p.18), "問. 欲修何法, 即得解脫. 答. 唯有頓悟一門, 即得解脫. 云何爲頓悟. 答. 頓者, 頓除妄念, 悟者, 悟無所得. 問. 從何而修. 答. 從根本修, 云何從根本修. 答. 心爲根本." ; 『大般涅槃經義記』(T37, p.613), "除先修習, 學小乘者, 我今亦令入是法中, 此是漸入. 言頓悟者, 有諸衆生久習 大乘相應善根, 今始見佛. 則能入大, 大不由小, 目之爲頓." ; 『宗鏡錄』(T48, p.627), "又頓悟者, 不離此生, 即得解脫. 如師子兒, 初生之時, 是真師子. 即修之時, 即入佛位. 如竹春生筍, 不離於春, 即與母齊. 何以故, 心空故. 若除妄念, 永絕我人, 即與佛齊." ; 견성하는 것에서 돈오는 전환하는 의미로 이해하여야 한다. 빨리라든지 '갑자기'나 '몰록'이라고 번역을 하는데 이렇게 되면 천재일우(千載一遇)의 기연을 기다려야 하는 것이다. 그러므로 깨달음으로 전환하는 뜻이라고 한 것이다. 그리고 인아상을 버리고 망념이 없는 공으로 자각하면 누구나 부처와 같게 되는 것이다. 그래서 지금의 차생(此生)을 버리지 않고 견성하여 해탈하는 것으로 소승의 철저한 수행을 한 후에 대승으로 전환하여 공가중으로 깨달음을 체득한 것이 돈오이다. ; 참고로 육근, 육진, 육식은 『摩訶般若波羅蜜經』卷1(大正藏08, p.223), "是故空中無色, 無受想行識, 無眼耳鼻舌身意, 無色聲香味觸法." 에서 '안이비설신의'가 육근이고 '색성향미촉법'이 육진이며 이들의 식이 육식이다. 여기에서 '오온즉시공 공즉시오온'이므로 중생심의 육근은 사라지고 불성(佛性)의 육근이 살아나는 것이며 육진과 육식도 마찬가지이다.

다.[7] 그러므로 초지인(初地人)으로 견성하고 수행하면 천수다라니를 한번 듣고도 팔지 보살이 되어 해탈할 수 있다. 즉 견성하는 것은 자신의 자성(自性)이 불성(佛性)이라는 것을 확신하고 공가중(空假中)이 되는 것을 말한다. 이렇게 삼승으로 수행하여 돈오점수[8]의 수행을 하여 구경에는 대승에서 최상승의 성불을 하는 것이다. 그러므로 견성이후에 수행하여 성불하는 해탈의 경계를 '비상비비상처천'이라고 하면 석가모니가 성불하기 이전의 문제와 같다. 그러므로 견성하지 못하고 만뜨라 수행을 하면 큰 바다에 표류하는 나뭇잎과 같아서 큰 흐름에 따라가게 되어 주체성이 없게 된다. 그래서 먼저 견성하고 성불하여야 바른 수행을 한다고 할 수 있다.

그래서 견성성불하는 것은 살아있는 사람이 각자 부처가 되는 것이므로 지금 성불하여 일상생활을 그대로 하는 것이다. 그러므로 부처가 되어도 얼굴을 바꾸지 않는다고 하고 뱀이 용이 되어도 비늘을 바꾸지 않는다[9]고 하는 것은 누구나 부처가 되어 살아갈 수 있다고 하는 것을 말한다. 그러나 간혹 수행자들이 성문이 되기도 전에 영혼의 윤회론에 빠져 과거전생부터 수행하였기 때문에 잠재력만 찾으면 된다고 하여 앵무새

---

7) 『千手千眼觀世音菩薩廣大圓滿無礙大悲心陀羅尼經』(T20, p.106), "我於是時, 始住初地, 一聞此呪故, 超第八地. 我時心歡喜故, 即發誓言. 若我當來, 堪能利益, 安樂一切衆生者, 令我即時, 身生千手, 千眼具足. 發是願已, 應時身上, 千手千眼, 悉皆具足. 十方大地, 六種震動. 十方千佛, 悉放光明, 照觸我身, 及照十方, 無邊世界. 從是已後, 復於無量佛所, 無量會中, 重更得聞, 親承受持, 是陀羅尼. 復生歡喜, 踊躍無量, 便得超越無數億劫微細生死. 從是已來, 常所誦持, 未曾廢忘, 由持此呪故, 所生之處, 恒在佛前, 蓮華化生, 不受胎藏之身." ※(이후에 이 논에서 이 경의 제목을 『千手陀羅尼經』으로 약함)

8) 돈오점수: 돈오는 앞의 각주6)에 설명하였고 점수는 삼승(三乘)이 수행하는 것이다. 범부가 점차로 수행하는 것을 점수라고 할 수도 있으나 이것은 무슨 수행을 하는 것인지 알 수가 없는 것이다. 삼승이 수행하는 법은 '공'으로 돈오하는 것이고 방향은 여래를 향하는 것이다. 그러나 범부의 수행은 '탐진치'의 수행이 된다.

9) 『少室六門』(T48, p.372), "蛇化爲龍, 不改其鱗, 凡變爲聖, 不改其面."

처럼 만뜨라 요가수행만하면 견성할 수 있다고 하고 있다. 이런 문제가 있기 때문에 『천수경』의 핵심인 '신묘장구대다라니'를 역주하고 선수행[10]에 대하여 알아보고자 한다.

10) 선수행(禪修行): 불교의 수행은 근원인 공(空)으로 돌아가는 만법귀일을 말하는데 선교일치의 수행으로 공가중[사마타.위빠사나.우필차]의 정혜쌍수의 수행을 말한다. 그러므로 삼승의 돈오점수가 선수행의 기초이다. 그래서 여기에서 '옴'이나 '무(無)'는 공(空)의 첫 걸음이므로 삼승(三乘)이 이 다라니를 듣고 팔지보살이 되었던 것이다. 그래서 선(禪)으로 번역하고 대승의 선수행을 하게 하려고 하였다. 그리고 선은 교와 같이 행하는 것이므로 선교일치에 대하여 다음과 같이 설하고 있다. 『禪家龜鑑』(X63, p.737), "禪是佛心, 教是佛語." ; 『證道歌註』(X63, p.266), "經是佛語, 禪是佛心, 諸佛心口 必不相違也." ; 『宗範』(X65, p.348), "禪是佛心, 教是佛口, 佛之心口 決不相違. 古德云. 禪爲教外別傳, 教亦可爲禪外別傳, 誠哉斯言也." ; 『廬山蓮宗寶鑑』(T47, p.315), "教是佛眼禪是佛心, 心若無眼心無所依, 眼若無心眼無所見. 心眼和合方辨東西, 禪教和融善知通塞." ; 이처럼 선교일치의 수행을 하지 않으면 바른 수행이 될 수 없다. ; 『南宗頓教最上大乘摩訶般若波羅蜜經六祖惠能大師於韶州大梵寺施法壇經』(T48, p.338), "定惠體一不二, 即定是惠體, 即惠是定用. 即惠之時定在惠, 即定之時惠在定." 에서 정혜(定慧)의 본체는 같은 것으로 정혜쌍수를 하여야 한다. 이것은 공가중(空假中)과 같은 것으로 삼승의 수행을 말한다. 그러므로 지혜는 선정(禪定)으로 사용해야 하는 것이며 지혜를 선정(禪定)없이 사용하면 범부이므로 선(禪)은 진여의 지혜로 생활하는 대승이다.

2. 신묘장구대다라니의 역주와 선수행

1) 신묘장구대다라니의 역주

『천수경』을 일반적으로 분류한 것을 살펴보면 10단[11]으로 나누기도 하고 아니면 8단[12]으로 나누든지 또 4단[13]이나 3단으로 나누기도 한다. 『천수경』에서 앞부분은 발원단계이고 그 다음으로 핵심인 '신묘장구대다라니'는 견성하고 수행하는 부분이다. 견성하기 이전의 단계를 출가이후에 불퇴전하기를 발원하는 것이 "정구업진언, 오방내외안위제신진언, 개경게, 개법장진언, 천수천안관자재보살광대원만무애대비심대다라니계청 계수관음대비주 … 나무대비관세음 원아(願我) … 아약향도산 도산자최절 … 나무관세음보살 …나무본사아미타불"까지라고 할 수 있다. 이 내용들을 살펴보면 정구업진언에서 개법장진언까지는 자신이 계율에 맞게 삼업을 청정하게 하여 여래가 되고자 하는 발원이다. 그리고 그 다음은 '신묘장구대다라니'에서 견성하기 전에 정토에 태어나기를 발원하는 것으로 자신의 본래스승인 아미타불에 귀의하고 있다. 다음은 이 논에서 다루고자할 『천수경』의 핵심에서 견성할 수 있는 '신묘장구대다라니'이다. 견성이후에 점수라고 할 수 있는 것은 "사방찬, 도량

---

11) 김호성(2005), 『千手經의 비밀』, 민족사, pp.20~21.에 의하면 10단으로 서분(1), 정종분(대비주2-7 · 준제주8), 유통분(총원9 · 총귀의10)으로 나누고 있다.

12) 정각(1996), 『천수경 연구』, 운주사, pp.150~158.에 의하면 서두(정구업진언-개법장진언), 경의 제목, 천수경의 내용(계수문-다라니), 결계 및 청신(사방찬-도량찬), 참회문, 제진언독송(준제찬-준제 후송), 발원 및 귀의(여래십대발원문-귀의), 또 다른 의궤의 연결(정삼업진언-정법계진언)으로 8단으로 나누고 있다.

13) 심상현(2001), 『불교의식각론』5, 한국불교출판부, pp.249~264.에 의하면 4단으로 나누고 있다.

찬, 참회게, 참회업장십이존불, 십악참회, 참회후송 및 참회진언, 준제공덕취 … , 정법계진언, 호신진언, 관세음보살본심미묘육자대명왕진언, 준제진언, 회향, 여래십대발원문 까지"이다.

해탈을 주장하는 힌두교[梵我一如]나 자이나교[불살생, 불간음, 무소유, 금욕과 고행을 하는 종교로서 물질로부터의 영혼(jīva)의 해방을 주장]의 해탈이 불교에서 주장하는 해탈과 다른 것은 고정불변적인 신이나 영혼을 주장하는 것이기 때문이다. 불교는 연기법에 따라 해탈이나 열반을 주장한다. 그러므로 해탈이나 열반이라는 개념과 '견성성불'하는 방법이 다른 것이다. 즉 삼보나 관세음보살에게 귀의하는 것은 자신이 삼보와 관세음보살이 되는 것을 말한다. 그래서 '신묘장구대다라니'의 의미를 불법(佛法)에 맞게 번역하고자 한다.

(1) 나모 라다나 다라야야 나막 알약바로기제 새바라야 모지 사다바야 마하 사다바야 마하가로 니가야

①[14] 삼보에 귀의합니다. 관세음보살에게 귀의합니다. 보살과 마하살에게 귀의합니다. 자비를 실천하는 보살에게 귀의합니다.

②[15] 삼보(三寶)께 귀의(歸依)합니다. 크나큰 자비의 성관자재(聖觀自在)보살마하살께 귀의합니다.

③[16] 삼보님께 귀의합니다. 거룩한 관세음보살님께 귀의합니다. 위대한 존재이신 대비주님(大悲主)께

④[17] 삼보님께 머리를 조아리옵나이다. 성스런 관자재께 머

14) ①번의 번역은 양지(2014), 『관세음보살이 되는 천수경』, 맑은소리맑은나라, pp.100~168.
15) ②번의 번역은 正覺(2011), 『천수경 연구』, 운주사. pp.240~242.
16) ③번의 번역은 전재성(2003), 『천수다라니와 붓다의 가르침』, 한국빠알리성전협회, pp.38~41.

리를 조아리옵나이다. 보살님과 대보살님께 머리를 조아리옵나이다. 대자대비하신 분께 머리를 조아리옵나이다.

이 다라니의 범어는 "Namo ratnatrayāya namaḥ āryaḥ valokiteśvāraya bodhisattvāya mahāsattvāya mahākāruṇikaya."[18]이다.

"namo ratnatrayāya"에서 'namo'는 귀의하는 것이고, 'ratnatrayā'는 삼보(三寶)에 이므로 "위대한 삼보에 귀의합니다." 라고 할 수 있는데 이것은 자신이 삼보(三寶)로 살아가겠다는 서원이다.

"namaḥ āryaḥ valokiteśvāraya"에서 'namaḥ'은 귀의하는 것이고, 'āryaḥ'은 성스러운 사람을 말하는 것이며, 'valokiteśvāraya'에서 'valokiteśvāra'는 'bodhisattva'이므로 (북방)불교에서 숭배하는 관세음보살에게가 된다. 'avaloka'는 관조(觀照)하는 것이고 관조하는 전문가를 뜻하는 'īśvaraya'가 붙어서 관세음보살에게가 된다. 그러므로 "위대한 관세음(觀世音)보살에게 귀의합니다."라는 서원이다.

"bodhisattvāya mahāsattvāya"에서 bodhisattvāya는 'bodhi'라는 자각과 'sattvāya'라는 중생이 합하여 중생심을 자각하는 보살과 'mahā'는 위대하다는 뜻으로 위대한 보살인 마하살에게 귀의하는 것이므로 보리(菩提, bodhi)를 깨달아 아는 위대한 보살이 되는 것이어서 자신이 불법(佛法)의 지혜를 실천하는 것이 된다.

'mahākāruṇikaya'에서 'mahā'는 위대하다는 뜻이고 'kāruṇika'는 자비란 뜻으로 위대한 자비를 실천하는 보살에게 귀

17) ④번의 번역은 임근동(2003), 『신묘장구대다라니 강해』, 솔바람, pp.16~17.

18) 이후의 범어는 『千手千眼觀自在菩薩廣大圓滿無礙大悲心陀羅尼呪本』(T20, pp.112~113).에서 편집함.

의하는 것은 자신이 위대한 자비를 실천하는 대승보살로 살아 가겠다는 서원이다.

이것을 연결하면 삼보에 귀의하고 그 다음은 위대한 관세음보살에게 귀의하는 것은 자신이 불법(佛法)에 맞게 관조하고 관세음보살이 되어 살아가기를 서원하는 것이 된다. 그리고 보살과 보살마하살이라고 하는 것은 관세음보살과 같이 보살도를 실천하는 무수한 대승보살들로서 대자비를 실천하며 살아가겠다는 서원을 하는 것이 된다. 그리하여 자비를 실천하는 것은 관세음보살이 되었다는 것을 말하므로 위대한 자비를 실천한다고 하여 대승불교를 설하고 있다고 보면 된다.

《해설》 여기에서 삼보에 귀의한다고 계속 만뜨라요가수행을 하여 도달하고자하는 것은 결국은 자신이 삼보나 보살이 되는 것을 말한다. 그러므로 수행하는 자신이 삼보나 관세음보살이 되어 보살도를 실천하기를 서원하는 것[19]이다. 그리고 다음은 견성하여 '선수행'하면 자신이 청경관세음보살이 되는 것을 만뜨라로 제시하고 있다. 즉 대상의 삼보나 보살에게 귀의한다고 하면 실제로 삼보와 보살이 존재해야 하는 문제가 있는 것이다. 그러면 기도를 하면 삼보나 보살이 강림하여 모든 사람들을 구제하여 주는 문제가 생기게 되므로 실제의 삼보나 보살의 세계가 펼쳐져야 하는 것이고 인간중심이 아닌 실제의 사람이 아닌 삼보나 보살이 만든 환상의 세계가 만들어져야 하는 것이 된다.

---

19) 대상의 삼보가 되면 신앙의 불교가 되어 삼보와 삼신이 세 사람이 된다.

(2) 옴 살바 바예수 다라나 가라야 다사명 나막 까리다 바 이맘 알야바로기제 새바라 다바

①[20] '옴!' 하며 자각(自覺)하여 망념(妄念)에서 벗어나 진여의 지혜로 생활 하겠습니다. 무상(無常)한 망념을 진여의 지혜로 관조하게 하는 보살의 자비를 찬탄하며 귀의하겠습니다.

② 아! 모든 두려움가운데 피난처 되어지는 그에게 귀의합니다.

③ 모든 공포에서 피난처를 베푸시는 님께 님에게 귀의하고 나서 이 관세음에 대한 찬가를,

④ 옴 모든 위난 가운데에서 지키어 기르시고 의지가 되시는 분이시여, 바로 당신께 머리를 조아리옵고, 성관자재시여! 성청경이시여! 내 이제 마음을 되새기어,

"Oṃ sarvā bhayesu trāṇakarāya tasmai namaḥs kṛtvā īmām aryāvaloki teśvāra tava"

'Oṃ'에서 '옴!'은 『무문관』에서 말하는 조주의 '무(無)!'[21]와

---

20) 이후의 ① ② ③ ④번의 번역은 각주 14) 15) 16) 17)의 규정에 따른 것임.

21) 무(無): 『無門關』(T48, pp.292~293), 如何是祖師關, 只者一箇無字. 乃宗門一關也. 遂目之曰禪宗無門關, 透得過者, 非但親見趙州, 便可與歷代祖師, 把手共行. … 參箇無字, 晝夜提撕, 莫作虛無會, 莫作有無會, 如吞了箇熱鐵丸, … 自然內外打成一片, 如啞子得夢. 只許自知, 驀然打發, 驚天動地. 如奪得關將軍大刀入手, 逢佛殺佛, 逢祖殺祖, 於生死岸頭得大自在, 向六道四生中. 遊戲三昧.(무엇이 조사관(祖師關)인가? 말하면 단지 조주의 무자(無字)라는 이것이 선종(禪宗)의 첫 번째 조사(祖師)의 관문(關門)인데 이것을 선종무문관(禪宗無門關)이라고 하는 것이다. 이 관문을 뛰어넘어 들어가면 조주의 종지(宗旨)를 깨달아 조주를 직접 친견(親見)할 뿐만 아니라 바로 역대의 조사들과 손을 잡고 똑같이 행할 수 있는 것…이 조주의 무자(無字)를 주야로 참구하되 허무(虛無)의 무(無)로 알려고 하지도 말고, 유무(有無)의 무(無)로 알려고 하지도 말아야 한다. 이렇게 참구하는 것이 마치 뜨거운 철환(鐵丸)을 입에 넣고 삼키지도 토하지도 못하는 것처럼 하여 …자연히 자신의 내외(內外, 육근과 육진)가 타성일편(打成一片)이 되는 것이다. 이와 같은 타성일편(打成一片)의 경지는 벙어리 꿈을 꾸는 것과 같이 언어문자로 표현하는 것이 아니라서 자신만이 깨달아 알 수 있는 것

같이 자신의 망념을 자각하는 주체가 되는 것이고 불교(佛敎)의 근본이며 진여나 여래장의 근원이 되는 것으로 법신, 반야, 해탈의 의미가 함축되어 있는 것이다.[22] 그리고 '옴(唵)!'은 간화선의 시초가 되는 '무(無)!'의 근원이라고 할 수 있다. 이것은 신령한 '옴(唵)!'이라는 말이다. 모두가 합장하고 진실하게 독송하며 듣는 것이다.[23] '옴(唵)!'은 '무(無)!' 와 같이 이 한마디로 자각하여 해탈하게 하는 것으로 자각하여 진여의 지혜로 살아가는 보살이 되겠다는 서원의 근원이다.

"sarvā bhayesu trāṇakarāya tasmai namaḥs kṛtvā"에서 'sarva'는 '일체'라는 뜻이고 'bhayeśu'는 고해(苦海)에서라는 뜻이며, 'trāṇakarāya'에서 'trāṇa'는 피안의 세계라는 뜻이고 'karāya'는 건너가게 되는 것을 의미하며, 'tasmai'는 그에게라는 뜻이다. 'namaḥ'은 귀의하는 것이고, 'kṛtvā'는 √kṛi라는 성취하다에서 'kṛitvā'는 having done으로 지금 성취한 것이라는 뜻이다.

"īmām aryāvalokiteśvāra tava"에서 'īmām'은 불규칙한 정보이고 'aryāvalokiteśvāra'에서 'aryā'는 성스런이고, 'aval okita'는 관조하는 것이고, 'īśvāra'는 전문가라는 뜻으로 성관세음보살이고, 'stava'는 송가라는 뜻이다.

《해설》 망념이 없는 진여의 지혜로 '옴!' 하며 자각하는 순간에 일체의 고해에서 피안의 세계로 가서 진여의 지혜로 여시

이다. 바로 조사관(祖師關)을 뛰어넘게 되면 천지(天地)가 개벽(開闢)하게 되는 것이어서 관우 장군(關將軍)이 대도(大刀)를 가지고 어디에서나 살아가듯이 되어 마음에서 일어나는 부처를 만나면 부처를 죽이고(逢佛殺佛) 조사를 만나면 조사를 죽이면서(逢祖殺祖) 무슨 망념이 일어나든지 생사(生死)고해(苦海)의 차안에서 벗어나 피안(彼岸)의 세계에서 자유자재하게 생활하게 되어 사생(四生)육도(六道)의 삼계에 살면서도 유희삼매하며 살아가게 된다.)

22) 양지(2014), 『관세음보살이 되는 천수경』, 맑은소리맑은나라, p.108.

23) 『千手陀羅尼經』(T20, p.499), "此是神唵語. 悉合掌聽誦呪曰."

하게 살아가겠다는 선(禪)의 실천으로 자각하여 망념에서 돈오하여 자신의 불심(佛心)으로 생활하는 근원적인 송가이다.

'옴' 하며 자각하여 망념에서 벗어나 진여의 지혜로 생활 하겠습니다. 무상(無常)한 망념을 진여의 지혜로 관조하게 하는 보살의 자비를 찬탄하며 귀의하겠다는 서원으로 여기에서 '옴'은 만뜨라요가에서도 중요하지만 수행에서 '옴'은 견성하는 시작의 문이다. '옴'은 간화선에서 '무'와 같은 의미로 『무문관』에서 주장하는 무문(無門)의 관문(關門)[24]이다. 삼보나 보살이 되기 위하여 견성하는 관문이 '옴'이나 '무'가 되므로 '옴'하며 자각하여 망념에서 벗어나 진여의 지혜로 생활하겠다고 하는 것이다. 이것은 망념을 진여의 지혜로 관조하고 전환하여 귀의하기를 서원하는 것이다.

(3) 니라간타 나막하리나야 마발다 이사미 살발타 사다남 수반아예염 살바보다남 바바마라 미수다감

① 청경(靑頸)관세음보살과 같이 번뇌를 보리로 자각하여 진여의 지혜로 수행하겠습니다. 일체를 지혜로 전환하여 진여의 지혜로 실천하겠습니다. 모든 번뇌 망념의 중생을 근본으로 돌이켜 청정하게 하겠습니다.

② 청경의 명호인 성관자재 찬가를 기억하면서 (크나큰 자비의 성관자재보살마하살께 귀의합니다) 저는 마음을 닦겠습니다. 일체의 이익 성취와·복과·필승과, 일체 중생들의 삶의 길의 청정(이란 마음)을…

---

24) 『無門關』(T48, pp.292～293), "何是祖師關. 只者一箇無字, 乃宗門一關也. 遂目之曰禪宗無門關. 透得過者, 非但親見趙州, 便可與歷代祖師, 把手共行." ; 『無門關』(T48, p.293), "參箇無字, 晝夜提撕. 莫作虛無會, 莫作有無會, 如吞了箇熱鐵丸, 相似吐又吐不出, 蕩盡從前 惡知惡覺, 久久純熟, 自然內外打成."

③ 목에 푸른빛을 띈, 그 마음을 노래합니다. 모든 요익을 성취하게 하고, 아름답고, 겨룰 수 없는 그 마음을 모든 뭇 삶들의 윤회의 길을 청정하게 하는 그 마음을

④ 성청경이시여! 머리 조아리어 당신의 심진언을 읊나니, 이 심진언은 일체소망의 성취요, 이 심진언은 행복이요. 이 심진언은 무적이요,

"nilakaṇṭha namaḥ hṛdayam āvartayiṣyāmi sarvārthā sadhanāṃ śubhaṃ ajeyaṃ sarvābhūtānāṃ bhavamārga viśodhakaṃ"

"nilakaṇṭha namaḥ hṛdayam āvartayiṣyāmi"에서 'nila'는 푸른이고, 'kaṇṭha'는 목이므로 청경(靑頸)으로 청경관세음보살이고, 'namaḥ'은 귀의(歸依)한다는 것이고, 'hṛdayamdms'는 마음을 이고, 'āvartayiṣyāmi'는 찬탄하는 것으로 성관세음보살의 진여의 지혜를 찬탄하고 귀의하는 것으로 내가 지금 바로 '옴!' 하며 자각하여 망념에서 돈오하여 자신의 불심(佛心)으로 생활하는 청경관자재보살과 같이 대상경계의 번뇌를 공(空)으로 자각하여 진여의 지혜로 생활하겠다는 서원이다.

"sarvārthā sadhanāṃ śubhaṃ ajeyaṃ sarvābhūtānāṃ bhavamārga viśodhakaṃ"에서 "sarvārthā sadhanāṃ"은 일체의 지혜를 체득하는 것이다. śubhaṃ은 지혜를 말하는 것이고 ajeyaṃ은 일인자의 자리에 이르는 것이다. 'sarvābhūtā nāṃ'은 일체중생들이고 'bhava'는 기원을 의미하며, 'mārga'는 방법이고 'viśodhakaṃ'은 청정하게이므로 일체에서 지혜를 체득하여 위대한 진여의 지혜로 생활하고 모든 중생들을 삼계의 근원으로 돌아가게 하여 청정하게 하겠다고 하는 서원인 것이다.

《해설》 청경(靑頸)관세음보살과 같이 번뇌를 보리로 자각하여

진여의 지혜로 수행하겠습니다. 일체를 지혜로 전환하여 진여의 지혜로 실천하겠습니다. 모든 번뇌 망념의 중생을 근본으로 돌이켜 청정하게 하겠다는 것이 된다.

청경관자재보살처럼 대상경계의 번뇌를 관조하여 공(空)으로 전환하여 진여의 지혜로 생활하는 것이므로 번뇌가 바로 보리가 되는 것으로 번뇌즉보리(煩惱卽菩提)[25]가 되는 것이다. 삼계의 근원은 반야의 지혜로 자비를 베푸는 것으로서 자신의 중생심을 청정하게 하는 법을 체득하는 것이다. 망념을 자각하고 청정하게 하는 '옴!'이 발단이 되어 일체의 만법을 청정하게 하고 진여의 지혜로 생활하는 것은 모든 자신의 중생들을 먼저 삼계의 근원으로 돌아가게 하는 것이 된다. 그런 다음에 청경관세음보살과 같이 번뇌를 보리로 자각하여 전환하는 것을 돈오라고 한다. 그리고 진여의 지혜로 수행하고 진여의 지혜로 살아가기를 발원하여 자신이 돈오하는 것을 제시하고 있다. 돈오하는 방법은 다라니를 독송하는 자신이 '옴'이라는 한마디에서 자각하는 지혜를 체득해야 삼독(三毒)을 삼학(三學)으로 전환하는 청경관세음보살이 되는 것이다. 번뇌 망념을 가진 중생심을 삼학으로 전환하여 견성하고 불심(佛心)으로 살아가기를 서원하는 것이다.

(4) 다냐타 옴 아로계 아로가 마지로가 지가란제 혜혜 하례 마하모지 사다바 사마라 사마라 하리나야 구로구로 갈마 사다야 사다야

① 다음과 같이 '옴!' 하며 자각하여 진여의 지혜로 살아가는

25) 『維摩義記』卷3(T38, p.484), "凡夫未成佛菩提爲煩惱. 聖若成佛時煩惱卽菩提."

법은 다음과 같다. 즉 '옴!' 하며 본심으로 관조하여 출세간의 지혜로 생활하는 지혜를 구족하여 세간(世間)에서 출세(出世)하여 생활하겠습니다. 아! 이 진여의 지혜를 체득하여 수행하겠습니다. 위대한 보살이 되어 염불하고 관조하여 본심으로 수행하겠습니다. 불꽃같은 지혜를 성취하여서…

② 다음과 같다(다시 말하건대) 아! 관(觀)하여 보는 자시여! 출세간(出世間)의 마음, 세속을 초월한 자시여! 오소서, 오소서 관자재시여! (저의) 마음을 기억하소서 기억하소서, 대보살(大菩薩)이시여! 의식(儀式)을 행하소서, 행하소서. (그리하여 저희의) 목표가 달성케 되기를…

③ 그것은 다음과 같습니다. 옴~ 빛이여! 지혜의 빛을 지닌 님이 여! 세상을 뛰어넘은 님이시여! 오! 오! 님이시여! 위대한 깨달음의 존재(大菩薩)이시여! 마음에 새기고 또 새기소서. 일을 하고 또 하시고, 이루어 주시고 또 이루어 주소서.

④ 이 심진언은 이러하오니, 옴 다른 세상 빛이여! 다른 세상 빛 지혜여! 세상을 초월하는 분이여! 아, 다른 세상의 끊임없는 빛줄기여, 이리로, 이리로, 이리로 오시옵소서!

그 다음은 'Tadyathā'라고 하며 다시 자세하게 돈오하는 방법과 진여의 지혜로 살아가는 방법을 설명하고 있다.

"Tadyathā Oṃ Aloke alokamati lokātikrānte hehehāle mahābodhisattvā smara smara hṛdaya kuru kuru karma sādhaya sādhaya"

'Tadyathā'에서 'Tadyathā'는 다음에 나오는 것을 말하는 것으로 진여의 지혜로 선(禪)의 생활을 하겠다는 설명이다.

'oṃ'에서 '옴(唵)!'이라는 이 한 자(字)가 본심을 다시 살아나게 하는 것이므로 검어(劍語)라고 한 것이다. 이것은 망념을 없애는 언어이다.(此是劍語)

"aloke alokamati lokātikrānte hehehāle"에서 'aloke'는 관조(觀照)하는 것이고 'alokamati'는 마음으로 관조하는 것

이며, 'lokā'는 세간이고, 'ātikrānte'는 벗어나는 것이므로 자신이 관조하여 출세간의 생활을 하기를 서원하는 것이다. 'hehe'는 오! 하며 감탄하는 표현이고, 'hāle'는 'hare'로 성취하게 수행하는 것으로 합하면 자신이 관조하여 세간에서 출세하여 출세간의 선(禪)생활을 하게 되므로 감탄하여 오! 이 최고의 경지를 체득하여 수행하겠다는 서원을 하고 있다.

"mahābodhisattvā smara smara hṛdaya kuru kuru karma"에서 'mahābodhisattvā'는 대보살이므로 위대한 자각(自覺)을 하여 진여의 지혜로 생활하는 대보살이고, "smara smara"는 기억한다는 것으로 자신이 관조하고 관조하는 것을 다시 강조하는 것이고, 'hṛdaya'는 본심(本心)으로 불심(佛心)을 말하는 것이다. "kuru kuru"는 수행하는 것이며, 'karma'는 업장(業障)이므로 망념을 자각(自覺)하여 진여의 지혜로 생활하는 보살이 되어 본심으로 수행하겠다고 하는 서원이다.

'sādhaya'에서 'sādhaya'는 성취하는 것이다.

《해설》 다음과 같이 '옴'하며 자각하여 진여의 지혜로 살아가는 법은 다음과 같다. 즉 '옴'하며 본심으로 관조하여 출세간의 지혜로 생활하는 지혜를 구족하여 세간(世間)에서 출세(出世)하여 생활하겠습니다. 아! 이 진여의 지혜를 체득하여 수행하겠습니다. 위대한 보살이 되어 염불하고 관조하여 본심으로 수행하겠습니다. 불꽃같은 지혜를 성취하여서라고 할 수 있다.

"옴 아로계 아로가마지 로가지가란제"에서 '옴'은 앞에 설명하였고 "아로계 아로가마지"는 마음으로 관조한다는 뜻이고 "로가지가란제"는 세간을 벗어났다는 뜻이므로 출세간이 되는 것이고 '옴'하며 자각하여 진여의 지혜로 출세간에서 자신이 살아가는 지혜를 체득하는 것이 바른 번역이라고 생각한다.

자신이 자신을 지혜로 관조하여 출세간을 확인하면 환희에

차게 되는 것을 나타내는 대목이다. 즉 세간의 망념을 초월한다는 것을 출세간이라고 하는 것인데 세간의 탐진치를 피안의 계정혜로 전환하면 출세간이 되는 것이다. 출세간의 단초를 천왕이나 오신통으로 설명하고 있는 부분이다.

위대한 보살의 지혜로운 생활을 자신의 마음깊이 새겨서 관조(觀照)하고 관조(觀照)하여 업장(業障)을 불심(佛心)의 지혜로 생활하겠다는 것으로 보살도를 실천(行化)하여 자신의 많은 중생들을 제도하겠다는 서원이다. 보살로서 대승보살마하살이 되어 자신의 중생과 모든 중생들을 구제하고자하는 것은 망념을 제거하고 다시는 망념에 속박되지 않는 불퇴전의 발원을 하고 중생의 병을 치료하여 성취하는 것이다.

(5) 도로도로 미연제 마하미연제 다라다라 다린 나례 새바라 자라자라 마라미마라 아마라 몰제 예혜혜

① 진여의 지혜로 체득하고 수지(授持)하는 보살(菩薩)로서 불법(佛法)을 수지(授持)하겠습니다. 불법(佛法)을 수지(授持)하여 임운자재(任運自在)하게 생활하여 마장(魔障)에서 벗어나 출세간의 삶을 사는 청정한 관세음보살과 같이 진여의 지혜로 생활하기를 서원합니다.

② 수호(守護)하소서, 수호하소서! 승리자시여! 대 승리자시여! 지지(支持)하소서, 지지하소서, 능히 대지를 지지하는 신이시여! (이리 저리) 움직이소서, 움직이소서 말라(神)시여! 부정(不淨)을 여읜 청정한 무르떼(神)시여!

③ 승리하고 승리하소서. 승리하는 님이시여! 위대한 승리의 님이시여! 수호하고 수호하소서, 번개를 수호하는 주님이시여! 운행하고 운행하소서. 티끌 속에서 티끌을 떠난 님이시여! 청정해탈의 님이시여!

④ 아, 불꽃이여, 아, 불꽃이여! 아, 허공에 노니는 분이시여,

아, 허공에 노니는 위대한 분이시여! 도와주시옵소서, 도와주시옵소서! 제왕자재(帝王自在)시여! 움직이시옵소서, 움직이시옵소서! 본원청정(本源淸淨)이시여! 청정본체(淸淨本體)시여!

"dhuru dhuru viyāntai mahāviyāntai dhara dhara dhalīndheśvāra cala cala malavimala amala mūrte ehyehe"

"dhuru dhuru viyāntai mahāviyāntai dhara dhara"에서 "dhuru dhuru"는 불꽃으로 매사의 지혜라는 뜻이므로 지금 이 찰나의 지혜를 성취하는 것이다. 'viyāntai'는 진여의 지혜를 체득하는 것이고, 'mahāviyāntai'는 위대한 진여의 지혜를 체득하는 것이 위대하다는 것이며, "dhara dhara"는 수지(受持)하는 것이다. 찰나의 지혜를 성취하여 진여의 지혜를 체득하고 위대한 진여의 지혜를 수지(授持)하는 보살로 선(禪) 생활을 하고자 하는 것이다.

"dhalīndheśvāra cala cala"에서 'dhalīndheśvāra'는 진여의 지혜를 수지(受持)하는 것이고, 'īśvāra'는 수지하여 생활하는 전문가이므로 진여의 지혜를 수지한 보살이 되고, "cala cala"는 행동하는 것이므로 불법(佛法)을 수지하여 진여의 지혜로 생활하겠다는 서원이 된다.

"mala vimala amala mūrte ehyehe"에서 'mala'는 마라로 세간의 번뇌이고, 'vimala'는 마라를 벗어난 것이므로 출세간이며, 'amala'는 마라에서 벗어난 것이므로 출세간에서 생활하는 것이다. 'mūrte'는 모습을 말하는 것이고, 'ehyehe'는 '가까이 오다'와 '바라다'가 합해진 것으로 (출세간의)모습으로 살아가기를 바라는 것이다. 그러므로 마장에서 벗어나 출세간의 생활을 하는 보살의 미묘한 모습으로 살아가고자 하는 것이 된다.

《해설》 진여의 지혜로 생활하려고 하면 불법(佛法)을 수지(授

持)해야만 하는 것이고 위대한 진여의 지혜로 항상 생활하여 자신이 대자비를 베푸는 관세음보살이 되는 것이다. 진여의 지혜를 체득하는 것이 마장들을 항복시키는 것이고 수지(受持)하는 것이 금륜(金輪)을 가지는 것이다. 마라[26]는 자신의 마음속에 있는 마장(魔障)이지 밖에 있는 것이 아니므로 자신의 망념을 자기가 삼학(三學)으로 자각하면 마라(魔羅)는 사라지게 되는 것[27]으로 자신이 보살로서 살아가게 되는 것이므로 신(神)으로 추종하는 것은 잘못이다.

진여의 지혜를 체득하고 수지(授持)하는 보살로서 불법을 수지하겠습니다. 불법을 수지하여 임운자재(任運自在)하게 생활하여 마장에서 벗어나 출세간의 삶을 사는 청정한 관세음보살과 같이 진여의 지혜로 생활하기를 서원하는 것이 된다. 즉 자신이 아는 지혜로 견성하여 다시 '옴' 하며 관조하고 다시 출세간의 지혜로 생활하는 진여의 지혜를 구족하여 세간에서 출세하는 것이다.[28] 그리고 또 이 진여의 지혜로 수행하겠다고 서원하고 있다. 그리고 이것은 돈오하고 나서 위대한 보살이 되어 염불하고 본심으로 수행하여 불꽃같은 지혜를 성취하기

---

26) 마라(魔羅): 망념(妄念)과 같은 것으로 마라(魔羅)라고 하는 것도 외부에 있는 것이 아니라 자신의 마음속의 망념(妄念)을 마라라고 한다. 마라의 원래의 뜻은 mala(dirt, dust, impurity), vimala(stainless, spotless, clean), amala(stainless, spotless, clean, pure, shining)라고 하는데 amala는 mala가 없는 부정을 뜻하는 것이고 vimala는 mala를 벗어난 것이므로 amala를 출세간으로 번역했다.

27) 양지(2014), 『관세음보살이 되는 천수경』, 맑은소리맑은나라, p.137.

28) 일반적인 지혜와 진여의 지혜는 확연히 다르다. 하지만 누구나 할 수 있다는 측면에서는 범성(凡聖)이 같다. 그러므로 이것을 '공'으로 견성하면 성자이고 견성하지 못하면 생사에 윤회하는 범부인 것이다. 자신의 본성이 무엇인지를 모르면 범부이고 자신의 본성을 아는 사람은 지혜가 있는 사람이다. 견성한 사람은 자신의 본성을 '공'이라고 알고 실천하는 사람이다. ; 『金剛經纂要刊定記』卷6(T33, p.219), "聲聞定多慧少, 不見佛性, 菩薩慧多定少, 雖見佛性猶不明了, 諸佛如來定慧等故, 了了見性." ; 『大般涅槃經集解』卷33(T37, p.490), "見性成佛, 即性爲佛也. 如來即法者, 法即性空. 性空即法, 法即佛性也."

를 바라며 만뜨라 수행을 하겠다고 하는 것이 된다. 그러므로 진여의 지혜로 자각하여 수지하는 보살이 되어 불법을 수지하는 것이다. 그런 후에 임운자재하게 생활하여 마장에서 벗어나 출세간의 삶을 사는 청정한 관세음보살로서 진여의 지혜로 생활하겠다고 서원하며 만뜨라 수행을 해야 한다. 그리고 견성하여 살아가는 방법으로 청경관세음보살이 되면 삼독의 탐진치를 삼학의 계정혜로 전환하여 진여의 지혜로 살아가게 된다.

"도로도로 미연제 마하미연제 다라다라"에서 불꽃이나 승리자 또는 승리하는 님이라고 하는 것은 범어를 그대로 직역한 것이고 관세음보살이전 신(神)의 사상(思想)이 되는 것이고 선(禪)으로 보면 불꽃은 순간의 지혜라고 하는 것이 바른 뜻이라고 생각하며 '미연제 마하미연제 다라다라'는 위대한 진여의 지혜를 체득하고 수지한다고 하면 선의 입장에서 자신이 수행하게 된다.

왜냐하면 다음에 바로 나오는 "마라 미마라 아마라"를 보면 마라를 "말라"라는 신(神)이나 주님이라고 하는 것은 불교의 내용은 아닌 것이 되기 때문에 "신묘장구대다라니"는 불교가 아닌 다른 종교의 것이라고 주장하는 이들이 있지만 이것은 마라를 한자로 하면 마장(魔障)이고 번뇌 망념이라는 뜻이 되어 자신의 마음속의 마라가 되는 것이므로 청경관세음보살의 사상(思想)과 연결이 되는 것이다. 그러므로 '마라'는 세간의 번뇌 망념이라는 마장(魔障)이고 '미마라'는 마장에서 벗어난 것이므로 출세간이며 '아마라'는 마장에서 벗어나 생활하는 것이 되는 것이어서 신(神)을 주장하면 이 내용과는 다른 번역이라고 생각되며 불교의 무아(無我)사상과는 대치되는 것이 되므로 불교의 사상(思想)이 아닌 것이 된다.

(6) 로계새바라 라아 미사미 나사야 나베 사미사미 나사야 모하자라 미사미 나사야

① 진여의 지혜로 불법(佛法)에 맞게 자각하여 임운자재(任運自在)하게 생활하니 탐욕으로 인한 마라(魔障)는 사라지고 진심(嗔心)의 마라(魔障)도 소멸된다. 치심(癡心)의 마라(魔障)로 인하여 자신의 본성을 알지 못하고 행하는 것을 지혜가 있으면 치심(癡心)은 소멸(消滅)된다. 그러므로 이와 같이 하여 숨겨져 있는 탐진치로 인하여 생긴 마장(魔障)을 억지로 가두어 모아서 완전하게 제거하겠습니다.

② 오소서, 오소서, 세자재(世自在)시여! 탐욕(貪慾)의 독을 파괴하시고, 진에(瞋恚)의 독을 파괴하시고, 치암(癡暗:어리석음)의 얽혀짐의 독을 파괴하소서!

③ 오소서, 오소서. 세계의 주님이시여! 오소서, 오소서. 세계의 주님이시여! 탐욕의 독을 없애주소서 분노의 독을 없애주소서 어리석음으로 얽힌 독을 없애주소서.

④오시옵소서! 아, 나 바라옵나니 아, 세상의 주인이시여! 애착의 독을 사라지게 하옵소서, 증오의 독을 사라지게 하옵소서, 견고한 어리석음의 독을 사라지게 하옵소서,

"Lokeśvārā rāgaviṣavināśaya dveṣaviṣavināśaya mohā calaviṣa-vināśaya"

'lokeśvārā'는 세간에서 자유자재로 살아가는 전문가이므로 관자재보살이고, 'rāgaviṣavināśaya'는 탐욕으로 인한 마라는 진여의 지혜로 자각하면 탐욕의 마라는 제거되는 것이며, 'dveṣaviṣavināśaya'는 진심(嗔心)의 마라도 진여의 지혜로 자각하면 제거되는 것을 나타내고 있다. 'mohā'는 치심(癡心)이고 'cala'는 행동하는 것을 나타내는 것이고, 'viṣavināśaya'에서 'viṣam'은 마라를 말하는 것이며, 'vināśaya'는 제거하는 것이므로 치심(癡心, 無明)의 마라도 자각하면 치심(癡心)은 제

거되는 것이다.

《해설》 탐진치(貪嗔癡)의 삼독심을 계정혜로 전환하는 것이 자신의 망념을 자신이 불법(佛法)에 맞게 자각하는 것이다. 관세음보살이 되어야 극락세계를 건설할 수 있으므로 아미타불이 스승이 되는 것이다. 진여의 지혜로 불법(佛法)에 맞게 임운자재하게 생활하니 탐욕으로 인한 마라[魔障]는 사라지고 진심(嗔心)의 마라도 소멸된다. 치심(癡心)의 마라로 인하여 자신의 본성을 알지 못하고 행하는 것을 지혜가 있으면 치심은 소멸된다. 그러므로 이와 같이 하여 숨겨져 있는 탐진치로 인하여 생긴 마장을 억지로 가두어 모아서 완전하게 제거하겠다는 서원이다.

'로계새바라'는 관자재보살이라는 뜻이므로 '라아미사미나사야'는 탐욕의 마라는 진여의 지혜에 의하여 제거된다는 것이고, '나베사미사미나사야'는 진심(嗔心)의 마라도 역시 자신이 진여의 지혜로 자각하면 사라진다고 하는 것이고, '모하자라미사미나사야'에서 치심(癡心)의 마라도 역시 진여의 지혜로 자각하면 치심(癡心)도 사라지게 되어 탐진치(貪嗔癡)가 계정혜(戒定慧)로 전환되는 것이므로 선(禪)에서 주장하는 마음이 부처라는 조사선의 입장과도 일맥상통하게 된다.

(7) 호로호로 마라호로 하례 바나마나바 사라사라 시리시리 소로소로 못쟈못쟈 모다야 모다야 매다라야 니라간타 가마사 날사남 바라하라나야 마낙사바하

① 허공에서 연꽃과 같이 자유자재하여 사방팔방에서 자유자재로 생활하는 것을 허공에서 하듯이 자유자재로 행동을 하되 조금도 계율에 어긋나지 않게 훈습하고 반복하여 허공에서 연

꽃이 자유자재로 사는 모습조차도 사라진 몰종적의 조사가 되어 구경의 깨달음을 체득하겠습니다. 자비로운 청경관자재보살로서 탐욕의 삼독심을 관조하여 자각하니 기쁨이 충만한 지혜로 구경의 경지를 체득하겠습니다.

② 기쁘도다! 말라(神)시여! 기쁘도다! 관자재시여, 파드마나바시여! 이리 저리 좌우로 움직이소서, 흐르소서! 비추어 식별(識別)함으로서 깨닫게(이룩하게) 하소서! 정(情)이 깊은 <청경(靑頸)>이시여! 즐거움의 마음을 성찰함으로서, 쁘라흐라다(神)께 영광이 있기를!

③ 아아! 님이시여! 오오! 주님이시여! 단전에서 연꽃이 피어나는 님이시여! 물은 흐르고 또 흐르니, 깨달음으로 깨달음으로, 깨닫고 또 깨닫게 하소서! 목에 푸른 빛을 띈 자비의 님이시여! 감각적 쾌락의 욕망을 부숴버린 쁘라흘라다의 마음을 위하여, 쓰와하

④ 가져가시옵소서, 가져가시옵소서, 더러움을 가져가시옵소서, 가져가시는 분이시여! 불연화(佛蓮花)시여! 아, 다가오소서, 다가오소서! 연꽃이여, 연꽃이여! 나타나시옵소서, 나타나시옵소서! 참된 지혜로, 참된 지혜로, 피어나게 하소서, 피어나게 하소서! 죽음에서 구하소서! 청경관음이시여! 보살핌 바라 내 온 마음 바치나니, 바라는 모두 나타나 큰 기쁨 얻게 하소서!

"huru huru mala hulu hale padmanābhā sarasara siri siri surusuru buddhya buddhya bodhaya bodhaya mait rīya nilakaṇṭha kamasya darśanāṃ prahladaya mānaḥ svāhā"

"huru huru mala hulu hale"에서 "huru huru mala"는 "huru huru"라는 숨겨져 있는 것이고 'mala'는 마음속의 망념이다. "hulu hale"에서 'hulu'는 억지로 가두어 넣는 것이고, hale는 제거하는 것이므로 마라를 억지로 가두어서 제거하는 것이 된다. 진여의 지혜로 생활하면 탐진치를 계정혜로 전환하여 마음속의 마라를 모두 제거하는 것이 된다.

“padmanābhā sarasara sirisiri surusuru buddhya bud dhya bodhaya bodhaya”에서 ‘padmanābhā’는 ‘padma’라는 연꽃과 ‘nābhā’라는 허공이 합쳐진 것이고, ‘sarasara’는 (허공에서 연꽃과 같이)어디로나 움직이는 것으로 허공에서 자유자재로 움직이는 모습이다. ‘sirisiri’는 반복하는 의미를 나타내는 것이고, ‘surusuru’는 ‘srusru’와 같이 벗어나는 것으로 허공에서 연꽃이 자유자재로 사는 종적도 없는 것을 의미한다. “buddhya buddhya”는 궁극의 깨달음으로 “bodhaya bodhaya”는 깨달음을 체득하는 것이다. 허공에서 연꽃과 같이 자유자재하게 생활하는 것은 구애받지 않는 보살이 되어 살아가는 것을 말하는 것이다. 탐진치의 마라를 완전하게 제거하는 것을 허공에서 연꽃이 핀다는 것으로 설하는 것은 생사(生死)의 중생심에서 벗어나 계정혜로 살아가는 것을 설하고 있다.

“maitrīya nilakaṇṭha kamasya darśanāṃ prahladaya mānaḥ svāhā”에서 ‘mātrīya’는 자비심이 많은 것이고, ‘nilakaṇṭha’는 청경(靑頸)이라는 것으로 공작새를 말하기도 하며 합하여 자비로운 청경관자재보살을 말하는 것이다. ‘kam asya’는 탐욕(貪慾)이고, ‘darśanāṃ’은 관조(觀照)하는 뜻이며, ‘prahladaya’는 환희가 충만하여 라는 것이고, ‘mānaḥ’는 마음으로 지혜로 라는 의미이며, ‘svāhā’는 구경(究竟)의 경지가 되는 것이다. 그러므로 자비로운 청경관자재보살이 되어 삼독심을 관조하여 자각하니 환희가 가득한 지혜로 구경의 경지를 체득하겠다는 것이다.

《해설》 탐진치를 자각하니 마라는 사라지고 계정혜의 환희가 충만한 청정한 법신(法身)이 태어나게 되는 것이다.

“호로호로 마라호로 하례”는 마음속 깊게 내재해 있는 미세한 망념을 찾아서 제거한다는 것이고 그 다음의 내용은 번뇌 망념에서 벗어나 훈습하고 청경관자재보살로서 출세간의 삶을 살아가기를 서원하는 내용이다.

"바나마나바 사라사라 시리시리 소로소로 못쟈못쟈 모다야 모다야"는 이것은 오탁악세를 말하는 것으로 이것이 제불께서 설법하는 소리로 나무가 본성으로 내는 소리와 같은 것이다. 즉 나뭇잎 떨어지는 소리가 제불의 설법소리이다. 이것은 관세음보살로서 일체중생을 이익 되게 하는 불가사의 한 것이다.[29] 이것은 관세음보살이 중생의 죄악을 예약하는 것으로 이것을 아난의 본신이라고 한다.[30]

"매다라야 니라간타 가마사 날사남 바라하라나야 마낙사바"는 허공에서 연꽃과 같이 자유자재로 생활하는 것을 허공에서 하듯이 행동을 하되 조금도 계율에 어긋나지 않게 훈습하고 반복하여 자유자재로 사는 모습조차도 사라진 몰종적의 조사가 되어 구경의 깨달음을 체득하겠습니다. 자비로운 청경관자재보살로서 탐욕의 삼독심을 관조하여 자각하니 기쁨이 충만한 지혜로 구경의 경지를 체득하겠습니다. 지혜를 체득하여 구경의 경지로 생활하고, 위대한 반야의 지혜를 체득하여 생활하며, 진여의 지혜를 체득하여 관자재보살로서 구경의 경지에서 살아가겠습니다. 그리하여 마장에서 벗어난 청경관자재보살과 같은 자비를 구경에는 체득하겠습니다."라고 하는 것이다.

29) 『千手千眼觀世音菩薩大悲心陀羅尼』卷1(T20, p.116), "此是觀世音菩薩, 利益一切衆生, 不可思議."

30) 『千手陀羅尼經』(T20, p.500) "此是五濁惡世云. 此是諸佛樹樂木聲也. 此是觀世音豫衆生罪惡. 此是阿難本身也."

(8) 싯다야 사바하 마하싯다야 사바하 싯다유예 새바라야 사바하 니라간타야 사바하 바라하 목카싱하 목카야 사바하 바나마 하따야 사바하 자가라 욕다야 사바하 상카섭나네 모다나야 사바하

① 지혜를 체득하여 구경의 경지로 생활하고, 위대한 반야의 지혜를 체득하여 구경의 경지로 생활하고, 진여의 지혜를 체득하여 관자재보살로서 구경의 경지에서 살아가겠습니다. 그리하여 마장(魔障)에서 벗어난 청경관자재보살과 같은 자비를 구경에는 체득하겠습니다. 사나운 멧돼지 모습을 보고, 사자(獅子)의 모습으로 포효하는 소리를 듣고 모든 망념을 제거하여 경계지성이 되게 하겠습니다. 모두가 연꽃을 피우는 법을 깨달아 수지하고 생활하여 구경의 경지를 체득하고, 법륜을 굴려 중생을 제도하겠습니다. 법라(法螺)를 부니 고동소리를 듣는 모든 중생들은 불법(佛法)을 깨달아 구경의 경지를 체득하게 하겠습니다.

② 성자께 영광이 있기를! 대성자께 영광이 있기를! 성자, 요가의 주(主)께 영광이 있기를! 청경(靑頸)께 영광이 있기를! 멧돼지의 용모, 사자의 용모를 (갖춘)자께 영광이 있기를! 연꽃을 손에 쥔 자께 영광이 있기를! 챠크라(원반 모양의 무기)를 손에 쥔 자께 영광이 있기를! 소라고둥 소리를 듣는 자께 영광이 있기를!

③ 성취자를 위해서 쓰와하, 위대한 성취자를 위해서 쓰와하, 성취자인 요가의 주님을 위해서, 쓰와하 목에 푸른빛을 띠운 님을 위하여 쓰와하 멧돼지 형상의 님과 사자 형상의 님을 위하여 쓰와하 손에 연꽃을 든 님을 위하여 쓰와하 보륜을 사용하는 님을 위하여 쓰와하 소라 고동에서 소리가 울릴 때 깨어난 님을 위하여 쓰와하

④ 성취하신 분께 사뢰옵나니, 크게 성취하신 분께 사뢰옵나니, 요가를 성취하여 자재(自在)하신 분께 사뢰옵나니, 목이 푸른 분께 사뢰옵나니, 멧돼지 얼굴을 하신 분, 사자(獅子) 얼굴

을 하신 분께 사뢰옵나니, 손에 연꽃을 드신 분께 사뢰옵나니, 원반(原盤)을 지니신 분께 사뢰옵나니, 법라(法螺)소리로 일깨워 주시기를 사뢰옵나니,

"siddhāya svāhā mahāsiddhāya svāhā siddhāyogeśvāraya svāhā nilakaṇṭhaya svāhā Varahamukha siṃhamukhaya svāhā padmāhastaya svāhā cakrayuktaya svāhā śaṃkhaśabnane bodhanaya svāhā"

"siddhāya svāhā mahāsiddhāya svāhā siddhāyogeśvāraya svāhā nilakaṇṭhaya svāhā"에서 'siddhāya'는 (지혜를) 체득하는 것이고 'mahāsiddhāya'는 위대한 반야의 지혜를 체득하는 것이며 'svāhā'는 구경의 경지가 되는 것이므로 지혜와 위대한 반야의 지혜를 체득하여 구경의 경지로 살아가겠다는 것이다. "siddhāyogeśvāraya svāhā"에서 'siddhāyogeśvāraya'는 'siddhā'와 'yogeśvāraya', 'svāhā'가 합해진 것이므로 요가의 전문가라는 'yogeśvāraya'가 되어 관자재보살로서 구경의 경지에서 살아가겠다는 것이며 "nilakaṇṭhaya svāhā"에서 'nila'는 푸른 이라는 뜻이고 'kaṇṭha'는 목구멍이므로 마장(魔障)에서 벗어난 청경관자재보살이고 'svāhā'는 구경의 경지이므로 청경관자재보살로서 위대한 반야의 지혜를 체득하여 구경의 경지에서 살아가겠다는 서원이고, 진여의 지혜를 체득하여 관자재보살로서 구경의 경지에서 살아가는 것이다. 그리고 마라에서 벗어난 청경관자재보살처럼 구경에는 깨달음을 체득하겠다고 하는 서원이다. 그러므로 지혜를 체득하고 위대한 반야의 지혜를 체득하여 생활하며 진여의 지혜를 체득하고 관자재보살이 되어 마장(魔障)에서 벗어난 청경관자재보살처럼 자비를 구경에는 체득하겠다고 하는 것이고 모든 중생을 제도하여 구경에는 극락세계를 건설하기를 서원하는 것이다.

"varahamukha siṃhamukhaya svāhā"에서 'varaha'는

멧돼지이고 'mukha'는 모습이며, 'siṃha'는 사자이고 'mukhaya'는 모습이고, 'svāhā'는 구경이다. 그러므로 사나운 멧돼지 모습을 보고 또는 사자(獅子)의 모습으로 포효하는 것을 듣고 모든 대상경계의 망념을 제거하겠다는 것이다.

"padmāhastaya svāhā cakrayuktaya svāhā"에서 'padmā'는 연꽃이고, 'hastaya'는 수지(受持)하여 사용하는 것이니 'svāhā'는 구경의 경지를 체득하는 것이고, "cakrayuktaya sv āhā"에서 'cakra'는 법륜이고, 'yuktaya'는 사용하여 생활하는 것이고, 'svāhā'는 구경이 되는 것이다. 모두가 연꽃이 되는 법을 깨달아 수지하고 생활하여 법륜을 굴리니 구경의 경지가 되는 것이다.

"śaṃkhaśabnane bodhanaya svāhā"에서 'śaṃkha'는 소라이므로 'śabna'와 합하여 소라의 고동소리이니 법라의 소리는 부처님의 음성을 나타내는 자각의 소리31)이다. 이는 법라의 소리를 듣는 사람에게가 되어 소라의 고동소리를 듣는 사람들은 자각하게 되는 것이고, 'svāhā'는 구경의 경지이므로 법라(法螺)를 부니 소리를 듣는 모든 중생들은 불법(佛法)을 깨달아 구경의 경지를 체득하게 되는 것이다. 즉 법라(法螺)로 사자후를 하니 모든 중생들의 망념이 사라지게 되어 모두가 불법(佛法)을 깨닫게 되는 것이다.

《해설》 "싯다야 사바하 마하싯다야 사바하 싯다유예 새바라야 사바하 니라간타야 사바하"를 성자와 대성자나 요가를 성취한 주(主)나 성취자 관자재라고 번역하고 있고 니라간타는 푸른 목이나 청경이라고 번역하고 있는데 이것은 선(禪)의 입장에서 보면 자신의 마음을 외부에서 찾는 번역이 되는 것이므로 불교의 사의법에 의하면 "요의경에 의지하고 불요의경에 의지하

---

31) 『維摩義記』卷4(T38, p.507), "法螺聲相是佛音聲."

지 말라"고 한 것[32]이 되어 방편으로 외부의 절대자를 믿는 신앙에 의한 번역이라고 생각된다. 그러므로 자신의 마음속으로 돌아와 자신이 진여의 지혜로 자각하여 살아가게 하는 번역이 바른 것이라고 생각한다. 그리고 사나운 멧돼지 모습을 보고, 사자의 모습으로 포효하는 소리를 듣고 모든 망념을 제거하여 경계지성이 되게 하겠습니다. 모두가 연꽃을 피우는 법을 깨달아 수지하고 생활하여 구경의 경지를 체득하고, 법륜을 굴려 중생을 제도하겠습니다. 법라(法螺)를 부니 고동소리를 듣는 모든 중생들은 불법을 깨달아 구경의 경지를 체득하게 하겠습니다. 멧돼지와 같은 중생과 사자(獅子)와 같은 높은 중생을 모두 금구(金口, 세존의 언설)로 잡아서 제도(濟度)하는 관세음보살의 보살도를 실천하겠다는 것이다.

세간의 망념을 전환하는 청경관세음보살이 되어 생활하면 탐욕으로 인한 마라는 저절로 사라지고 또 진심(嗔心)의 마라도 소멸되며 역시 치심(癡心)의 마라도 소멸된다. 그리고 이와 같이 모든 망념의 탐진치를 완전하게 제거하겠다고 만뜨라 수행을 하는 것이다. 이렇게 삼독을 벗어나기를 바라면서 불법에 맞게 만뜨라 수행을 하면 연꽃이 허공에서 사방팔방으로 자유자재로 생활하듯이 임운자재 하게 생활하게 되는 것이다. 그러므로 계율에 어긋나지 않게 훈습하여 생활하는 몰종적의 조사로서 구경의 깨달음을 체득하기를 서원하며 수행하는 것이다. 이제 돈오하여 청경관자재보살로서 삼독을 자각하여 삼학으로 전환하니 기쁨이 충만한 지혜로 생활하겠다고 하며 수행하는 것이다. 이렇게 지혜를 체득하여 견성한 경지에서 생활하고 위대한 반야의 지혜를 체득하여 청경관자재보살로서 보살도를 실천하며 살아가겠다고 하며 만뜨라 수행을 해야 하는 것이다.

---

32) 『大般涅槃經』卷6(T12, p.642), "何等爲四, 依法不依人, 依義不依語, 依智不依識, 依了義經不依不了義經."

이상에서 본 견성은 자성의 견성을 말하는 것으로 만뜨라 수행을 하면서 망념을 정념(正念)으로 전환하는 만뜨라 수행인 것이다. 즉 청경관세음보살은 삼독을 먹고 삼학으로 전환하는 보살이다. 이것은 중생을 위해 중생대신에 독을 먹고 목이 푸른색이 되었다는 시바신이 청경관세음보살이 된 것이다. 그러므로 '선'수행자들이 각자가 청경관세음보살이 되어 생활하는 과정에 만나게 되는 대상경계를 극복하는 방법으로 삼독을 삼학으로 전환하여 보살도를 실천하는 것[33]이다.

(9) 마하 라구타다라야 사바하 바마사간타 이사시체다 가릿나 이나야 사바하 먀가라 잘마니바 사나야 사바하

① 위대한 주장자(지혜의 방편)를 수지(受持)하여 활용하는 이는 (모든 중생들이) 구경의 경지를 체득하게 하겠습니다. 왼쪽 어깨를 드러내고 검은 사슴의 가죽을 덮은 부처로서 망념(妄念)에서 벗어나서 구경의 경지를 체득하게 하겠습니다. 호랑이 가죽의 옷은 가사이므로 가사를 입고 부처의 설법을 하여 구경의 경지를 체득하게 하겠습니다.

② 큰 방망이(를) 보지(保持)하는 (자)께 영광이 있기를! 왼쪽 공격자 쪽에 있는 흑색 성자께 영광이 있기를! 호랑이 가죽(을) 착용(한 자)께 영광이 있기를!

③ 위대한 금강저를 지닌 님을 위하여 쓰와하 왼쪽 어깨 쪽에 서 있는 승리의 크리슈나님을 위하여 쓰와하 호랑이 가죽 위에서 명상하는 님을 위하여

---

33) 삼독과 삼학은 정반대의 말이다. 이것은 돈오와 같이 전환을 하지 못하면 이해하기 어려운 것이다. 그러므로 범부의 입장에서 '탐진치'를 버려야 바른 지혜가 나타나는 것이다. 이것은 하늘의 구름이 걷혀야 맑은 하늘의 태양이 비치는 것과 같다.

④ 큰 방망이를 가지신 분께 사뢰옵나니, 왼쪽 어깨에 흑사슴 털가죽 걸치신 분께 사뢰옵나니, 호랑이 가죽옷 입으신 분께 사뢰옵나니!

"mahālaku-ṭādharaya svāhā vamaskāṇṭhadiśasṭitakṛṣṇajinaya svāhā vyaghracarmanivasanaya svāhā"

"mahālakuṭādharaya svāhā"에서 'mahā'는 위대하다는 것이고 'lakuṭā'는 'laguda'로 주장자이며 'dharaya'는 수지(受持)하는 것이니, 'svāhā'는 구경이므로 위대한 주장자(지혜의 방편)를 수지(受持)하여 구경의 경지가 되게 제도하겠다는 제도의 서원이다.

"vamaskāṇṭhadiśasṭitakṛṣṇajinaya svāhā"에서 'vama'는 '왼쪽의'라는 뜻이고, 'skāṇṭha'는 'skaṇdha'라는 '어깨 쪽에'라는 뜻이고, 'diśa'는 방향을 나타내는 뜻이고, 'sṭita'는 'sṭhita'로 서있는 모습이며, "kṛṣṇa jinaya"는 검은 사슴의 가죽옷을 입은 승리자라는 뜻이고, 'svāhā'는 구경의 경지이므로 왼쪽 어께를 드러내고 흑 사슴의 가죽옷을 입은 승리자로서 망념(妄念)에서 벗어나 구경의 경지에서 살아가겠다는 것이 된다. 여기에서 왼쪽어께를 드러낸 것은 가사를 입은 것이므로 보살이나 부처를 지칭하는 것이 된다.

"vyaghracarmanivasanaya svāhā"에서 'vyaghra'는 '호랑이'이므로 '고귀하다'는 것이고 'carman'은 가죽이나 포효이며 'nivasanaya'는 의복을 입는 것이며 'svāhā'는 구경의 경지이다. 그러므로 호랑이 가죽의 옷은 가사라는 뜻이므로 가사를 수하고 불법(佛法)을 설하는 것이 포효하는 것이 된다. 자신이 불법(佛法)을 확신하게 되어 보살도를 실천하는 것으로 설법을 마치고 있다.

《해설》 "마하 라구타다라야 사바하"에서 '라구타'를 방망이나 금강저로 주장자로 번역을 하는 것은 불법(佛法)을 수지한다는 의미로 하는 것이 옳다고 생각되고, "바마사간타 이사시체다 가릿나 이나야 사바하"는 불교에서 보면 가사를 걸친 모습인 왼쪽을 드러낸다는 것으로 볼 수 있어 자신이 불법(佛法)을 수지한 스님이 되었다는 뜻으로 볼 수 있고 중생을 위하여 교화하는 모습을 나타내는 번역이 바르다고 생각된다. 위대한 주장자(지혜의 방편)를 수지하여 활용하는 이는 (모든 중생들이) 구경의 경지를 체득하게 하겠습니다. 왼쪽 어깨를 드러내고 검은 사슴의 가죽을 덮은 부처로서 망념에서 벗어나서 구경의 경지를 체득하게 하겠습니다. 호랑이 가죽의 옷은 가사이므로 가사를 입고 부처의 설법을 하여 구경의 경지를 체득하게 하겠습니다."라고 하고 있다.

여기에서 대상경계를 만나면 다음과 같이 전환하여야 하는 것이다. 즉 사나운 멧돼지 모습을 보고 사자의 모습으로 포효하는 소리를 듣고 모든 망념을 전환하여 지혜로 살아가는 것은 '옴'을 전환하는 문(門)이라고 하였듯이 육진의 대상경계를 만나면 청경관세음보살이 되어 망념을 정념으로 전환하기 때문이다. 그러므로 불법의 깨달음을 수지하여 생활하며 구경의 경지를 체득하고 법륜을 굴려 중생을 제도하겠다고 돈오이후에 다시 서원하는 것이 된다. 그런 후에 보살도를 실천하는 것으로 법라를 부니 고동소리를 듣는 모든 중생들은 불법을 깨닫게 하겠다고 서원하는 것이다. 중생을 제도하기 위해서는 위대한 깃발을 차지하고 왼쪽 어깨를 드러내고 사슴의 가죽을 덮은 이로서 망념에서 벗어나 피안에서 호랑이 가죽의 가사를 입고 법을 설하여 구경의 경지를 체득하게 하겠다고 서원을 하며 수행을 하는 것이다. 그리고 다시 처음의 삼보와 관세음보살에게 귀의하는 것은 '돈오점수'이후에 보살도를 실천하기를 서원하고 있다.

(10) 나모 라다나 다라야야 나막알야 바로기제 새바라야 사바하

① 위대한 삼보에 귀의합니다. 성(聖)관자재보살(觀自在菩薩)에게 귀의합니다.

② 삼보에 귀의합니다. 성관자재께 귀의합니다. 영광이 있으소서!

③ 삼보님께 귀의 합니다. 거룩한 관세음보살님께 귀의 합니다.

④ 삼보께 머리를 조아리옵나니, 성스런 관자재께 머리를 조아리옵나니 사뢰는 모두 이루어주옵소서!

"namo ratnatrayāya namaḥ arya avalokiteśvāraya svā hā"

"namo ratnatrayāya"에서 'namo'는 귀의이고, 'ratnatrayā'는 불법승 삼보이므로 삼보에 귀의하여 각각의 자기 자신이 삼보로 살아가겠다고 처음과 마지막에서 서원을 하고 있다.

"namaḥ arya avalokiteśvāraya svāhā ※(namaḥ āryaḥv a lokiteśvāraya svāhā)"에서 'namaḥ'은 귀의이고 'āryaḥ'은 성스러운 것이니 'valokiteśvāraya'에서 'avalokiteśvāra'는 'bo dhisattva'이 되므로 관세음보살이고, 'svāhā'는 구경의 경지이다. 성(聖)관자재보살(觀自在菩薩)에게 귀의하는 것은 삼보가 되어 성관자재보살로서 피안의 세계에서 살아가겠다고 반복하여 서원하고 있는 것이다.

이상에서 살펴보았듯이 이 '신묘장구대다라니'를 유신론의 입장에서 번역하면 만뜨라 요가수행자가 되어 오신통이 나타나기를 기다려야 한다. 하지만 불법(佛法)에 맞게 선(禪)으로 번역하면 자신이 해탈하는 것이 되어 자신이 견성하여 육신통이 나타나게 되는 것이다. 그러므로 초기의 수행자를 위하여 만뜨라 요가수행을 해야 한다고 하면 바른 스승을 만나서 바른 수행법을 배우는 것이 먼저 일 것이다. 그렇지 않다면 자신이 견성하는 것이 먼저이고 견성하고 돈오점수하여 대승으로 나아가서 선수행(禪修行)을 해야 하는 것이다.

2) 신묘장구대다라니의 선수행

이상에서 살펴보았듯이 '신묘장구대다라니'를 어떻게 알고 이해하는가에 따라 경전을 짊어지고 살아가야하는가 아니면 경전을 타고 살아가는 것의 차이가 있게 된다. 즉 관세음보살은 '신묘장구대다라니'를 한번 듣고 초지보살에서 팔지보살이 된 것이다. 그러나 『천수경』을 짊어지고 가는 경우는 '신묘장구대다라니'를 하루에 몇 편 독송에서 7일 7야[34]나 21일[35]을 기도하거나 1일 삼천 독송기도, 100만독, 천일(千日)기도[36] 등을 하며 생활하는 것을 말한다. 이것을 외우고 수지하면 국가의 재난이 소멸되고 소원하는 모든 것이 이루어지고 또 여인의 몸을 싫어하여 남자의 몸으로 되지 않으면 정각을 이루지 않을 것[37]이라고 하는 등의 내용에 따른 것일 것이다. 이렇게 독송만하면 모든 것이 이루어진다고 하여 시간을 낭비하면 안 되는 이유가 이 경(經)에서도 말하고 있다. 즉 성문은 사사문과(四沙門果)[38]를 이생에 증득하고 십지과위에 오른다고 하고 있다. 그리고 그 다음 구절의 소소(小小)한 복보(福報)는 모두 이루어진다는 것[39]은 성문의 지위에서 가능한 것이다.

---

34) 『千手陀羅尼經』(T20, p.109), "若有國土, 災難起時, 是土國王, 若以正法治國, 寬縱人物, 不枉衆生, 赦諸有過, 七日七夜, 身心精進, 誦持如是大悲心陀羅尼神呪, 令彼國土, 一切災難, 悉皆除滅, 五穀豐登, 萬姓安樂."

35) 『千手陀羅尼經』(T20, p.109), "若諸衆生, 現世求願者, 於三七日, 淨持齋戒, 誦此陀羅尼, 必果所願. 從生死際, 至生死際, 一切惡業, 並皆滅盡. 三千大千世界內, 一切諸佛, 菩薩, 梵釋四天王, 神仙, 龍王, 悉皆證知."

36) 이성운, 앞의 논문 p.237 참조.

37) 『千手千眼觀世音菩薩大悲心陀羅尼』(T20, p.116), "若諸女人 厭賤女身, 欲得成男子者, 誦持大悲陀羅尼章句, 若不轉女身成男子身者, 我誓不成正覺. 生少疑心者 必不得果遂也."

38) 『千手陀羅尼經』(T20, p.109), "若聲聞人, 聞此陀羅尼, 一經耳者, 修行書寫此陀羅尼者, 以質直心, 如法而住者, 四沙門果, 不求自得."

39) 『千手陀羅尼經』(T20, p.109), "若能精誠用心, 身持齋戒, 爲一切衆生, 懺悔先業之罪, 亦自懺謝, 無量劫來, 種種惡業, 口中馺馺, 誦此陀羅尼, 聲聲

'신묘장구대다라니'나 다른 범어의 진언 또는 염불을 하면 정토에 왕생하고 소원하는 모든 것이 이루어진다고 하는 것은 아미타불이나 관세음보살 등의 서원에 따라서 독송수행을 하는 것이다. 여기에서 기도라고 하지 않고 수행이라고 하는 이유는 아미타불이나 관세음보살은 실체가 없기 때문이다. 즉 법장비구가 48대원에 의하여 아미타불이 된 것처럼 관세음보살도 이 다라니를 수지하여 삼악도에 떨어지지 않고 삼매를 이루는 등의 신통을 이루는 서원에 의하여 정각을 이루게 된 것이기 때문이다. 그러나 이것을 자세하게 들여다보면 모두가 범부가 성취한 것이 아니라는 사실을 알아야 한다. 관세음보살이 초지보살에서 팔지보살이 된 것도 성문이 증득한 것이므로 최소한 초지보살이나 성문은 되어야 그 다음의 지위에 나아갈 수 있다. 이런 사실을 무시하고 아무나 하면 이루어진다고 하는 것은 잘못하면 기어(綺語)를 범하게 된다. 그러면 "일체중생실유불성"이라는 말은 맞지 않다고 하겠지만 실제로 모든 사람에게 불성(佛性)이 있어도 자신이 중생심으로 살아가기 때문에 자신은 모르는 것이다. 자신의 불성(佛性)을 찾을 때까지 다라니를 독송 수행하면 불성(佛性)을 찾을 수 있다고 하는 것은 문명인에게 너무나 많은 인내심과 시간을 낭비하는 것이다. 그래서 견성한 후에 바른 선수행(禪修行)을 해야 하는 것이다.

수행자들은 『천수천안관세음보살광대원만무애대비심다라니경』에 기록하고 있는 수행법에 의하여 '신묘장구대다라니'를 독송하되 하루에 삼천 번 독송기도를 하거나 1년에 100만 번 독송하는 기도를 하기도 하며 또 천일(千日)기도를 하기도 한다. 이 경을 설하는 이유를 다음과 같이 설하고 있다.

不絕者, 四沙門果, 此生即證. 其利根有慧, 觀方便者, 十地果位, 剋獲不難, 何況世間小小福報. 所有求願, 無不果遂者也."

> 모든 중생을 안락하게 하는 것이고, 중생의 일체의 병을 없애는 것이며, 중생들의 본래 수명을 얻게 하는 것이다. 중생들이 부유함을 얻도록 하는 것이며, 중생의 모든 악업과 중죄(重罪)를 소멸하여 없애기 위하는 것이며, 중생들이 장애와 어려움을 벗어나게 하기 위함이다. 중생들이 모든 청정한 법과 공덕을 얻게 하는 것이며, 중생들이 일체의 모든 선근을 얻게 하는 것이고, 중생들이 일체의 두려움을 멀리 떠나게 하는 것이며, 중생들이 속히 일체의 소원을 만족하게 하는 것이다.[40]

이 경(經)에 의하면 '신묘장구대다라니'를 독송하면 온갖 죄업에서 벗어나고 온갖 병들이 치료된다고 하고 있다. 만약 모든 사람이나 천인(天人)[41]이 대비주를 독송하고 수지(受持)하면 열다섯 가지의 좋은 곳에 태어남[42]을 얻게 되고, 열다섯 가지의 사악한 죽음[43]을 당하지 않는다고 하고 있는 것처럼 이 다라니를 독송하면 온갖 악사(惡事)는 사라지고 선사(善事)만 도래하게 된다고 하고 있다. 그리고 수행하는 마음가짐을

---

40) 『千手陀羅尼經』(T20, p.106).

41) 천인: 하늘사람이나 천상의 사람이라고 하며 천신(天神)이라고 하지만 이것은 실제로 살아 있는 사람을 말하는 것으로 불법을 수호하며 일체중생을 고통에서 구제하는 33천의 사람을 말한다. ; 『佛說未曾有因緣經』(T17, p.586), "夫天神者, 有慈悲心救一切苦."

42) 『千手千眼觀世音菩薩大悲心陀羅尼』(T20, p.116), "得十五種善生者, 一者 所生之處, 常逢善王. 二者 常生善國. 三者 常值好時. 四者 常逢善友. 五者 身根常得具足. 六者 道心純熟. 七者 不犯禁戒. 八者 所有眷屬, 恩義和順. 九者 資具財食, 常得豐足. 十者 恒得他人, 恭敬扶接. 十一者 所有財寶, 無他劫奪. 十二者 意欲所求, 皆悉稱遂. 十三者 龍天善神, 恒常擁衛. 十四者 所生之處, 見佛聞法. 十五者 所聞正法, 悟甚深義. 若有誦持大悲心陀羅尼者, 得如是等十五種善生也. 一切天人應常誦持, 勿生懈怠."

43) 『千手陀羅尼經』(T20, p.107), "其惡死者, 一者 不令其飢餓困苦死. 二者 不爲枷禁杖楚死. 三者 不爲怨家讐對死. 四者 不爲軍陣相殺死. 五者 不爲豺狼惡獸殘害死. 六者 不爲毒蛇蚖蠍所中死. 七者 不爲水火焚漂死. 八者 不爲毒藥所中死. 九者 不爲蠱毒害死. 十者 不爲狂亂失念死. 十一者 不爲山樹崖岸墜落死. 十二者 不爲惡人厭魅死. 十三者 不爲邪神惡鬼得便死. 十四者, 不爲惡病纏身死. 十五者 不爲非分自害死. 誦持大悲神呪者, 不被如是十五種惡死也."

"대자비의 마음이 이것이며, 평등한 마음이 이것이며, 무위심이 이것이며, 물들고 집착하지 않는 마음이 이것이며, 일체법이 공함을 관찰하는 마음이 이것이며, 남을 공경하는 마음이 이것이며, 스스로를 낮추는 마음이 이것이며, 어지럽지 않고 하나 된 마음이 이것이며, 견해에 집착하지 않는 마음이 이것이며, 위없는 깨달음의 마음이 이것이니, 이와 같은 마음이 곧 천수다라니의 모습이라고 알아야 한다. 그대는 마땅히 여기에 의지(依支)해서 수행하여야 한다."[44]라고 이와 같이 독송하여야 한다고 하고 있다.

이것은 구경에는 본성을 자각하는 견성으로 무상보리심을 깨달아 해탈하는 것을 목적으로 수행해야 하는 것이다. 그런데 이와 같이 수행하면 다음과 같이 "모든 선신이나 용왕(龍王) 그리고 신(神)모녀 등의 오백권속이나 야차가 대비신주를 독송하고 수지하는 사람을 항상 따라다니며 수호한다."[45]라고 설하고 있다. 그 외에도 여러 가지 신통이 나타나는 것[46]으로 기록하고 있다. 이런 등등의 이유 때문에 '신묘장구대다라니' 독송수행을 하고 있는 것이다. 앞에서 힌두교의 만뜨라 수행에서 만뜨라를 염송하면 신통이 나타나고 주재신이 되는 것과 '신묘장구대다라니' 독송수행을 하면 온갖 신통이 나타나고 자각하여 해탈하게 되는 것은 같은 것이다. 그러면 어느 수행을 하여도 구경에는 같다는 것이 되므로 그들의 수행법에 따라 독송이나 염송만 하면 모든 것이 이루어진다는 믿음을 가지고

---

44) 『千手陀羅尼經』(T20, p.108), "觀世音菩薩言. 大慈悲心是, 平等心是, 無爲心是, 無染著心是, 空觀心是, 恭敬心是, 卑下心是, 無雜亂心, 無見取心是, 無上菩提心是. 當知如是等心, 即是陀羅尼相貌. 汝當依此而修行之."

45) 『千手陀羅尼經』(T20, p.108), "是諸善神及神龍王, 神母女等, 各有五百眷屬, 大力夜叉, 常隨擁護, 誦持大悲神呪者."

46) 『千手陀羅尼經』(T20, p.108), "其人若在空山 曠野, 獨宿孤眠, 是諸善神, 番代宿衛, 辟除災障. 若在深山, 迷失道路, 誦此呪故, 善神龍王, 化作善人, 示其正道. 若在山林 曠野, 乏少水火, 龍王護故, 化出水火."

열심히 수행하면 되는 것이다. 그러나 여기에서 제기하고 싶은 것은 힌두교의 해탈이나 불교의 해탈을 하기 위하여 무조건 독송이나 염송만 하면 된다고 하는 것은 너무나 무모한 것이다. 왜냐하면 만뜨라 수행으로 염송하는 것은 훈습하기를 바라는 것으로 마음에서 항상 되새기면서 마음을 다른 곳으로 가지 못하게 하는 것이다. 이것을 요가수행이라고 한다. 그러나 선수행(禪修行)은 견성하여 이런 단계를 넘어선 성자47)의 경지에 들어선 삼승으로서 돈오점수를 한 후에 대승의 돈오돈수의 수행하는 것을 말한다. 여기에서 견성하여 수행하면 자신의 법계가 청정해져서 모두가 좌도량48)이 되는 것이다. 이렇게 하여 대승의 여래로 살아가기를 발원하며 보살도를 실천하는 것이 선수행(禪修行)이고 이렇게 수행하여 구경에 몰종적의 여래가 되는 것이다.

47) 성자는 진여의 지혜로 살아가는 사람으로 소승인 성문.연각.보살을 말하는 것이다. 그리고 대승은 소승을 초월한 것이고 최상승은 몰종적의 여래를 말한다.

48) 『觀無量壽佛經義疏』(T37, p.305), "當坐道場, 生諸佛家, **坐道場**者 謂成佛也. 得道之場, 故名道場, 一切諸佛, 皆於菩提樹下, 趺坐斷惑, 破魔成道. 法身一體, 諸佛同證, 故是佛家."

3. 결론

신묘장구대다라니를 선(禪)의 관점에서 보면 진여의 지혜로 살아가는 방법을 제시한 것이고, 또 관세음보살(觀世音菩薩)이라는 언어를 살펴보면 세음(世音, 망념)을 관조하여 정각(正覺)으로 전환하는 전문가라는 말이 되는 것처럼 돈오(頓悟)해야 하는 견성을 강조하고 있다. 여기에서는 돈오(頓悟)하는 방법을 '옴(唵)!' 이라는 근원적인 언어를 사용해서 자성을 자각하여 피안에서 살아가게 하고 있다. 그리고 청경관세음보살이 삼독(三毒)을 삼학(三學)으로 전환하는 비유를 하여 본래의 마음인 불심(佛心)으로 돌아가 진여의 지혜로 살아가게 한다. 또 '옴!' 으로 자각했다는 사실을 자신이 알고 불법(佛法)에 맞게 수행하고 보살도를 실천하겠다고 서원하고 있다. 다시 빨리 불법(佛法)을 수지(受持)하여 모든 탐진치의 마라에서 벗어나 삼학으로 정각하고 출세간의 생활을 하여 청경관세음보살이 되어 살아가기를 반복하고 있는 것이다. 그러므로 불법(佛法)을 자각하는 법을 '옴!'이라는 한마디로 시작하여 청경관세음보살이 되는 것이고 정각을 이루는 것은 연꽃으로 피어나 임운자재하게 생활하는 것으로 설하고 있다.

검증하는 방법으로 멧돼지나 사자를 비유한 것은 경계지성(境界之性)이 되어야 하는 것을 말한다. 불법(佛法)을 자각하여 수지(受持)하고 나서는 법륜(法輪)을 굴리든지 법라(法螺)로 사자후를 하여 중생제도하기를 서원하는 것이다. 가사를 입는 것은 불법(佛法)을 수지(受持)하여 불퇴전(不退轉) 하겠다는 것이고 또 다시 마지막에도 삼보에 귀의하고 관세음보살에게 귀의한다는 것은 자신이 진여의 지혜로 보살도를 실천하며 살아가겠다는 서원인 것이다. 그러므로 여기에 다시 신앙이 개입되면 석가모니가 출가하기 이전으로 돌아가는 것이 된다. 선

(禪)의 입장에서 보면 『천수경』에서 신묘장구대다라니는 귀의하는 발원문이지만 돈오하는 법의 핵심인 '옴!' 을 확인하게 하고 불법(佛法)을 계승하게 하는 중요한 경(經)인 것이다.

만뜨라 수행인 천수다라니와 진언 등의 염송수행으로 삼매를 이루는 것은 견성하고 나서 삼매가 되어야 한다. 견성하지 못하고 삼매를 이루는 것은 무기(無記)이다. 『천수경』의 '신묘장구대다라니'에서 견성하는 것은 '옴'이라는 한마디가 시작하는 무문(無門)이 되어 탐진치를 삼학으로 전환하는 것이다. 관세음보살이 이 다라니를 한번 듣고 팔지보살이 된 것처럼 누구나 견성하여 보살이 될 수 있다. 그리고 수행하며 고행을 하지만 공(空)으로 견성하는 것이 먼저이다. 다음에 견성하는 법은 육근(六根)이 공(空)이 되고 육진(六塵)이 공(空)이 되기 위하여 만뜨라 요가수행, 염불, 기도, 독송, 염송 등을 하여서 육식(六識)이 공(空)이 되도록 하여야 한다. 그러므로 이와 같은 정확한 수행법을 모르고 수행을 한다면 많은 세월과 힘을 낭비할 수 있다. 즉 '신묘장구대다라니'를 독송을 하면서도 자신이 견성하지 못하고 사마타와 위빠사나만 강조하면 공병(空病)에서 벗어나기 어려울 것이다.

여기에서는 청경관세음보살이 되어 각자의 탐진치를 모두 계정혜로 전환하면 견성하여 삼승(三乘)에서 점수하여 '비상비비상처천'을 벗어나서 해탈하는 것을 설하고 있다. 그러므로 공(空)을 불공(不空)으로 실천하게 되는 것이다. 불교의 해탈은 '비상비비상처천'이 구경인 범아일여(힌두교)나 물질이나 영혼에서 해탈을 주장(자이나교)하는 것이 아닌 대승의 공(空)과 불공(不空)을 주장하고 있다. 이것은 고정불변적인 영혼을 주장하는 종교와는 해탈에 대한 개념과 그것을 성취하는 방법이 다르기 때문이다. 그러므로 만뜨라 수행을 하여도 지금 바로 대승으로 해탈할 수 있는 것이다.

견성하고 성불해야 하는 것이기에 점수의 수행을 하고 팔지 이상의 대승보살이 되어서 자신이 몰종적의 여래로 생활을 해야 하는 것이다. 만약에 '비상비비상처천'을 해탈이라고 하면 이 상태에서 삼계의 미세한 번뇌도 없어야 한다. 그래서 석가모니가 '상수멸진정'을 주장하다가 무위(無爲)의 열반을 주장한 것이다.

지금까지 살펴본 것에 의하면 견성하여 만뜨라 독송수행만으로 도달할 수 있는 해탈은 '비상비비상처천'에 도달하는 것이고 '신묘장구대다라니'의 의미를 정확하게 알고 수행하여 도달하는 것은 무위(無爲)의 열반인 것이다. 그러므로 결론적으로 보면 만뜨라의 수행이든 '신묘장구대다라니'의 수행이든 의미를 정확하게 알고 바르게 수행하면 견성하고 초지에서 팔지 보살까지 도달하게 되는 것이다. 그러나 모르고 수행하면 100만독이나 150만독을 해도 어디에 도달할지 모르게 된다. 이것은 무슨 수행을 하는지 모르고 하면 나타나는 결과도 모르게 되므로 의미를 자세하게 알고 수행하면 누구나 견성하여 대승의 청경관세음보살로 살아가게 될 것이다. 그렇지만 만뜨라 수행은 자신의 마음이 다른 곳으로 가지 못하게 하는 것으로 요가수행이다. 그러나 불교의 수행은 견성하고 삼승으로서 수행을 하면 자신의 법계가 청정해져서 모두가 '좌도량'이 될 것이다. 즉 이렇게 하여 여래로 살아가기를 발원하며 보살도를 실천하면 소승의 '돈오점수'의 수행에서 다시 대승의 '돈오돈수'의 수행을 하여 최상승의 여래로 몰종적의 생활을 하게 되는 것이다.

금강반야바라밀경 역주

초판발행 | 2024年 3月 24日
譯　註 | 良志
發行處 | 남청
경남 김해시 김해대로1017번길 54
ISBN 979-11-965143-6-5 (93220)

농협 351-1037-4373-13 (남청)
전화 010-3856-9852
값 30,000원